Du même auteur, dans la même collection :

Le symbolisme dans la mythologie grecque (PBP n° 87).
La peur et l'angoisse (PBP n° 116).
Psychologie de la motivation (PBP n° 165).
La divinité (le symbole et la signification) (PBP n° 184).
Les principes de l'éducation et de la rééducation (PBP n° 276).
Le symbolisme dans l'Évangile de Jean (texte établi par Jeanine Solotareff) (sous presse).

Chez d'autres éditeurs :

Journal d'un psychanalysé, Resma, Paris.
Psychologie curative et médecine, 2ᵉ édition, Delachaux et Niestlé, Neuchâtel (Suisse).

Aux Éditions Payot :

J. SOLOTAREFF : **Le symbolisme dans les rêves** (la méthode de traduction de Paul Diel).

paul diel

le symbolisme dans la bible

l'universalité du langage symbolique
et sa signification psychologique

publié et préfacé par Jane Diel

246

petite bibliothèque payot
106, Boulevard Saint-Germain, Paris (6e)

Cet ouvrage est paru en première édition dans la Petite Bibliothèque Payot.

Tous droits de traduction, de reproduction et d'adaptation réservés pour tous pays. *Copyright © Payot, Paris, 1975.*

PRÉFACE

Ce livre, auquel Paul Diel tenait tout particulièrement, a été en très grande partie terminé avant la maladie qui devait l'emporter en pleine activité. Quand il s'est rendu compte qu'il n'achèverait plus ce travail qui lui tenait tellement à cœur, il m'a chargée de le terminer en me servant de la documentation qu'il s'était préparée. Comme le français n'était pas sa langue maternelle et que, de son vivant, je l'avais toujours aidé à la mise en forme de ses ouvrages, j'ai assumé cette responsabilité avec le seul souci de respecter strictement sa pensée. Heureusement, il a pu terminer entièrement la majeure partie de l'ouvrage. Mon travail s'est donc borné à mettre en forme l'autre partie dont il n'avait laissé qu'une première rédaction, et à décider de l'ordre de certains chapitres qu'il n'avait pas encore fixé.

Ce livre ne se propose pas de donner une traduction complète du symbolisme dans les Écritures ; bien que réalisable en principe, un travail aussi gigantesque dépasserait le temps d'une vie. Mais tout autre était le but de l'auteur. Son intention était d'étendre aux textes judéo-chrétiens sa méthode nouvelle de traduction du langage symbolique précédemment exposée dans l'ouvrage sur la *Mythologie Grecque*, méthode qui découle de sa théorie psychologique, base constante de sa recherche.

Afin de donner une idée d'ensemble cohérente, la démonstration de la méthode a été limitée aux textes de la Genèse, du Prologue de Jean et des Épîtres de Paul (Chute, Incarnation et Résurrection). En se bornant à cette trilogie fondamentale, l'auteur ne se propose que de démontrer la possibilité d'une traduction scientifique du symbolisme dans les Écritures. Il laisse aux mythologues et aux linguistes le problème des comparaisons des différents textes et traductions, en faisant confiance aux résultats de leurs travaux tels qu'ils se trouvent exposés dans les meilleures traductions bibliques. Aussi ai-je emprunté les citations de la Bible à l'une des plus récentes de ces traductions, celle d'Émile Osty.

Le présent ouvrage est, quant à son thème fondamental, la suite de la précédente publication : *La Divinité*. Ce livre reprend en l'amplifiant l'apport épistémologique décisif de l'œuvre de Paul Diel aux sciences humaines, comme, voici plus de trente ans, l'avait déjà souligné Albert Einstein : « J'ai étudié votre ouvrage et j'en ai éprouvé une vive impression. Il propose une nouvelle conception unitaire du sens de la vie à partir de l'apport de Freud, mais en l'élargissant. Ainsi ce n'est pas seulement un remède contre le manque de discipline de notre époque sur le plan éthique, mais il revêt aussi la portée d'une étude philosophique qui aura, j'en ai la conviction, une place permanente dans l'histoire des idées à travers les temps. »

Jane DIEL.

AVANT-PROPOS

L'auteur du présent ouvrage a, dans des publications antérieures, entrepris d'analyser les motivations intimes, et de démontrer leur importance prédominante pour le comportement sensé ou insensé.

Les motifs — à distinguer des mobiles extérieurs de l'activité, les excitations provenant du milieu — sont les produits d'une incessante délibération intime en vue d'une décharge réactive. Phénomène psychique indubitablement existant et constatable par le moindre acte d'auto-observation, la délibération et ses produits, les motifs intimes, ont besoin d'être étudiés. Ils ne peuvent l'être qu'à l'aide d'une méthode appliquée à l'objet d'une telle recherche — généralement trop négligée — et qui scrute l'intimité du fonctionnement psychique.

Une des manifestations les plus importantes de la vie humaine — sinon la plus importante — consiste dans le fait que l'intime délibération n'élabore pas seulement des décisions volontaires en vue d'une maîtrise réactive de l'ambiance. Elle est également créatrice d'idées valorisantes, et même de systèmes d'idées, d'idéologies plus ou moins justes, envisageant en premier lieu non plus l'adaptation utilitaire à l'ambiance mais l'adaptation au sens de la vie. La délibération intime à l'égard de ce que l'homme doit faire de sa vie crée ainsi la vision des valeurs-guides, motifs supérieurs d'action, parce que déterminantes d'une volonté d'auto-maîtrise face aux excitations ambiantes.

Malheureusement, l'esprit valorisant qui préside aux délibérations intimes n'est pas infaillible. Il est exposé aux erreurs et crée ainsi des visions-guides contradictoires, cause d'une angoisse de désorientation qui se trouve finalement à la base de toutes les « maladies de l'esprit ».

Or, il existe une ancestrale vision-guide unifiante, fondement de la culture des peuples : la vision mythique, conservée par ces documents historiques que sont les diverses mythologies ; d'elle, toutes les idéologies contradictoires (théologiques, philosophiques et même scientifiques) ont pris le départ, soit qu'elles se contentèrent d'une adhésion crédule, soit qu'elles aient choisi une attitude de doute et de critique allant jusqu'à ne voir dans la vision mythique qu'une vaine fabulation.

Les deux attitudes ont en commun l'erreur de prendre à la lettre la façade narrative des mythes.

Le propre de la vision mythique est l'expression énigmatique, symboliquement déguisée, irrationnelle et illogique. La multiformité de la narration symbolisante des mythologies des divers peuples peut donner l'impression qu'elles sont, elles aussi, contradictoires. Le fait est cependant qu'il n'existe qu'une seule et unique vision mythique due à la faculté symbolisante, mais qui s'exprime dans les mythologies par des images symboliques les plus diverses. Encore que toutes les mythologies aient en commun des symboles typiques, et ceci même lorsqu'il est impossible qu'elles se soient historiquement interinfluencées. Le symbolisme le plus constant, le fondement même de la vision commune à tous les mythes, est la lutte entre divinités d'une part, démons et monstres d'autre part, exprimant le conflit intime entre les motivations justes et fausses, conflit qui n'exprime rien d'autre que la délibération humaine.

Si tant est que la vision mythique est un produit ancestral de la délibération humaine (dont les éléments constitutifs sont les motifs multiformes vitalement valables ou non), ne devrait-il pas être vrai aussi que chaque symbole pris à part, si multiforme qu'il soit dans son ensemble devrait avoir pour signification secrète l'un ou l'autre des éléments positifs ou négatifs de la délibération humaine, l'un ou l'autre des motifs, qui constituent les déterminantes essentielles de l'activité humaine ? Le langage mythique aurait donc un vocabulaire extrêmement précis et même une grammaire commune à toutes les mythologies, du fait qu'elle est fondée sur les lois qui régissent la valeur sensée ou la non-valeur insensée de la délibération intime. La signification commune à toutes les mythologies, quelle que soit leur façade narrative, ne se dévoile qu'à l'aide d'une préalable étude des motivations.

Cette unique méthode de déchiffrement exact s'oppose radicalement à toutes les tentatives d'interprétations faciles : aussi bien à l'interprétation qui ne voit dans les mythes qu'une vaine fabulation, qu'à celle qui se fait fort de comprendre le symbole à la lettre. Elle s'oppose également à la tentative de dégrader le déchiffrement en un jeu littéraire qui se contente d'une interprétation sommaire, à partir de sentiments vagues et arbitraires, de la prétendue indéchiffrable énigme que les mythes suscitent dans l'âme humaine.

L'auteur des pages qui vont suivre s'est efforcé de donner la preuve de la méthode proposée, en analysant le symbole « Dieu », et en traduisant dans le présent ouvrage en langage conceptuel et en terminologie psychologique, le langage symbolique du mythe judéo-chrétien.

S'il entreprend d'étendre la vérification de la méthode aux éléments symboliques, grandement illogiques, contenus dans les écrits bibliques, son intention n'est point de déclencher une vaine polémique. L'unique but est la recherche de la vérité, recherche qui garde ses droits même si elle n'est pas en accord avec les croyances établies.

PREMIÈRE PARTIE

1 L'HISTOIRE DE L'IMAGE DIVINITÉ

1. L'ANIMISME

Toutes les religions ont pour fondement commun des fabulations prémythiques ou mythiques. Quels que soient la latitude et le temps historique où vivaient les peuples qui les ont créées, le contenu religieux de ces fables ou de ces mythes offre une surprenante conformité. Ils parlent invariablement de divinités, de monstres, du combat de l'homme-héros contre les monstres et de l'aide que les divinités accordent aux hommes. Imaginées comme résidant au sommet des montagnes ou au-delà des nuages, les divinités prennent forme humaine et descendent sur terre pour révéler aux mortels leur existence et imposer leurs volontés. Images métaphysiques, les divinités assument une fonction éthique.

Nous savons avec une certitude parfaite que les divinités des anciens n'ont en réalité jamais existé et qu'elles furent donc des créations de l'esprit — encore tout imaginatif — des hommes primitifs. Mais les divinités de tous les peuples et de toutes les peuplades — bien qu'elles ne soient pas identiques en tant que représentation, qu'image visuelle — assument toutes la même fonction de protecteur et de guide moral : par des formulations quelque peu différentes, elles expriment les mêmes intentions éthiques. Puisque ces intentions sont imaginativement représentées sous la forme imagée, symbolique de personnages réels, ne convient-il pas d'admettre l'existence en l'homme, en son fonctionnement psychique, d'une sorte d'inspiration innée, une sorte de conscience éthique plus que consciente, sur-consciente, propre à la nature humaine? L'homme connaît surconsciemment l'immuable loi éthique qui préside à sa vie et la projette en des figures sur-humaines et sur-naturelles qu'il appelle « Divinités ».

Le propre de toute fabulation (religieuse ou profane) est d'inventer des personnages — qui sont souvent des animaux parlant, agissant comme les hommes, ou même des objets magiquement animés — mais sans l'intention qu'ils soient pris pour des êtres réellement existants.

Le propre de l'imagination fabulatrice est de réveiller notre intérêt, de nous émouvoir, à l'aide de fables, nous suggérant de deviner, de chercher, à l'arrière-plan des événements, des combats, des péripéties racontés, une secrète signification nous concernant. C'est en fait une allusion à nos propres intentions que nous connaissons sans vouloir les reconnaître parce que souvent trop pénibles à avouer (de trop bonnes ou de trop mauvaises intentions). Sans vouloir convaincre logiquement, la fable — à condition d'atteindre son but — agit sur notre émotivité profonde et même sur nos culpabilités refoulées. C'est la fonction cathartique de toutes les productions artistiques que d'inventer des figurations fabuleuses. Ici également la figuration métaphorique laissant deviner un sens caché, intensifie le saisissement émotif, à condition toutefois que le procédé symbolisant ne soit pas artifice trompeur. Il n'est pas plus haute manifestation artistique et éthique que les mythologies. Elles ne sont pas des productions individuelles. Elles sont explosion sur-individuelle, rêve surconscient de la vérité. Créées par l'âme primitive, les mythologies ont exercé sur les peuples primitifs, et même sur des peuples à haute culture, une influence suggestive dont la puissance motivante est pour nous, qui sommes sur-intellectualisés, difficile à entrevoir.

Dans l'âme primitive, les fabulations pré-mythiques ou mythiques ne réveillent ni croyance ni doute, mais un saisissement émotif qui la rend capable de saisir sans explication la signification sous-jacente.

Or, c'est le propre des religions et de leurs théologies explicatives d'imposer la croyance en l'existence réelle de ces figures fabuleuses que sont les divinités. Leur intention est de transformer les fabulations imaginatives inspirant la vraie religiosité, en religion populaire, fondée sur une commune croyance imposant des règles de conduite, des cérémonies, des tabous. Issues des fabulations mythiques, les religions deviennent des institutions sociales. Ce fondement conventionnel a pour but de renforcer le lien communautaire originairement et essentiellement fondé sur la surconscience éthique et ses productions fabuleuses, vrai soutien des cultures (animistes, polythéistes, monothéistes). La conventionnalisation, par contre, diminue la force suggestive de la sous-jacente vérité.

Voulant imposer la croyance en la réalité des images, les religions provoquent le scepticisme, destructeur des conventions religieuses.

Dans leur signification la plus ample et la plus profonde, les images pré-mythiques et mythiques concernent l'éphémérité de la vie temporelle et l'angoisse devant la mort intemporelle et éternelle.

Les images à signification éthique concernent la vie temporelle et sa conduite sensée.

Les symboles métaphysiques concernent l'angoisse de LA MORT ET SON INSONDABLE MYSTÈRE, et partant aussi LE MYSTÈRE DE LA VIE, aboutissant inéluctablement à la mort.

Les images métaphysiques n'expriment donc pas une réalité tangible. Elles projettent la personnification figurative des divinités (qualités éthiques sur-dimensionnalisées) dans l'au-delà, conformément au fait réel de l'immuabilité des lois éthiques, inaltérables à l'usure du temps. L'âme (émotivité profonde) et l'esprit (besoin d'explication, serait-ce de l'inexplicable mystère) créent la vision consolatrice d'une divine intentionnalité providentielle. La PROVIDENCE supposée avoir intentionnellement créé l'univers — lui aussi soumis à la loi éthique d'harmonie — est figurée sous la forme d'un personnage qui surveille les intentions humaines durant la vie et, auprès d'elle, l'homme animé de bonnes intentions vivra — selon l'image métaphysique — éternellement après la mort.

Les croyances religieuses sont encore de nos jours bien plus profondément ancrées dans l'image naïve et touchante du « Bon Dieu » et de son amour providentiel, que dans le Dieu théorique des théologies. Même chez l'athée, dans les moments de désarroi face aux coups du sort, se réveille l'ancestrale croyance magique en une providence.

Mais la croyance dans la providence, pour profondément enracinée qu'elle soit dans la couche magique et animiste, risque d'étouffer la seule vraie religiosité : l'effroi devant l'insondable profondeur mystérieuse de la vie et de la mort. Qui donc n'aurait pas vécu l'émotion devant le mystère, soit face à l'immensité du ciel étoilé, soit devant la mort d'un être aimé ? Trop fugace, le réveil de la religiosité s'évanouit rapidement face aux conventions matérielles qui accaparent trop exclusivement l'attention, mais aussi du fait des conventions religieuses qui se font fort d'expliquer l'inexplicable. Un mystère expliqué n'est ni explication, ni mystère. L'effroi sacré ne se réveille que devant le mystère, vécu sous la forme du sentiment de la solitude implacable de l'homme devant son destin. La religiosité s'intensifie à mesure que l'homme se détache, jusque dans l'enracinement magique, de l'idée d'une providence, et commence à entrevoir, à sentir, à savoir, que personne ne s'occupe de lui et surtout pas Dieu. Dieu est l'image du mystère et l'homme n'est responsable que de ses propres intentions sensées ou insensées ; le mystère n'est pas une chose ou un être existant en dehors de l'existence du monde et de la vie. Le mystère ne commence pas et ne cesse pas ; il est avant la vie, durant la vie et après la mort. La vie humaine n'a de sens et de valeur que dans la mesure où elle repose dans le mystère ; où l'émotion devant le mystère de la vie et de la mort calme l'angoisse métaphysique au lieu de l'exalter spéculativement ; où l'homme aime la vie en dépit de la mort (seul amour qui n'est pas sentimentalisme), sachant que le mystère est partout autour de lui et en lui. La vie humaine n'a de sens et de valeur que dans la mesure où l'homme se respecte lui-même, autrui, tout ce qui vit et tout ce qui existe, comme mystérieuse apparition destinée à disparaître, tout en sentant ou sachant que malgré la disparition rien ne s'accomplit hors du mystère. Comparée avec cette émotion religieuse, sous-jacente signification de toutes les images mythiques, fabuleuses selon leur façade, la croyance dans les images prises pour réalité et toutes les théologies explicatives ne sont que des émois superficiels, une sorte de convention sociale.

La religiosité n'est pas un sentiment surnaturel et métaphysique. Son fondement véridique et naturel est le SENTIMENT ÉTHIQUE : LA CERTITUDE DE L'AUTO-RESPONSABILITÉ. L'HOMME EST SA PROPRE PROVIDENCE : de lui seul dépend son sort essentiel, sa joie ou son angoisse de vivre, expressions de sa valeur ou de sa non-valeur vitale. L'IMMANENCE DE L'ÉTHOS — autant dire : la justice immanente — n'est pas une imagination fabuleuse mais une réalité surconsciente, créatrice de toutes les images métaphysiques, de toutes les divinités (juges de la conduite humaine) créées par l'esprit humain, de l'animisme au monothéisme.

Dans l'âme du primitif (comme chez l'enfant), le sentiment de responsabilité encore vague est exposé à toutes sortes d'interprétations imaginatives. Il se manifeste sous la forme d'une culpabilité d'origine magique, d'autant plus fortement ressentie qu'elle est diffuse pour ce qui est de la faute commise, de sorte que n'importe quel événement naturel mais souvent inexplicable selon sa causation, n'importe quelle action, de par la nature humaine fréquemment plus ou moins mal intentionnée, font craindre la punition providentielle (comme l'enfant désobéissant vit dans la crainte mal définie de son père). Exposé sans défense aux catastrophes de tous ordres (inondations, sécheresses, épidémies), le primitif les interprète comme le châtiment d'une faute commise par la tribu ou par un membre de la tribu. Il invente des « actions de grâce », des cérémonies, signifiant son regret coupable et la promesse de se purifier des mauvaises intentions, de les « sacrifier » au Père-Providence afin d'obtenir le pardon et de se sentir à nouveau l'enfant bien-aimé. Chez le primitif cette attitude n'est point puérile, mais naturelle, LES DIVINITÉS PROTECTRICES ÉTANT LES ANCÊTRES DÉFUNTS, imaginés vivant dans l'au-delà et continuant à exercer leur pouvoir patriarcal.

Ces croyances primitives exercent une profonde influence suggestive et motivante sur chaque membre de la tribu et sur la tribu entière. Les intentions providentielles et les intentions de la tribu envers la Providence sont condensées en une sorte de loi tribale, les tabous, supposés être l'expression de la volonté de l'ancêtre-père. Fixée aux défenses taboutiques, la culpabilité cesse de n'être qu'un sentiment vague. La croyance en l'influence providentielle de l'ancêtre-père crée des cérémonies de plus en plus soumises à des rites. Les cérémonies rituelles — en tant que promesse solennelle d'obéissance — sont supposées influer magiquement sur les bonnes intentions de l'ancêtre-père à l'égard de la tribu. Les intentions de l'homme et celles qu'il prête à la Providence se renforcent mutuellement. Il se crée un circuit de bonnes intentions supposées être dues aux procédés magiques des cérémonies.

EN RÉALITÉ LE CIRCUIT D'INTENTIONS BÉNÉFIQUES S'OPÈRE EXCLUSIVEMENT DANS LE FOR INTÉRIEUR DE L'HOMME PAR VOIE D'IMAGINATION AUTO-SUGGESTIVE.

Ce qui distingue le plus radicalement l'avènement de l'Homme du règne animal, est la religiosité, ancestralement fondée sur la prévoyance de la mort. L'Homme s'est vu obligé de poser la question de son destin. La réponse qu'il a trouvée, pour imaginative qu'elle fût, incluait déjà le sens essentiel, sous-jacent à toutes les imaginations religieuses (magiques ou mythiques), le sens de la responsabilité, liant les générations aux générations, le fils à l'ancêtre. Le Primitif de l'ère magique ne se sent pas encore individu égocentriquement détaché du sort commun de la tribu. Il vit la responsabilité jusque dans ses intentions intimes, voulant être avant tout le fils digne des ancêtres, pour devenir à son tour ancêtre-père divinisé. La lignée des ancêtres et la transmission des vertus prévalent sur l'individuel et donne à la vie de chaque nouvelle génération son sens et sa signification.

L'exigence éthique de sauvegarde et de transmission des vertus (forces d'âme) n'est pas en premier lieu d'ordre social. Elle concerne l'espoir de rejoindre après une vie vaillante, l'ancêtre défunt et elle est biologiquement profonde, parce que indispensable condition de survie des tribus et, par là, de l'espèce humaine.

Chez certains peuples orientaux, le fils porte encore de nos jours le signe de la filiation : Ben chez les Arabes, Poulos chez les Grecs, etc. C'est, certes, un moyen distinctif. Mais c'est surtout un signe honorifique. Aussi n'est-il plus grande injure que d'appeler un homme « fils de hyène » ou « fils de chacal », ni plus grand honneur que de le nommer « fils de lotus » ou « fils d'une divinité ». Dans les mythologies

qui succèdent à l'ère animiste, les héros défaillants sont
« fils d'un démon ou d'un monstre », les héros vainqueurs
sont « fils d'une divinité » qui aurait fécondé une femme terrestre. La fable brode sur le récit de ces filiations et unions
symboliques, ce qui — faute de compréhension de la sous-jacente signification — vaut aux divinités des peuples
polythéistes le reproche d'adultère ou d'inceste. Cette
erreur, des plus décisives, conduit à la dépréciation des
mythologies polythéistes. Dans notre culture s'est perpétuée l'importance de la filiation spirituelle. Le prénom
s'inspire du Patron, du Saint, dont l'exemple devrait
guider la vie. C'est dans cette tradition, venant de la nuit
des temps, que devient intelligible le sens du symbole
central « Fils du Père-Esprit, Fils de Dieu ».

Le fait historiquement constatable est que la multitude
des religions et leurs cultes ont leur enracinement commun
dans le culte primitif des ancêtres.

A l'époque animiste, l'éventuel sacrifice de la vie, exigence presque quotidienne dans les combats contre les
fauves ou les tribus ennemies, n'est encore que courage
physique. Et c'est pourtant déjà vaillance morale : MOURIR
PLUTÔT DE CORPS QUE DE SUBIR LA « MORT DE L'ÂME », LA
MORT DES INTENTIONS VAILLANTES QUI ANIMENT L'HOMME
OU DEVRAIENT L'ANIMER.

C'est cet aspect essentiel, le combat intrapsychique
contre les intimes intentions défaillantes, qui — finalement
figuré par les combats symboliquement extériorisés contre
les démons et les monstres — deviendra à l'époque mythique le thème central de la symbolisation.

Chez le primitif, la force suggestive de l'exemple vaillant
des ancêtres est telle que l'angoisse de la mort et les motifs
défaillants qui pourraient en résulter, se trouvent presque
d'emblée surmontés. Son âme est pénétrée du sentiment que
l'essentiel n'est pas de vivre longuement, mais vaillamment.
Il pressent jusqu'en son tréfonds que sa vie n'aurait plus
de sens, si au moment décisif du combat exigeant l'éventuel
sacrifice de sa vie, il se laissait, par angoisse de la mort,
entraîner au recul et à la lâcheté. Cependant, l'angoisse
devant le danger mortel qui l'entoure de toutes parts n'est
sans aucun doute pas étrangère à l'âme primitive, ce qui
explique les diverses cérémonies d'encouragement magi-

quement suggestives comme, par exemple, les danses frénétiques qui préfigurent le combat. Les danseurs à masque horrifiant figurent l'angoisse mortelle à vaincre. A rappeler ici aussi l'anthropophagie rituelle par laquelle la tribu victorieuse entend s'incorporer magiquement la force physique et les vertus des ennemis vaincus, régénérant ainsi suggestivement leurs propres forces et vertus en vue des combats futurs. L'ultime vertu étant le sacrifice de la vie, le primitif ne demande pas la pitié et ne l'accorde pas. De là, chez certaines peuplades, la coutume de torturer à mort les prisonniers, afin de mettre à l'épreuve leur vaillance et de leur offrir l'occasion ultime de se racheter pour n'avoir pas su mourir et s'être laissé capturer. Mais l'auto-suggestion joue ici, comme partout chez le primitif, un rôle primordial : chacun des combattants sachant que, prisonnier, il subirait ce sort, se sent renforcé dans son courage de mourir au combat plutôt que de se rendre.

IMPOSÉES PAR LE CULTE DES ANCÊTRES, LES MŒURS ET LES COUTUMES DES PEUPLADES ANIMISTES SONT JUSQUE DANS LES DÉTAILS DE LA VIE SOCIALE FONDÉES SUR LES RITES RELIGIEUX ET LE POUVOIR SUGGESTIF QU'ILS EXERCENT SUR L'INTIME INTENTIONNALITÉ MOTIVANTE. La force suggestive primitivement sensée, se manifeste jusqu'à nos jours sous la forme dégradée de superstitions obsédantes.

Pour la mentalité pré-mythique, la croyance en l'intentionnalité providentielle n'est pas exclusivement attachée aux ancêtres divinisés.

La croyance en un circuit magique entre l'homme et les divinités, va de pair avec la croyance en un circuit animiste entre l'homme et la nature environnante.

L'ANIMISME étend la croyance en l'intentionnalité protectrice ou punitive sur la « Terra-Mater » : la terre nourricière.

La Providence de l'Esprit-Père et la Providence de la Nature-Mère se complètent. Le circuit d'inter-réactions intentionnelles englobe l'au-delà et l'ici-bas.

L'AME PRIMITIVE PROJETTE SA PROPRE INTENTIONNALITÉ (LES MOTIFS HUMAINS) NON SEULEMENT DANS L'IMAGE TRANSCENDÉE DES DIVINITÉS, MAIS EN TOUT CE QUI EXISTE RÉELLEMENT : ANIMAUX ET VÉGÉTAUX ET MÊME DANS LES OBJETS INANIMÉS EN TANT QU'OBJECTIFS DE DÉSIRS ET DE

CRAINTES. La nature entière paraît, à l'égard de l'homme, animée d'intentions, favorables ou défavorables, selon son mérite ou son démérite.

Le primitif est incapable de s'expliquer par liaison de cause à effet les situations et les événements qui, indépendamment de sa propre intentionnalité, se produisent dans l'ambiance et qui pourtant excitent sa propre intentionnalité motivante, qui l'incitent à s'extérioriser activement. A la recherche d'une explication, il a inventé des divinités anthropomorphes ; il anthropomorphise la nature. Il l'anime. Il projette dans la nature son propre esprit intentionnel. Pour la mentalité primitive, les notions d'« âme, esprit, volonté, intention, motif » ne sont pas — comme pour nous — des concepts abstraits à signification nuancée. Le primitif ne sait pas qu'il a — comme nous le disons — un esprit, un esprit humain qui lui serait propre. Pour lui n'existent que « des esprits » qui, plus ou moins personnifiés, animent tout ce qui vit et, même, tout ce qui existe. Ce qu'il sent confusément mais de tout son être ému, c'est l'INTENTIONNALITÉ MYSTÉRIEUSE DE LA NATURE (le finalisme évolutif liant l'homme au règne animal).

Le fin-fond de l'animisme est la confraternité avec l'animal (Totémisme). Encore tout proche de la nature, le primitif se sent, en quelque sorte, animal parmi les animaux. Chaque espèce animale lui paraît animée d'un esprit, intentionnellement auto-organisateur, esprit qui la caractérise jusque dans son comportement à l'égard de l'homme, que ce soit la docilité ou l'agressivité, interprétées par le primitif en bienveillance ou malveillance.

L'explication animiste étend l'intentionnalité magique sur les végétaux en tant que comestibles ou vénéneux (animés d'un esprit bienveillant ou malveillant). Ainsi se crée — par une expérience des plus surprenantes à l'égard des vertus des plantes — une médication qui ne manque pas d'efficacité, d'autant plus que le magicien-médecin, à l'aide de son cérémonial suggestif, parvient à agir sur le psychisme et à en mobiliser les forces de défense. La maladie est magiquement influençable parce qu'elle est envisagée — en plein accord entre le patient et le magicien — comme une lutte qui s'opère dans l'intentionnalité secrète entre le courage de vivre et l'angoisse de périr. La guérison est le signe que l'esprit de vaillance, magiquement encouragé, a fini par l'emporter sur l'esprit punitif qui s'est emparé du corps défaillant et qu'il s'agit d'exorciser.

L'essentiel est, ici aussi, l'axiome éthique : ne pas oublier la vie de l'âme, l'intentionnalité animante et ne pas craindre l'accident de la mort.

Des deux aspects de la pensée magique (providence des ancêtres divinisés et providence de la nature magiquement animée) résulte une signification double des observances éthiques. Les défenses tabouistes ne concernent pas seulement l'espérance d'une vie après la mort, mais aussi les relations durant la vie avec la nature ambiante. Ces relations tabouistes avec la nature providentielle constituent une hygiène élémentaire des désirs « terrestres » (matériels et sexuels). Leur exaltation égocentrique trahit des intentions individuelles impures, nuisibles non seulement en vue de la survie auprès des ancêtres, mais dangereuses pour la vie saine de la collectivité. La tribu, en tant qu'elle tolère les transgressions, subit l'INFLUENCE BANALISANTE. En tant qu'intention malsaine, la banalisation des mœurs reste une offense faite à l'exemple donné par les ancêtres ; en tant qu'activement manifeste, elle offense la nature, à son tour magiquement divinisée et personnalisée (elle dénature les désirs et les rend malsains). Les cataclysmes déclenchés par la nature sont interprétés comme une sanction frappant la collectivité coupable. (Au niveau mythique, ces sanctions acquerront une signification psychologique : déluge des perversions, sécheresse des âmes.) Si les incantations exorcisantes et les cérémonies de purification n'obtiennent pas la grâce, c'est que le coupable, ou les coupables, au lieu de se repentir, persévèrent dans leurs intentions impures ou dans leurs activités perverses. La purification collective ne peut plus être obtenue que par le châtiment exemplaire : mise à mort ou bannissement. (Au niveau des cultures mythiques, la sous-jacente signification purificatrice concernant la collectivité devient clairement manifeste ; entre autres, par le symbole du « bouc émissaire » chargé par les Hébreux des péchés de la collectivité et annuellement banni, chassé dans le désert, exposé à la mort. Ce symbole de purification collective resterait parfaitement inefficace, s'il ne figurait pas l'intention collective, la promesse du peuple entier, de s'opposer au règne de la banalisation pour apaiser la colère divine. Sens sous-jacent qui traverse tout l'Ancien Testament.)

Pour ce qui est de l'animisme pré-mythique, le culte des ancêtres divinisés et le culte de la nature magiquement intentionnée (du fait que ces cultes envisagent le mystère de la mort et le mystère de la vie) se montrent, grâce à leur pouvoir suggestif, parfaitement aptes à créer la culture et à la soutenir durant des millénaires. Les religions animistes — pour primitives qu'elles soient — se trouvent fondées sur des images-guides, supports des motivations humaines à tendance sublimante, mais combien susceptibles de dévier en superstition.

Tant que les tabous demeurent des impositions de la surconscience éthique, tant aussi l'organisation tribale reste jusque dans les mœurs et les coutumes adaptée aux exigences de la nature.

La DÉCADENCE survient lorsque les tabous sont arbitrairement multipliés.

Ils ne constituent plus une morale naturelle, mais un artifice dogmatique à tendance moralisante considéré comme indispensable pour endiguer le fléchissement des mœurs ancestrales. Mais les défenses tabouistiques excessivement multipliées et extérieurement imposées, finissent par être ressenties comme une gêne insupportable, provoquant à plus ou moins longue échéance le doute.

L'intentionnalité motivante se désoriente. Sa valeur sublimative se scinde, de manière ambivalente, en des velléités mi-soumises, mi-révoltées.

La conséquente désagrégation des imaginations-guides et de leur force suggestive ne manque pas d'atteindre l'ancestrale couche magique jusque dans les cérémonies des institutions cultuelles. La MAGIE BLANCHE, surconsciemment inspirée, finit par être débordée par la MAGIE NOIRE qui, elle, adresse ses sortilèges cérémoniels et ses conjurations superstitieuses aux forces démoniaques du subconscient. Les croyants, tout en restant attachés aux cérémonies, n'y voient plus qu'un moyen d'obliger les esprits conjurés à accorder gracieusement protection et pardon. Le magicien n'implore plus, il provoque la pluie fécondatrice, la fin des épidémies, etc. Et finalement — renversement complet — les implorations et les cérémonies n'ont plus comme but que l'espoir de réalisation providentielle des moindres désirs matériels. L'institution cérémonielle persiste ; mais sa magie suggestive, employée à contresens, finira par détruire la primitive culture animiste.

La décadence culturelle a deux aspects : elle détruit les institutions religieuses et sociales devenues inefficaces et elle prépare l'avènement d'une nouvelle forme d'orientation sensée. Ce ne sont pas les trop bonnes intentions moralisantes qui opéreront le renouveau, mais essentiellement la souffrance croissante due à la décomposition des valeurs-guides de la surconscience éthique. Seule donc l'imagination surconsciente sera apte à réaliser la renaissance évolutive. Elle remplacera la magie animiste devenue décadente par l'imagerie bien plus sublimement suggestive de LA SYMBOLIQUE MYTHIQUE.

L'évolution du niveau culturel (orientation vers le sens de la vie) ne saurait s'accomplir sans l'apparition progressive d'une nouvelle étape de progrès civilisateur (adaptation à l'ambiance) : L'AVÈNEMENT DE L'AGRICULTURE.

L'animisme fut, à peu d'exceptions près, la religion des tribus nomades. Chasseurs et bergers vivent dans la simplicité du contact intime avec les animaux. La précarité de leur situation préserve les hordes et les tribus primitives du danger vital de multiplication excessive des désirs. Aussi, l'ère mythique qui naît avec l'agriculture, garde un souvenir nostalgique de l'animisme primitif dont la naïveté presque innocente est célébrée par les symboles mythiques : « âge d'or de l'humanité », « vie paradisiaque ». (Le mythe biblique exprime clairement comme cause de la perte du Paradis, l'avènement de l'agriculture : « à la sueur de ton front tu arracheras les fruits à la terre ».)

Le fait historique est que les peuples agraires deviennent nécessairement sédentaires. Les tribus s'agglomèrent et forment des cités puissantes, se disputant l'hégémonie. Les richesses matérielles accumulées au sein des cités victorieuses portent les individus à la débauche, destructrice des forces combatives, tout en exaltant chez les peuples voisins l'envie qui les incite à l'agression belliqueuse. (Ces causes de la

« porte du Paradis » et de la rupture de « l'Alliance » sont le thème constant de l'Ancien Testament.)

Mais à côté de ces complexités faussement motivantes et de leurs dangers, la vie de l'agriculteur apporte des compensations d'ordre sublimatif, susceptibles d'élargir la vision animiste en symbolisation mythique. Les peuples agriculteurs de l'ancien monde sont contraints à la discipline par un travail qui s'enchaîne des semailles à la récolte, complètement dépendants des alternances saisonnières, des intempéries, des accidents météorologiques : sécheresses et inondations. Ils s'habituent simultanément à l'observation astrale (premiers balbutiements astronomiques) et à l'émerveillement de l'harmonie mystérieuse des mouvements astraux, contemplation qui s'enrichit émotivement de toute une nouvelle dimension d'adoration. La croyance animiste dans des « esprits intentionnels » répandus à travers toute la nature, sera peu à peu condensée dans la croyance en une intentionnalité céleste unique, favorable ou défavorable à la récolte, condition de subsistance. Les divinités-ancêtres sont remplacées par la divinisation du ciel, fécondateur de la terre nourricière. La pluie tombant du ciel devient symboliquement le sperme, fécondateur de la terre (dans la Théogonie grecque, par exemple, Ouranos, le Ciel, féconde Gaea, la terre). L'image est encore mi-allégorique, mi-symbolique (comme par exemple le printemps est figuré par un homme juvénile, l'hiver par un vieillard). Le soleil n'est pas encore symbole de l'esprit illuminant, le blé et le pain (produits de l'agriculture) n'ont pas encore la signification symbolique de « nourriture de l'esprit », les divinités ne sont pas encore symboles des qualités positives du psychisme. L'allégorie annonce cependant déjà la symbolique dont le trait le plus caractéristique est une nouvelle vision du rapport entre l'homme et la nature élargie en ambiance cosmique. Le bien et le mal ne viennent plus des innombrables « esprits » qui animent la nature et qui s'introduisent magiquement dans l'âme humaine selon son mérite ou son démérite. Du fait de l'impuissance complète face aux événements cosmiques, une nouvelle menace de mort (la disette) apparaît. Les implorations magiques et les cérémonies d'exorcisme du mal se montrent trop manifestement inefficaces, l'unique moyen de ne pas succomber

est la force éthique immanente au psychisme : L'ACCEPTA-
TION. Elle ne faisait, certes, pas défaut au primitif, mais elle
n'avait pas encore le caractère volontaire et réfléchi qui
implique un auto-contrôle plus ou moins conscient : l'élimination des ressentiments plaintifs et l'élaboration des
projets sensés capables d'améliorer — tant bien que mal —
la situation menaçante. Force sublimante, l'acceptation est
impossible sans élucidation spiritualisante des motifs malé-
fiques aboutissant au découragement. Elle est — symboliquement parlant — « le pain de l'esprit » et « la nourriture
de l'âme ». Elle est « la récolte essentielle » d'autant plus
indispensable à l'agriculteur qu'elle le préserve également du
danger essentiel qui le menace : la tentation d'oublier l'esprit
et de succomber à la banale exaltation des désirs matériels
(les richesses de la terre, « les trésors qui rouillent »), thème
le plus constant des mythologies. L'AVÈNEMENT DE LA SYM-
BOLIQUE EST DÛ AU RETOUR DE L'HOMME A LUI-MÊME, à la
responsabilité volontairement assumée de son propre esprit
et de ses propres intentions motivantes.

Du fait de la clarification surconsciente de la vie des
motifs, les mythologies seront aptes à symboliser la diversité des motivations humaines, sublimatives et élucidantes
ou monstrueusement perverses et aveuglantes. Elles créeront
une sorte de pré-science symbolique de l'intime fonctionnement psychique, figurée par les combats que le héros
livre avec l'aide des divinités (intentions surconscientes)
contre les démons et les monstres (intentions subconscientes).

L'ère animiste connaît déjà des fabulations légendaires,
des narrations épisodiques, qui racontent les péripéties
des combats réels livrés par les héros-ancêtres au cours de
leur vie devenue exemplaire. Prolongement de ces légendes,
les récits mythiques n'atteindront que peu à peu la plénitude du langage symbolique.

Du fait que l'ère des cultures magiques et de l'allégorie
cosmique précède l'avènement des cultures mythiques, la
pré-science symbolique de la vie des intentions intimes doit
être considérée comme le produit d'une longue ÉVOLUTION
QUI S'OPÈRE AU SEIN DE L'IMAGINATION SURCONSCIENTE.

2. LES CULTURES MYTHIQUES

A. *Le Polythéisme.*

L'évolution de l'image animiste « ancêtre-père divinisé » implique l'évolution de l'esprit humain, finalement figuré par l'image mythique « Esprit-Père », symbole de la force spiritualisante immanente au psychisme.

Or, l'évolution de l'esprit est le problème bio-génétiquement profond de l'évolution de l'espèce pensante. A cet égard, l'évolution conduisant de l'animisme au symbolisme est d'une importance bien plus considérable que la différence — pour importante qu'elle soit — qui sépare le polythéisme du monothéisme. Ces deux derniers se servent — ce qui est à démontrer — d'un langage symbolique commun. La progression évolutive les unit dans la capacité d'exprimer plus clairement que l'animisme, le fait essentiel de la vie humaine : LES CONFLITS INTRAPSYCHIQUES ENTRE LES INTENTIONS MOTIVANTES.

Il est donc de première importance d'analyser avant tout les procédés de la symbolique et la signification des symboles typiques communs aux deux formes de la pensée mythique, ce qui seul permettra de préparer efficacement le déchiffrement méthodique des passages symboliques contenus dans les textes bibliques.

A l'origine de la mentalité symbolisante des peuples polythéistes, « Dieu-Esprit » se trouve encore dispersé en une multitude de divinités, figurant les diverses qualités positives de l'esprit et de l'âme humaine. Ainsi, dans la mythologie grecque, Zeus symbolise la lucidité d'esprit ; Héra, l'amour, la chaleur d'âme ; Athéné, le courage éthique, la combativité sublimative ; Apollon, divinité de la santé, frère d'Athéné, figure le but de la combativité sublimative et la condition de la santé psychique : l'harmonie des désirs.

Cette figuration personnifiante, étendue en dehors de ces quelques exemples sur toutes les qualités positives, exige une symbolisation complémentaire, laquelle, inverse à la symbolisation des forces spiritualisantes et sublimatives, personnifie les qualités négatives de l'âme humaine — les forces « démoniaques » — symboliquement représentées comme adversaires des divinités. La richesse de la fabulation (surtout dans les mythes grecs) réside dans la diversité des thèmes mythiques dont chacun représente un autre aspect de la lutte entre les figures à sens positif et négatif, luttes qui, dans leur ensemble, parviennent à symboliser d'une manière détaillée les conflits intimes de l'âme entre les intentions, vitalement sensées ou insensées. L'arène des combats — en vérité intrapsychique — est symboliquement projetée en dehors du psychisme, conséquence inéluctable du procédé symbolisant. « Dans le psychisme » — faut-il le souligner — n'existent pas des personnages mais uniquement des fonctions motivantes. Mais inversement aussi : les symboles, créés par l'imagination surconsciente, NE PEUVENT D'AUCUNE MANIÈRE RÉELLEMENT EXISTER EN DEHORS DE L'INTIMITÉ PSYCHIQUE. Qu'est-ce à dire, sinon que le déchiffrement du langage symbolique est impossible sans MÉTHODE INTROSPECTIVE et à condition que celle-ci ait préalablement étudié et sciemment élucidé l'intime fonctionnement motivant. Cette définition préalable de la méthode à employer implique des exigences d'honnêteté scientifique, excluant la facilité des interprétations fantaisistes.

LA TRANSFORMATION ÉVOLUTIVE DE L'ANIMISME EN SYMBOLISME REPOSE ESSENTIELLEMENT SUR LES DIFFÉRENTES MANIÈRES DE FIGURER L'INTENTIONNALITÉ MOTIVANTE.

Par la pensée mythique, les intentions humaines secrètes que la mentalité animiste a projetées dans les animaux et les objets cessent d'être investies dans cette projection magique et se trouvent reconcentrées dans l'âme humaine. Les mythologies ne parleront plus comme l'animisme des esprits bienveillants ou malveillants répandus dans la nature ; leur sens sous-jacent ne concerne plus que L'HOMME ET SES INTENTIONS MOTIVANTES VITALEMENT SENSÉES OU INSENSÉES. Mais le langage symbolique reste fictif et voilé. Il ne saura donc procéder que par reprojection des motifs humains dans des figures fabuleuses — tantôt surhumaines, tantôt subhumaines —, pures inventions de l'imagination symbolisante de la surconscience éthique.

Libérée de la projection animiste primitive très limitée du fait qu'elle doit se contenter d'une pseudo-intentionnalisation d'animaux réellement existants, la fabulation mythique acquiert une nouvelle dimension d'expression. Elle s'aventure à inventer une multitude d'êtres en réalité inexistants, tantôt mi-animal, mi-homme, tantôt mi-homme, mi-dieu.

A l'origine de la mentalité symbolisante — dans la mythologie égyptienne par exemple — même les divinités positives se trouvent encore figurées par des êtres mi-homme mi-animal. Dans les mythologies plus évoluées, la combinaison homme-animal se trouve utilisée exclusivement pour figurer les monstres et les démons. (Dans la Genèse judaïque, par exemple, le serpent qui parle.)

Les animaux, à leur tour, deviennent au niveau mythique des figures symboliques. Ils réapparaissent sous la forme d'attributs, soulignant les traits caractéristiques de telle ou telle divinité (par exemple l'aigle de Zeus, symbolisant la lucidité d'esprit et l'envol majestueux de l'imagination créatrice).

Par suite du double procédé de la figuration mythique (reconcentration des diverses intentions dans l'homme et reprojection en des êtres fabuleux librement inventés), le langage symbolique est à même de créer une multitude illimitée de combinaisons permettant de symboliser les moindres nuances des motivations humaines.

Outre les êtres imaginativement créés, tous les êtres vivants, les objets, les éléments, les phénomènes de la nature, deviennent pour l'imagination sublime des mythes, des moyens de symboliser les forces animant l'homme, les intentions justes ou faussement motivantes, et le bien ou le mal essentiels qui en résultent.

Le ciel devient symbole du surconscient, le soleil devient symbole de chaleur d'âme et de lucidité d'esprit, de la vérité illuminante. Les étoiles symbolisent les idéaux-guides. L'astre de la nuit, la lune et sa lueur envoûtante, figure les tentations subconscientes tantôt séduisantes tantôt angoissantes, les rêveries, l'absence d'esprit et ses conséquences malsaines : sautes d'humeur, caprices, irritabilité. La terre et sa végétation (les fruits) deviennent symboles de la multitude des désirs terrestres. La région souterraine (l'Enfer) symbolise les désirs refoulés chargés de culpabilité et de remords, causes insidieuses de « l'infernal » tourment pathogénique. La montagne, ses sommets et ses abîmes, symbolisent les possibilités d'élévation et de chute de l'âme humaine. L'orage et le tonnerre figurent « l'orage intrapsychique » : le débordement de l'affectivité intempestive et ses ruminations, traversées par « des coups de tonnerre », symbole de l'avertissement coupable. L'éclair devient symbole de la pensée éclaircissante conférant la capacité de reconnaître les motifs d'égarement, tout en étant aussi la foudre qui châtie le coupable impénitent.

Le langage symbolique acquiert ainsi l'amplitude de sa souplesse apte à décrire toutes les nuances des motivations et, surtout, le PHÉNOMÈNE ESSENTIEL DU FONCTIONNEMENT PSYCHIQUE : LA TRANSFORMATION DU SUBLIME EN PERVERS ET DU PERVERS EN SUBLIME.

Tous les symboles figurant les perversions peuvent se trouver renversés en symboles à signification sublime par juxtaposition d'un attribut à signification positive :

— le dragon ailé (emblème de la Chine) : la sublimation du monstrueux ;

— le serpent qui verse son venin dans la coupe salutaire : la victoire sur la vanité ;

— le poisson dans les profondeurs sous-marines (équivalent des régions souterraines) et le poisson tiré de l'eau : symbole de l'accomplissement sublimatif, en particulier symbole de l'intention purificatrice du Christianisme primitif, etc.

A leur tour, les symboles à signification sublime peuvent, par ce même procédé, s'inverser en symboles à signification négative : par exemple, le vin symbole de l'élan sublimatif et le vin dionysiaque, symbole de la frénésie des désirs et de l'ivresse de l'âme.

Impossible de citer tout le vocabulaire du langage symbolique et la précision de sa grammaire constituée par la souplesse des significations. Tous ces moyens d'expression — qui se trouveront ultérieurement exemplifiés par le déchiffrement des symboles bibliques — permettent au langage symbolique de formuler avec précision le sensé et l'insensé de l'intime CALCULATION MOTIVANTE (1) et

---

(1) *Psychologie de la Motivation*. Petite Bibliothèque Payot, 1970. Voir p. 203 : « Le calcul psychologique ».

de sa recherche — juste ou fausse — des satisfactions, calcul qui, à l'insu de l'homme, se poursuit sans relâche dans son for intérieur. Parce qu'il en est ainsi, les anciennes mythologies constituent déjà une véritable PRÉ-SCIENCE PSYCHOLOGIQUE DE L'INTIME FONCTIONNEMENT PSYCHIQUE. Elles sont l'expression extra-consciente, l'explosion surconsciente, de la VÉRITÉ ESSENTIELLE IMMANENTE AU PSYCHISME HUMAIN. Ce n'est pas encore ici le moment de chercher l'explication bio-génétique de cette constatation la plus surprenante qui soit. Qu'il suffise de souligner que l'espèce devenue consciente — ou plutôt mi-consciente, mi-extra-consciente — et, par là, exposée au choix hésitant, n'aurait pu survivre sans être guidée par la surconscience éthique.

Ainsi comprise, la multiplicité des divinités caractéristique des mythologies polythéistes est loin d'être une superstition gratuite. Les divinités bienveillantes figurent les FORCES HARMONISANTES immanentes du psychisme humain ; les divinités malveillantes symbolisent les forces disharmonisantes. (Dans la mythologie grecque, par exemple, Hadès, roi du subconscient, figure la loi qui règne sur le refoulement des désirs coupables. La conséquence du refoulement — symboliquement parlant : les filles d'Hadès — ce sont les Érinnyes, symboles du remords qui, remontant du subconscient, ne cesse de poursuivre l'homme coupable, c'est-à-dire l'homme en disharmonie avec lui-même. Le seul refuge où le coupable trouve la guérison — où il puisse être sauvé de la poursuite par les Érinnyes — est, d'après la symbolique, le temple d'Apollon, dieu de l'harmonie.)

LES MYTHES DONNENT A ENTENDRE QUE LA VIE HUMAINE, ESSENTIELLEMENT VUE, EST UNE LUTTE ET UNE AVENTURE ÉTHIQUE.

L'homme lui-même est figuré sous un aspect mythique. Il est représenté par LE HÉROS qui, avec l'aide des divinités (ses propres qualités positives), devrait EN LUI-MÊME et pour son propre bien, combattre LES DÉSIRS INSENSÉMENT EXALTÉS, figurés par LES DÉMONS TENTATEURS ET LES MONSTRES DÉVORANTS (les passions dévorantes du subconscient).

DANS LA CONSÉQUENCE DES IMAGES MYTHIQUES, L'EXIGENCE IMMANENTE D'UNIFICATION HARMONIEUSE EST TRANS-

CENDÉE ET APPARAÎT COMME L'EXPRESSION DE LA VOLONTÉ DIVINE.

L'IMAGERIE MYTHIQUE CONFÈRE AUX DIVINITÉS LA RÉPARTITION DES RÉCOMPENSES ET DES CHATIMENTS. Ce transfert est psychologiquement valable et sensé du fait que les divinités symbolisent les motifs déterminants de l'activité saine ou malsaine, vitalement satisfaisante ou insatisfaisante.

Par suite du transfert imaginatif de l'immanente exigence éthique sur les divinités, dans la perspective mythique le sort essentiel de l'homme et le destin de la communauté apparaissent comme dépendant de la volonté divine.

La vision de chaque peuple crée un centre cristallisateur, susceptible d'influencer positivement le combat éthique de chaque membre du groupe.

Tous les procédés de l'imagination symbolisante contribuent à renforcer la puissance suggestive et sublimative des images mythiques.

La personnification symbolique sous forme de héros et de monstres rend visibles et tangibles les dangers insidieux des combats intérieurs. La façade fabuleuse touche l'imagination par la narration des péripéties. La poétisation pare les divinités ou les héros combattants de tous les attraits esthétiques, mais aussi des qualités éthiques : le héros au courage indomptable ne recule ni devant la ruse et la traîtrise des démons tentateurs, ni devant la force brutale et la hideur effrayante des monstres.

La surconscience qui a su créer les images est, par là, capable d'en saisir le sens voilé. Elle ne le comprend pas sciemment, mais elle le vit en saisissement émotif. L'ADORATION DES DIVINITÉS DEVIENT UNE PUISSANTE FORCE MOTIVANTE.

Aussi, d'après les mythes, l'homme, héros combattant, vainc les démons et les monstres A L'AIDE D'ARMES, PRÊTÉES PAR LES DIVINITÉS. Il vainc symboliquement « grâce aux divinités ». En réalité, il vainc par la force de son élan. A condition toutefois que l'élan — animant les hommes à des degrés d'intensité variables — soit soutenu par la force suggestive des images mythiques.

Dans ce sens, il est permis de dire que les divinités des peuples polythéistes, bien que dépourvues d'existence personnellement réelle, ONT POURTANT RÉELLEMENT VÉCU. ELLES ONT VÉCU DANS L'HOMME SOUS LA FORME DE FORCES VIVIFIANTES, SOUS LA FORME D'INTENTIONS ANIMANTES. Les divinités meurent lorsque l'âme de l'homme meurt : lorsque les démons et les monstres (l'exaltation et la multiplication des désirs matériels) l'emportent sur le désir essentiel d'harmonisation. Zeus ne vit plus : il n'inspire plus personne. Avec la mort de l'âme des individus, les cultures meurent.

Cela n'empêche pas que d'autres divinités naissent, inspirant à nouveau les âmes et les rendant capables de créer de nouvelles cultures.

L'histoire du passé est — essentiellement comprise — l'histoire des divinités, de leur vie et de leur mort, et l'histoire de la vie et de la mort des cultures qu'elles ont successivement inspirées.

L'étude du symbolisme mythique conduit à poser le problème de la vie et de la mort des cultures.

Mais la succession historique des cultures englobe le sort essentiel de l'espèce humaine : LA GENÈSE ÉVOLUTIVE, passée et future. Le problème du langage symbolique et de sa signification sous-jacente dépasse de loin le niveau individuel et même le niveau social. Il englobe le destin évolutif de l'humanité.

La plus mystérieuse des profondeurs de la vie humaine est l'existence de la symbolique surconsciente qui a fondé les anciennes cultures et qui a fondé notre culture, actuellement en pleine décadence.

La cause de la vie et de la mort des cultures polythéistes est identique à la cause de la vie et de la mort des cultures monothéistes.

Ce n'est pas la façade narrative des mythes polythéistes qui aurait pu porter les cultures, c'est uniquement la vérité sous-jacente qu'ils expriment. La mort des cultures est due à la décadence des âmes et des esprits oublieux de la sous-jacente vérité sans laquelle les histoires mythiques ne seraient que lettre morte. « La lettre est morte » — comme il est dit —, « seul l'esprit (la sous-jacente vérité) est vivant et vivifiant ». L'agonie de la vérité vivifiante est un processus lent. Les cultures se meurent, les sociétés continuent à vivre en état de décadence progressive. Il arrive même qu'elles semblent en plein épanouissement par suite du raffinement croissant de leur civilisation trop exclusivement soucieuse de l'organisation matérielle de la vie collective. Mais, tombé hors du sens de la vie, le besoin matériel porté à l'excès — pris pour l'unique sens de la vie — devient précisément moteur de décadence : il dresse les sociétés contre les sociétés, thème de l'Ancien Testament, et il dresse l'homme contre l'homme, thème du Nouveau Testament.

B. *Le Monothéisme.*

1) *Le symbole « Dieu unique ».*

Le monothéisme est une forme évoluée du polythéisme. Ce qui a évolué, c'est, en premier lieu, le symbole « Divinité ». Tous les autres traits différentiels n'en sont que la conséquence. La différence ne concerne pas la signification sous-jacente de la symbolique, mais uniquement la façade narrative où les divinités multiples sont condensées en un Dieu unique, les démons et les monstres en un seul adversaire de Dieu, l'esprit déchu, figuré par Satan.

La persistance d'une commune signification sous-jacente — l'immuable vérité éthique — invariable dès l'animisme, a été le thème central des précédents développements.

A notre époque, il apparaît évident que les divinités des mythologies polythéistes n'étaient pas — comme les anciens l'ont cru — des personnages réels. Pourtant, nous croyons encore à l'existence personnelle d'un Dieu unique.

L'antiquité, à la différence de notre époque, connut deux formes de théologie ; l'une, destinée à la croyance populaire ; l'autre, réservée à de rares initiés.

Des centres d'initiation appelés « Mystères » existaient en Égypte, en Grèce et chez tous les peuples de haute culture. Le terme « Mystères » indique que l'enseignement avait pour but de réveiller l'émotion devant le mystère de l'harmonie universelle, à laquelle l'homme, pour son propre bien essentiel, doit s'incorporer par voie d'auto-harmonisation, d'où s'ensuit le sentiment vivant de l'ÉTHIQUE IMMANENTE, véritable religiosité.

Assumant leur responsabilité et leur vocation, les prêtres des Mystères d'Éleusis, par exemple, révélèrent — aux hommes capables d'entendre — le fondement véritable de la symbolique des mythes : le mystère de la mort et de la vie, l'inexistence personnelle des divinités, leur signification concernant les intentions positives de l'âme humaine. Certes les prêtres n'expliquèrent pas le mystère (ce que précisément la théologie populaire prétend faire) et même le sens éthique ne fut pas conceptuellement explicité. Leur méthode d'enseignement, faute d'une connaissance détaillée du langage symbolique, puisait dans la survivance de l'émotion qui sut anciennement créer les fabulations mythiques, ce qui leur permit de saisir intuitivement l'énigme du sens caché et de le transmettre à l'aide d'allusions suggestives (1).

A notre époque n'existent plus d'initiés, ni de prêtres initiateurs. Rien n'existe que les croyances populaires fondées sur l'interprétation littérale des Textes ou le scepticisme provoqué par l'erreur interprétative. L'exégèse symbolique s'oppose autant aux croyances qu'au doute sceptique, ce qui ne facilite guère l'approche de la vérité cachée, d'autant plus qu'en elle se trouvent mythiquement condensés non seulement le sens, mais encore l'insensé de notre vie, l'un et l'autre (selon la symbolique) immanents à la nature humaine. Ce fait dégage — ou devrait dégager — le désir authentique d'approfondissement, mais risque aussi de réveiller toute l'affectivité et son angoisse d'être dérangée par le dévoilement du tréfonds psychique.

Notre culture fondée sur les textes bibliques s'est toujours crue — et se croit — supérieure aux anciennes cultures polythéistes. Elle l'est, du fait que sa symbolique est plus évoluée. Elle ne l'est pas, du fait de l'absence d'un approfondissement initiatique. La théologie populaire et profane (profanation de la vérité sous-jacente) impose de croire verbalement en l'affirmation des Textes selon lesquels Dieu en personne, prenant forme humaine, est descendu des Cieux sous la forme de son Fils unique pour

---

(1) Voir *Le symbolisme dans la Mythologie grecque*, Payot, Paris. Le chapitre « Les mystères d'Éleusis » ne figure que dans la première édition.

apporter aux mortels le message du salut. Comment ne pas admettre que ce sont uniquement des symboles, d'autant plus que déjà les anciennes divinités, prenant forme humaine, descendaient sur terre et parlaient aux mortels, leur révélant ce qu'ils devaient faire pour assurer leur salut.

Une chose est certaine ou devrait l'être : l'interprétation théologique est fondée sur la mécompréhension du très ancien symbole « Fils de Dieu ». Tout homme est symboliquement « fils de Dieu ». Mais aucun homme et aucun dieu ne peut être à la fois entièrement dieu et entièrement homme. Même réellement existant, un Dieu tout-puissant ne pourrait faire pareil miracle. Car il s'agit d'une définition irréversible : un homme qui serait Dieu ne serait pas un homme comme tous les autres hommes. Qu'on l'admette ou non, l'affirmation des Textes est un symbole. Elle participe à la vérité et à la beauté de tous les symboles.

Toutefois, LES ERREURS LES PLUS DÉCISIVES DE LA THÉOLOGIE POPULAIRE ne sont pas dues à l'interprétation littérale, mais à la nécessité de la défendre par l'invention de dogmes qui n'ont plus rien à voir avec les Textes. Or, la plus éclatante des erreurs dogmatiques — il importe de le souligner dès à présent — concerne le SALUT, LE MESSAGE DE JOIE APPORTÉ PAR LE MESSIE. D'après l'interprétation littérale de la théologie, le message de joie — thème central des Évangiles — serait la promesse de SURVIE APRÈS LA MORT AUPRÈS DE DIEU, ACCORDÉE AUX CROYANTS, PROMESSE DONT SERAIENT EXCLUES TOUTES LES GÉNÉRATIONS AYANT VÉCU AVANT L'AVÈNEMENT DU CHRIST. De ce dogme résultent des conclusions aberrantes, d'autant plus inadmissibles qu'elles sont en pleine contradiction avec les révélations prophétiques de l'Ancien Testament. Passe encore l'injustice de Dieu à l'égard des peuples polythéistes qui ont vécu avant l'avènement du Christ. Ils restent, d'après le dogme, éternellement exclus de la promesse d'immortalité auprès de Dieu, quelle qu'ait été la vie, souvent très méritoire, des hommes d'alors. Le fait surprenant est ici — en dehors de toute discussion possible — que Dieu unique, s'il existe personnellement, A DÉJÀ EXISTÉ À L'ÉPOQUE DU PAGANISME. Se serait-il volontairement caché tout en voyant l'égarement de l'humanité païenne? Et les Prophètes de l'Ancien Testament, et le peuple élu, sont-ils également exclus pour avoir vécu avant l'avènement du Christ? Selon l'interprétation textuelle, Dieu a personnellement parlé du haut du ciel et de bouche à oreille aux Prophètes. Pourquoi les Prophètes auxquels Dieu a révélé ses volontés ne parlent-ils pas de l'immortalité (inconnue de tout l'Ancien Testament)? Pourquoi parlent-ils exclusivement de la menace du châtiment temporel du peuple désobéissant? La menace de l'Ancien Testament est un symbole à signification sous-jacente, tout comme le message de salut du Nouveau Testament, message qui n'est point la promesse d'immortalité.

Tout le problème se résume dans la compréhension du sens du message de joie des Évangiles, problème essentiel englobant le destin de l'humanité. QUEL EST LE SENS SYMBOLIQUE DU MESSAGE DE JOIE? C'est bien là le problème central de l'étude du symbolisme.

Ainsi se pose le dilemme : ou bien, tous les passages illogiques depuis l'histoire de la Genèse jusqu'à l'affirmation que Dieu en personne est descendu sur terre sous la forme de son Fils (tout en restant sous la forme du Père dans les Cieux) et que les hommes ayant tué Dieu sont assurés d'une grâce surabondante, doivent être textuellement compris parce que inaccessibles à toute critique par la raison humaine. Dans ce cas, l'exégèse symbolique est d'emblée à rejeter. Ou bien, tous les passages illogiques ou surnaturels, de la Genèse jusqu'à la montée au Ciel, sont des symboles susceptibles d'explication. Dans ce cas, le système dogmatique s'effondre. C'est sans doute ce que les croyants craignent le plus, préférant la pseudo-profondeur du miraculeux à toute recherche de vérité. Mais la recherche ne compte pas trop parvenir à convaincre les croyants. Le problème est de portée bien plus vaste. Il convient d'insister, non point pour accuser affectivement, mais pour accuser — mettre à jour — l'erreur millénaire. Mettre le doigt sur la plaie, si douloureux que cela soit, en diagnostiquant les causes et les effets pour chercher le remède qui montrera ce que l'homme doit faire pour assurer lui-même son propre salut durant la vie, sans l'aide du prêtre ni du dogme, mais en conformité avec la vérité mythique.

Si le système dogmatique est erroné — et comment ne le serait-il pas — la piété pour la vérité des Textes devrait l'emporter sur la piété pour l'erreur quelle que soit la longueur de son règne et le nombre de ses fidèles. L'émotion devant le mystère est un sentiment religieux infiniment plus profond et viril que les délectations affectives cherchées dans les rapports cérémoniels et sentimentaux entre l'homme-enfant et le « Père aux Cieux », vestige des croyances magiques et animistes. Et comment donc l'amour de la vérité ne serait-il pas plus réjouissant que l'amour de l'absurde?

La théologie a manqué sa tentative d'unification en imposant la croyance en l'absurde (« credo quia absurdum ») et en la recommandant comme suprême vertu. Elle n'a provoqué que la dissociation des croyances. La situation actuelle en est la preuve. Aucune religion ne fut jamais scindée en autant de sectes, pourvue chacune de sa propre théologie et n'ayant pour seul lien que le dogme de la réalité personnelle de Dieu. La dissociation se fait jour au sein même de l'Église-mère. Aucun remède ne peut exister que l'abandon des dogmes, vestiges de la nuit du Moyen Age. Aussi, nombre de croyants se font leur théologie privée, se considérant bien trop évolués pour croire aux dogmes, tout au plus nécessaires à tenir la foule en laisse. Mais la foule même ne croit plus aux dogmes. Elle s'y soumet — faute de mieux — comme elle se soumet à n'importe quelle convention.

2) *Les Textes Bibliques.*

a) *Le fondement commun de l'Ancien et du Nouveau Testament : le mythe d'Adam.*

Le monothéisme est, compris historiquement, le sommet et l'achèvement de l'ère mythique.

Le polythéisme est une préfiguration du monothéisme. Dieu unique se trouve préfiguré dans certaines mythologies païennes, notamment par les symboles « Amon Rashunter » des Égyptiens et « Zeus Triopas » des Grecs. Il n'est pas exclu que le monothéisme des Hébreux ait été préparé et influencé par leur séjour en Égypte. D'après les Textes, Dieu est entouré d'une multitude d'anges, Satan d'une multitude de démons, vestiges des multiples divinités et monstres des mythes polythéistes.

Les écrits bibliques — surtout ceux de l'Ancien Testament — ne sont pas des récits purement symboliques, mais une sorte d'épopée. Les événements historiques qu'ils relatent sont de bout en bout pénétrés d'éléments symboliques, à façade irrationnelle et fabuleuse. Or, de semblables récits — pour lointaine que soit leur parenté avec la Bible —, montrant l'histoire ou un épisode de l'histoire d'un peuple influencé et dirigé par l'intervention de divinités, existaient déjà au temps du polythéisme (par exemple l'*Iliade* et l'*Odyssée*).

L'Ancien Testament raconte l'histoire accidentelle et le destin essentiel des Hébreux, peuple symboliquement « élu » du fait de la constante intervention symbolique de Dieu, de ses promesses et de ses menaces de sanction, essentiellement véridiques pour tous les peuples jusqu'à nos jours. La culture de chaque peuple tombe en décadence par l'oubli du fondement mythique. La décadence est, symboliquement parlant, la sanction. On pourrait considérer l'Ancien Testament comme une sorte de sociologie à fondement essentiel, d'où la pérennité de l'intérêt qu'il ne cesse de susciter. Le Nouveau Testament rapporte l'histoire de la décadence d'Israël tombé sous le joug romain, « donné par Dieu dans la main de l'ennemi » et l'avènement du Messie, rénovateur de la vérité immuable, flétrie par l'erreur des Pharisiens qui défendaient l'interprétation dogmatique « Moïse a dit... », « Il est écrit... ». Les Évangiles complètent le thème de l'Ancien Testament (sort essentiel du peuple entier). Ils montrent qu'au milieu de la décadence, chaque homme est individuellement appelé à « renaître » à la vie dans la vérité en suivant l'exemple du « Fils de l'Homme », FILS D'ADAM tout en étant symboliquement « Fils de Dieu », ayant retrouvé la foi en l'Éternel en se libérant du dogmatisme de son enfance.

Les deux Testaments forment un tout indivisible : le mythe de la chute de l'âme humaine et de son élévation possible, thème symbolique qui inclut l'histoire de la décadence et de la renaissance des cultures. (La chute d'Adam et la décadence des peuples sont l'expression du même motif : l'oubli de l'esprit et l'exaltation des désirs matériels.)

Le fondement commun à l'Ancien et au Nouveau Testament, LE MYTHE DE LA GENÈSE, se distingue nettement de l'ensemble des Textes.

Le récit de la chute d'Adam est de bout en bout un composé ininterrompu d'expressions symboliques, tandis que les autres récits de la Bible rapportent des faits historiques dans lesquels s'insèrent, ici et là, des fabulations illogiques à sens caché.

L'Ancien et le Nouveau Testament étant un prolongement et un développement historiquement documenté de la signification sous-jacente au mythe de la Genèse, son déchiffrement doit fournir la clef pour la compréhension de l'ensemble des textes bibliques.

Or, tous les symboles de l'histoire d'Adam sont, selon leur signification profonde, analogiquement liés au sens caché de la symbolique polythéiste, pour différentes qu'en soient les façades.

Bien plus encore : le sens sous-jacent du mythe judaïque de la création de l'homme est parfaitement identique au sens caché du mythe grec de la création de l'homme (1).

Littéralement compris, le mythe d'Adam oblige à prendre pour fait réel la chose la plus incroyable qui soit : DIEU AURAIT CONDAMNÉ, A CAUSE DE LA DÉSOBÉISSANCE D'UN SEUL HOMME, L'HUMANITÉ ENTIÈRE DE GÉNÉRATION EN GÉNÉRATION.

Passe encore si la faute du premier homme avait été d'une importance impardonnable ! Selon la façade du mythe, Adam, séduit par un serpent, aurait goûté du fruit de « l'Arbre de la Connaissance ».

Qu'est-ce que cela peut bien signifier : « un arbre de la connaissance » ? Pourquoi ses fruits sont-ils défendus ?

En quoi la faute en apparence minime justifie-t-elle un châtiment en apparence démesuré et injuste ?

L'apologétique (la justification dogmatique de la compréhension littérale) se voit obligée d'avouer qu'elle se trouve elle-même devant une énigme insoluble. Mais de la solution de l'énigme dépend la compréhension des Textes : le message du Christ annonce le pardon de la faute adamique appelée « péché originel ».

(1) Voir *Le Symbolisme dans la Mythologie grecque* (chapitre « Prométhée »), Petite Bibliothèque Payot, 3ᵉ édition, 1970.

Le péché est l'origine et le fin-fond de tous les événements bibliques, de la chute de l'homme jusqu'à la crucifixion, où Dieu en personne s'offre en holocauste pour abolir la faute originelle.

Or, la faute originelle et le châtiment sont — de par leur illogisme — nécessairement des symboles.

Dieu est symbole, le serpent parlant est symbole, Adam est symbole, le Paradis est symbole, l'Arbre de la Connaissance est symbole, le fruit défendu est symbole. Tout est symbole.

L'essentiel est de comprendre en quoi consiste le péché. Seule cette compréhension montrera si, oui ou non, la sanction du péché originel est injuste.

Or, la compréhension du péché originel, de son châtiment et de la récompense accordée aux hommes purifiés du péché initial, montrera non point la justice du Dieu-Personne, mais la justice de Dieu-Mystère : Créateur et Juge de l'homme. Elle montrera que le sort d'Adam est symbole du sort de chaque homme essentiellement défaillant, sort qui se réalise durant la vie par voie de justice immanente.

En cela réside l'essentiel du sens caché de toutes les mythologies, porté par le monothéisme au plus haut degré d'intensité significative du fait que le « Créateur » et le « Juge » sont unis en un seul symbole personnifiant dont la signification est le mystère de l'existence, dans lequel est inclus le mystère de la vie humaine : la responsabilité de l'homme à l'égard de ses propres intentions vitalement justes ou fausses, la responsabilité du choix entre le juste et le faux.

La mécompréhension de ce sens — mythiquement et réellement véridique — du monothéisme, fondement de notre culture, est la cause essentielle de la décadence actuelle.

b) *Pré-science symbolique et Science.*

Il semble qu'ainsi la thèse, ou plutôt l'hypothèse à vérifier, est établie.

En vue d'une vérification, il sera nécessaire d'aborder l'immense problème de la pensée symbolique.

Ce serait une erreur complète de croire que cette étude

propose un retour à l'ancien fondement des cultures.

De nulle part ne peut plus surgir un peuple jeune, porteur d'une nouvelle mythologie.

Dans un lointain avenir, lorsque l'existence d'un langage symbolique sera admise et comprise selon sa vérité sous-jacente, les mythologies des peuples, chef-d'œuvre du surconscient, figureront au musée, témoignage le plus digne de vénération.

La culture ne se fondera plus sur la pré-science symbolique des intimes intentions motivantes, mais sur la SCIENCE DE LA VIE, la science des conflits intimes et la science de la biogenèse du psychisme humain mi-conscient, mi-extra-conscient, incluant des phénomènes évolutifs mais aussi des dangers involutifs qui, les uns comme les autres, président au destin humain.

Plus ces connaissances essentielles se précisent et s'amplifient, plus aussi se précisera et s'amplifiera l'émotion devant l'insondable mystère de l'existence.

La cause la plus profonde et la plus essentielle de la décadence actuelle est — qui ne le sait ? — le conflit entre religion et science.

Quel pourrait en être le remède, sinon la réconciliation de la véritable religiosité et du véritable esprit scientifique ?

La religion est considérée par les croyants comme unique barrière contre la nocivité des sciences, accusées de ne s'occuper que des besoins matériels.

Le reproche est justifié du fait que les sciences de la vie (psychologie, sociologie, bio-genèse évolutive), imitant la méthode de la science type — la physique —, se rendent incapables d'étudier à l'aide d'une méthode appropriée l'objet spécifique de leur recherche qui est le sujet, l'homme animé d'intentions motivantes.

La physique et les merveilles de ses techniques d'application montrent de quoi l'esprit humain est capable, à condition d'être méthodiquement guidé. Mais elles montrent également toute la nocivité du progrès civilisateur insuffisamment guidé par le contrôle de l'esprit. Anciennement exercé par la pré-science symbolique de l'intime fonctionnement psychique, ce contrôle devrait, à l'ère scientifique, être assumé par une Science de l'intime fonctionnement motivant. Fondée sur sa propre méthode qui ne saurait être qu'introspective, la science des motifs devrait prouver sa valeur véridique en fournissant la clef de la pré-science mythique, réconciliant ainsi science et religiosité, seule barrière efficace contre l'abus des inventions techniques de la Physique, abus qui n'est pas imputable au progrès de la science, mais à la fausseté des intentions motivantes, immanente à la nature humaine.

L'intention de la présente recherche est de démontrer que le « péché originel de la nature humaine » existe en effet. Mais il est un phénomène bio-génétique, symboliquement figuré par le mythe biblique de la Genèse : le symbole « péché originel » est complémentaire des symboles « Dieu-Créateur » et « Dieu-Juge ».

Le « péché originel » du mythe dénonce une faiblesse essentielle, exclusivement propre à l'espèce humaine devenue mi-consciente, insuffisamment consciente, et, par là-même, faillible.

CONSIDÉRÉ DANS LA TOTALITÉ DE SON FONCTIONNEMENT PSYCHIQUE, L'HOMME N'EST PAS SEULEMENT FAIBLE ; IL EST AUSSI FORT. IL SERA PLUS FORT QUE FAIBLE DANS LA MESURE PRÉCISE OÙ L'ÉLAN ÉVOLUTIF LE PORTERA A DEVENIR PLEINEMENT CONSCIENT, A COMPRENDRE CONSCIEMMENT, SCIEMMENT, TANT LES INTENTIONS DE LA SURCONSCIENCE ÉTHIQUE QUE LES INTENTIONS PATHOGÈNES DU SUBCONSCIENT (les unes et les autres susceptibles de s'exprimer dans le langage symbolique de l'extraconscient).

L'IMMANENTE FAIBLESSE BIO-GÉNÉTIQUE NE SAURAIT ÊTRE SURMONTÉE — ET PAR LÀ TRÈS NATURELLEMENT, PARDONNÉE — QUE GRACE AU MÉRITE DE L'HOMME ; AU COMBAT — DÉLIBÉRÉMENT ENVISAGÉ — CONTRE LES INTENTIONS FAUSSEMENT MOTIVANTES (COMBAT SYMBOLISÉ PAR LES DIVINITÉS ET LES MONSTRES), CAUSES INTIMES DES FAUSSES ACTIONS INDIVIDUELLES ET DES FAUSSES INTER-RÉACTIONS SOCIALES.

Ce n'est qu'à partir du déchiffrement du mythe de la Genèse, qu'il peut devenir possible de COMPRENDRE LA SIGNIFICATION DES ÉLÉMENTS MYTHIQUES DISPERSÉS A TRAVERS LES DEUX TESTAMENTS.

Il serait imprudent, impossible même, d'affronter d'emblée le déchiffrement du mythe de la Genèse.

Trop de préjugés s'y opposent, mais aussi trop d'objections très compréhensibles dans l'état actuel de nos idées sur le fonctionnement psychique.

Ils se laissent tous résumer par une interrogation capitale :

COMMENT ADMETTRE QU'IL PUISSE EXISTER UNE PRÉSCIENCE MYTHIQUE, PRODUIT D'UNE SUR-CONSCIENCE ÉTHIQUE QU'IL FAUDRAIT SUPPOSER OMNISCIENTE, DU MOINS POUR CE QUI EST DES CONFLITS INTIMES ET DE LEURS SOLUTIONS SENSÉES ET INSENSÉES ?

De longs travaux d'approche seront indispensables.

En vue de préparer la compréhension du Mythe de la Genèse, il importera d'analyser en premier lieu la signification du symbole central : « Dieu-Créateur de l'univers », pour parvenir enfin à déchiffrer le sens du symbole « Dieu-Juge de l'homme ».

Ce qu'il importe de démontrer, c'est que la sagesse mythique et sa vision unifiante du problème des origines désignent par l'expression « Dieu-Créateur », l'insondable mystère de l'existence du monde et de la vie. Le mystère n'est point ce que nous ne savons pas encore, mais ce que l'esprit humain — quels que soient les progrès de la science — ne saisira jamais. Le progrès le plus décisif des sciences consistera à comprendre sciemment les limites de la raison humaine. Seule cette limitation sciemment comprise et assumée donne à l'esprit humain la capacité du saisissement émotif qu'est la religiosité.

Seul le commun émerveillement devant le mystère de l'existence et de la vie saura concilier sciences et religions dont le conflit insensé est la cause essentielle de la décadence actuelle, conséquence de la désorientation généralisée.

Les développements qui vont suivre ne se laissent ranger dans aucune des classifications usuelles proposées par les systèmes matérialistes et spiritualistes. Leur incompatibilité avec LE THÉISME et L'ATHÉISME vient d'être soulignée. Cette incompatibilité reste le thème central de toutes les analyses en vue de combattre les conséquences psychopathiques — moralisme théiste et amoralisme athée — envahissant tous les domaines de la vie pratique. Toutes les analyses partiront de ce thème central et y retourneront. Ce va-et-vient n'est pas une répétition gratuite. Il est dû à la nécessité de mettre à jour les diverses racines de l'erreur capitale (psychologique, sociologique, bio-génétique), mais aussi, et surtout, les liens analogiques unissant et unifiant toutes les vérités énigmatiques cachées par les symboles à déchiffrer.

Les développements ne sont pas PANTHÉISTES. Ils n'identifient pas Dieu et le Monde. Ils se fondent au contraire sur la distinction nette entre le monde réel et le symbole « Dieu ».

Ils ne sont pas AGNOSTIQUES. Tout en constatant l'aspect mystérieux inaccessible au raisonnement, ils démontrent que la raison est parfaitement en mesure de comprendre Dieu-symbole et d'en expliquer l'origine et la signification.

Ils ne sont pas RATIONALISTES, car ils sont fondés sur l'existence de la pensée symbolique de l'extraconscient (surconscient et subconscient) à fonctionnement illogique et irrationnel.

Ils ne sont ni moralistes, ni amoralistes.

Leur but est de prouver l'existence biogénétiquement immanente des valeurs éthiques.

LE SYMBOLE « DIEU CRÉATEUR »   2

1. LE SYMBOLE « INTENTIONNALITÉ TRANSCENDANTE »
ET LA RÉALITÉ DE L'INTENTIONNALITÉ IMMANENTE

Le symbole « Dieu » a deux aspects : l'un métaphysique (créateur intentionnel de l'univers), l'autre éthique (l'intention de Dieu à l'égard de l'homme).

Les deux aspects se rejoignent si on les reconduit à la sous-jacente vérité de tous les symboles : l'intentionnalité humaine.

L'aspect éthique de l'image « Dieu » concerne l'impératif de la surconscience réellement immanente au psychisme, imposant l'harmonisation des intentions humaines sous peine du surgissement de l'angoisse coupable.

L'aspect métaphysique concerne l'harmonie manifeste de l'univers. L'homme ne peut l'imaginer que sous la forme transcendante — métaphysique — d'une intentionnalité surhumaine, omnipotente.

L'image métaphysique « divinité créatrice » ne correspond à aucune réalité, sauf à l'émotion devant l'origine inexplicable de l'univers réellement existant. Le « Créateur intentionnel » est nécessairement imaginé comme existant en dehors des conditions limitatives de l'existence humaine, dans l'au-delà. La projection dans l'au-delà n'est pas — du moins à l'origine mythique — une spéculation métaphysique, mais une symbolisation dont les moyens sont la spatialisation (serait-ce en dehors de l'espace) et la personnification. L'au-delà spatial se complète nécessairement de l'au-delà temporel : l'image de l'immortalité.

Tout ce qui existe apparaît et disparaît, sauf l'immuable vérité éthique (l'exigence d'harmonisation) et le fait immuable de l'existence d'un univers harmonieusement organisé. L'Homme lui-même est dans l'immensité de l'existence universelle une apparition éphémère destinée à disparaître, ce qui n'empêche pas que le sens de sa vie est de s'incorporer, pour sa propre satisfaction essentielle, dans l'harmonie de l'univers.

L'image « divinité créatrice » est symbole de l'apparition et de la disparition, symbole du mystère de la vie et de la mort.

Aiguillonnée par l'émotion surconsciente, l'imagination mythique dépasse les bornes de l'existence spatio-temporelle, seule réalité donnée. Mais en le faisant, elle ne cherche nullement une explication logique ; elle rêve une réponse illogique mais symboliquement véridique en ce qui concerne l'orientation sensée de l'intentionnalité humaine.

L'IMAGE « CRÉATEUR » EST EN RÉALITÉ UNE CRÉATION DE L'IMAGINATION HUMAINE NÉCESSAIREMENT ANTHROPOMORPHE. L'imagination surconsciente peut créer l'image métaphysique, mais elle ne peut faire que le « Créateur » imaginé existe réellement.

La pensée humaine devrait le comprendre afin d'éviter l'explication de l'inexplicable (Esprit absolu ou Matière absolue), destructrice de l'émotion la plus profonde dont l'esprit et l'âme humaine sont capables, émotion qui crée et soutient une influence motivante : l'intention éthique d'auto-harmonisation.

LE NOM « DIEU », S'IL N'EST PAS ABUSIVEMENT EMPLOYÉ, NE SIGNIFIE ABSOLUMENT RIEN D'AUTRE QUE L'ÉMOTION DEVANT L'INEXPLICABLE.

2. DIEU MYSTÈRE ET LE NOM « DIEU »

Pour la pré-science symbolique, comprise selon son intention profonde, le terme « Dieu » est un mot, une dénomination inventée pour désigner l'intentionnalité mystérieuse.

Ainsi compris, il est aussi absurde de prétendre que « Dieu » (le mystère de l'intentionnalité) n'existe pas, que de croire qu'il existe personnellement sous la forme transcendante et quasi-humaine que lui prête la façade du mythe.

A cet égard s'impose une réflexion, mais qui ne saurait être que d'une valeur préparatoire.

Le mot « Dieu » vient du latin « Deus » qui, lui, est apparenté au mot grec « Zeus ».

Qu'est-ce à dire, sinon que ces diverses dénominations, sémantiquement transformées, désignent une seule et unique « Divinité », bien que les images personnifiantes qui concrétisent le « nom de Dieu » soient très variables chez les différents peuples.

S'IL EN EST AINSI, IL DEVRAIT ÊTRE CLAIR QU'IL NE FAUT ACCORDER A AUCUNE DE CES IMAGES ET A AUCUN DE CES NOMS UNE EXISTENCE EN DEHORS DE L'ÉMOTION COMMUNE QUI LES A SURCONSCIEMMENT CRÉÉS.

Or, il se trouve que le mot « Deus » est en latin synonyme de « Jovis ». Selon les règles de l'étymologie, on pourrait être en droit de supposer, hypothétiquement, que la transformation de la première lettre de ces deux noms latins (D en J) soit l'indice d'un glissement qui se serait opéré à partir d'une plus ancienne racine hébraïque, ce qui autoriserait à reconduire « Deus » à « Jeus » (Jésus) et « Jovis » à « Jéhovis » (Jéhova).

Seule une étude étymologique approfondie saurait déceler la valeur ou la non-valeur de ces rapprochements.

Cependant, il existe un critère de validité qui échappe à toutes les règles de la sémantique.

Il est fondé sur une sous-jacente SAGESSE DES LANGUES, qui dépasse de loin leur utilisation conventionnelle. Énigmatiquement enfermée dans les racines des concepts, la sagesse linguistique est une pré-science psychologique qui — tout comme la sagesse mythique — ne saurait être que d'origine surconsciente.

Il importe d'expliciter ce phénomène linguistique, qui pose un problème non moins capital que le symbolisme mythique. La mise en évidence de la SURCONSCIENTE SAGESSE LINGUISTIQUE est d'autant plus indispensable qu'elle fournit un moyen auxiliaire à la méthode de déchiffrement des mythes, moyen qui par la suite se trouvera maintes fois utilisé.

Le fait est que la sagesse linguistique se trouve fréquemment employée dans les mythologies, où elle complète le sens psychologique des symboles par les noms significatifs des divinités, des héros, des monstres et des démons.

Ainsi, par exemple, suffit-il de prêter une oreille attentive à des noms comme « Méduse » ou « Chimère » pour savoir — avant même de déchiffrer le récit détaillé du mythe de Persée (où figure « Méduse ») et de Bellérophon (où figure la « Chimère ») — que ces monstres symbolisent les tentations « médusantes » et « chimériques » (l'exaltation imaginative) que le héros, pour s'en libérer, doit combattre en lui-même, dans sa propre psyché délibérante. Comment donc la sagesse linguistique aurait-elle pu inventer — à partir des symboles — ces noms et adjectifs significatifs, et tant d'autres, si elle n'avait pas pré-scientifiquement connu l'existence des facultés psychiques ainsi symbolisées, tout comme le danger ou le bénéfice qu'elles présentent, pour la santé psychique ?

3. LA SAGESSE LINGUISTIQUE

Le langage assume deux fonctions qu'il importe de distinguer clairement en vue de l'approche de la symbolique. Il est moyen de communication sociale et utilitaire, fondé sur des concepts, mais il est originairement moyen d'expression — imaginative et symbolique — de la vie psychique et de son sens. Le terme « sens » renferme deux significations : DIRECTION évolutive et VALEUR vitale.

L'expression imagée et symbolique précède ancestralement la formation des concepts à sens psychologique. Mais tous les concepts psychologiques (penser, sentir, etc.) furent originairement créés à partir de l'introspection, car, de toute évidence, il me faut d'abord savoir que je pense moi-même avant d'agir pour pouvoir conclure à partir des actions d'autrui, que lui aussi pense avant d'agir, qu'il est comme moi animé de sentiments, d'intentions, de motifs. Je suppose — je sais même — que l'autre a des intentions (des tensions intérieures) bienveillantes ou malveillantes à mon égard. Je ne pourrais connaître leurs nuances si je ne les avais pas auparavant découvertes dans mon propre for intérieur. Or, si la sagesse linguistique et la sagesse mythique expriment les intentions motivantes communes à tous les hommes, il faut bien que l'une et l'autre soient fondées sur une pré-consciente introspection et donc que le langage symbolique soit traduisible en langage conceptuel. Cela doit être vrai aussi pour le symbole « Dieu » dont il s'agit pour le moment.

Le fait est cependant que la réduction du symbole « Dieu » à la fonction psychique qu'il figure, réveille la résistance la plus décisive contre l'exégèse symbolique, indispensable qu'on le veuille ou non. Indispensable pour combattre non seulement le théisme, mais encore l'athéisme. La résistance est ici sans aucun doute due à deux raisons principales : d'une part, le symbole « divinité créatrice », figuratif pour tout sens et toute valeur de vie, touche l'émotion la plus profonde de l'âme humaine ; d'autre part, le symbole est toujours dégradé en concept pseudo-explicatif par la spéculation métaphysique (théologique et philosophique). Or, la conceptualisation logique — et trop souvent pseudologique — est, dans tous les domaines de la pensée exigeant l'approfondissement, le moyen le plus efficace de contourner la difficulté pour obtenir l'adhésion conventionnelle la plus inébranlable. Tous les concepts ont ceci en commun qu'ils risquent de n'être finalement plus que des clichés abstraits, des étiquettes, collées sur des phénomènes existants, qu'ils soient quantitatifs et extensifs, ou qualitatifs et intensifs (intention psychique). C'est surtout la terminologie psychologique qui souffre de cette dégradation en concept-cliché finalement étendue au pseudo-objet de la spéculation métaphysique, l'image « divinité », prise pour une personne réelle.

La difficulté de comprendre le langage symbolique est en grande partie due aux imprécisions de la terminologie psychologique dégradée en clichés.

Des références à l'ancestrale sagesse linguistique — moyen précieux de définir la terminologie psychologique — se trouveront tout au long de l'exposé. Leur conformité avec la sagesse mythique sera en même temps une preuve supplémentaire de la sous-jacente vérité psychologique des symboles.

Mais, déjà ici, où il s'agit de constater l'existence ou la non-existence réelle de « Dieu, Créateur intentionnel du monde », il convient de se référer à la sagesse linguistique renfermée dans le terme « existence » en vue d'établir sa portée limitative, valable uniquement pour les phénomènes naturels et réels immanents à l'espace-temps.

Le terme « exister » englobe deux significations : l'existence perceptible (le monde extérieur) et l'existence sensible (le monde intérieur : l'ensemble des intentions).

Dans la première de ces deux acceptions, le terme est le concept le plus abstrait qui soit. Il désigne le trait commun à tous les phénomènes spatio-temporels, abstraction faite de leurs diverses modalités. Dans la deuxième acception, le terme est le concept le plus concret qui soit : j'existe, je me sens exister.

Ces distinctions font entrevoir qu'il est impropre d'employer le terme « exister » dans une troisième acception qui envisagerait un Être transcendant, nommé « Dieu ». Du moins faudrait-il admettre qu'il ne puisse plus s'agir là d'un être réellement existant, l'attribut « réel » synonyme d'« exister » ne désignant que les phénomènes immanents. L'Être « Dieu » n'existe pas réellement mais imaginativement, car seule l'imagination peut transgresser les bornes de l'existence et les limites de la pensée. Bien que pure fiction, l'image — nécessairement anthropomorphe — doit être émotivement significative : c'est dire que l'image « Dieu » ainsi créée possède la valeur d'un symbole. Dieu-symbole existe réellement, mais immanent à la psyché sur laquelle il exerce un effet émouvant.

L'analyse psychologique est confirmée par la sagesse linguistique.

« Exister » signifie en latin « ex-sistere », être ex, expulsé. De quoi ? De l'innommable transcendance, autant dire du mystère. Celui-ci, non pas compris comme entité, Substance ou Personne, mais comme vacuum, vide de signification saisissable, vide de toute attribution distinctive, de toute tension, de toute intention, de toute modification. L'existence est imaginée comme « expulsée » de l'harmonie infinie du silence.

« L'expulsion », autant dire « l'émanation » à laquelle la racine du terme « exister » fait allusion, n'est pas une réalité mais une image linguistique, image qui rejoint l'image personnifiante des mythes, le symbole « Créateur ».

Ni l'image linguistique ni l'image mythique ne sont explicatives. Le langage est obligé de nommer l'innommable et en le nommant il l'anthropomorphise. L'expulsion créatrice est une dénomination inadéquate car elle pré-suppose une modification, une tension, une volition, une action, ce qui dégrade le mystère des Origines, faisant de lui une modalité modifiable.

Le mystère des Origines n'existe pas en soi mais UNIQUEMENT POUR L'ESPRIT HUMAIN et sa capacité limitée de compréhension. Il n'existe que par l'homme et pour l'homme.

Tous les termes philosophiques désignant le mystère, « l'Esprit », « l'Être », « la Substance », « le Un », « l'Essence », etc., sont des vocables tantôt chosifiants, tantôt personnifiants.

Même le substantif « le Mystère » est une chosification abstraite qui risque de se transformer en personnification faussement concrétisante, en croyance dans une Entité transcendante, à laquelle on est tenté d'attribuer des qualités modales (bon, juste, etc.), des activités (créateur, juge), un lieu de résidence (Au-delà, Ciel). Seule l'image mythique comprise comme symbole est en droit de personnifier, de verbaliser, d'attribuer et de localiser, précisément parce que personnification et spatialisation sont les moyens spécifiques de l'expression symbolique. Dans l'Existence rien n'est absolu. Comparé à l'Existence, le mystère absolu — absolument transcendant — est LA NON-EXISTENCE ABSOLUE.

Le mystère du Mystère est que le terme « non-existence absolue » est synonyme du terme « existence absolue ». Car c'est précisément « l'Absolu » qui n'existe pas. D'après la sagesse linguistique, « absolu » signifie « privé de toute solution ».

SEUL EXISTE LE MYSTÈRE IMMANENT A L'EXISTENCE : L'ORGANISATION HARMONIEUSE DE L'UNIVERS ET L'ÉMOTION HUMAINE DEVANT CET ASPECT MYSTÉRIEUX AUQUEL PARTICIPE TOUT CE QUI EXISTE RÉELLEMENT, ÊTRES ET CHOSES. (La racine « uni » contenue dans le terme « univers » indique le mystère de l'organisation unifiante, c'est-à-dire harmonieuse.)

Ainsi importe-t-il de distinguer clairement :

I — L'ÉMOTION DEVANT L'INEXPLICABLE ORIGINE DE L'UNIVERS ET DE SON ORGANISATION, SEULE VÉRITABLE RELIGIOSITÉ.

II — Le symbole mythique « dieu-créateur ». Émue et inspirée par le sentiment religieux, l'imagination humaine crée l'image anthropomorphe d'un « Créateur intentionnel » nommé « Dieu ».

III — L'erreur qui prend l'image symbolique pour une réalité.

Le fait est que cette confusion aboutit à hypostasier l'image « Dieu », à vouloir expliquer l'inexplicable et à éliminer le sentiment du mystère. L'image symboliquement véridique se transforme subrepticement en un concept « Dieu », objet des discussions métaphysiques.

La métaphysique symbolique n'est pas explicative, mais significative. Par contre, les explications post-mythiques touchant l'existence ou la non-existence de dieu sont de vaines spéculations métaphysiques.

Faussement inspiré par l'image mythique, l'homme — étant psyché et soma, esprit et matière — sera tenté d'expliquer le « Principe-Créateur » soit sous la forme personnifiée d'un Esprit tout-puissant réellement existant, soit sous la forme chosifiée d'une Matière omnipotente.

Les deux tentatives d'explication dépassent les données de l'existence non plus seulement symboliquement, mais réellement. En réalité, il n'existe ni esprit absolu, ni matière absolue. Prendre l'une ou l'autre de ces pseudo-explications contradictoires pour conforme aux exigences de l'esprit humain, ne peut aboutir qu'à d'incessantes querelles, résultat de la mécompréhension de l'imagination symbolisante des mythes.

Théisme et athéisme, spiritualisme et matérialisme, pour opposés qu'ils soient, s'unissent dans la vaine tentative d'expliquer le mystère des Origines.

Pour le théisme, Dieu existe réellement dans un espace hors de l'espace réel, dans un Au-delà métaphysique. L'athéisme croit saisir dans la matière le principe-créateur. Incréée, elle aurait existé depuis l'éternité. A la place de l'espace en dehors de l'espace réel du spiritualisme, le matérialisme introduit un temps en dehors du temps réel, pure supposition métaphysique. L'éternité, elle aussi, n'est que symbole mythique.

Dieu-mystère n'est transcendant ni a l'espace ni au temps. Il est transcendant a la raison humaine.

Dieu-image, par contre, n'est point transcendant au raisonnement. La raison humaine est parfaitement apte a expliquer l'image mythique « Dieu » selon son origine symbolique et sa signification.

La raison humaine devrait se rendre compte des limites de sa compétence face au mystère des Origines. Elle devrait s'efforcer de déchiffrer l'énigme du langage symbolique, afin de dissoudre la confusion entre Dieu-Mystère et Dieu-image, pour parvenir à renforcer l'émotion devant le mystère.

Des problèmes insolubles se posent par suite de l'erreur qui prend l'image « Dieu » pour un concept et qui confond le Nom de Dieu, pur concept, avec Dieu vivant, mystère émotivement vécu.

Les textes bibliques présentent « Dieu » tantôt sous la forme d'un pur Esprit, tantôt sous la forme d'un Esprit doté d'un corps. Les deux images sont des symboles et les textes le donnent clairement à entendre.

En dehors de la symbolique, l'existence réelle d'un pur Esprit est impensable et même inimaginable. Flotterait-il dans les airs? Dans quel espace? Sans corps, dépourvu d'organes perceptifs, comment entendrait-il les prières? Comment, pur esprit, parlerait-il, comment se révélerait-il à l'homme? Toutes les croyances en l'existence transcendante de Dieu se réfèrent à une révélation dont parlent les textes, mais qui n'est que symboliquement surnaturelle. Dieu aurait-il réellement parlé aux Prophètes en hébreu? Et même dans ce cas, l'entendement humain ne saurait percevoir l'inconcevable message que d'une manière inadéquate conforme à la capacité compréhensive de l'homme, ce qui revient à dire que le message ne saurait, en tout cas, avoir qu'une valeur symbolique et anthropomorphe. (Dans l'entretien de Jésus avec Nicodème, Dieu est en effet représenté comme flottant dans l'air : « Le vent qui souffle où il veut. » Mais c'est un très ancien symbole de l'élan qui anime plus ou moins intensément chaque individu, mais dont la force inspiratrice est rarement assez intense pour faire « renaître » l'homme de l'essoufflement banal et conventionnel, ce qui est le cas de Nicodème.)

Si donc « Dieu pur Esprit », révélateur transcendant, est impensable en dehors de l'image symbolique, « Dieu doté d'un corps » est une image mythique plus impensable et inimaginable encore. Ou il s'agit d'un corps réel, ou d'un corps fantôme, pure fiction symbolique. Comment donc saurait-il être question d'un corps réel, qui pour être réel, devrait assumer toutes les fonctions réelles, nutrition et digestion incluses.

Blasphème? Que non! Le blasphème — ou, comme il est dit, L'ABOMINATION est précisément la compréhension à la lettre de la fiction mythique. L'abomination (dont parle Salomon à l'occasion de la consécration du temple de Jérusalem) est dénoncée à travers tous les textes bibliques. Dieu est l'Invisible et l'Innommable. Il est textuellement interdit de faire de lui — en dehors de la pensée symbolique — une représentation concrète, statue ou portrait. Il faut pourtant nommer Dieu pour pouvoir en parler. Mais ce dont on parle n'est que « le nom de Dieu ». Dieu est trop grand — dit Salomon — pour être enfermé dans le temple (où l'on parle de lui). « La terre est l'escabeau de ses pieds. » L'image s'efforce d'exprimer l'Incommensurable. Jérusalem (la culture hébraïque) sera détruite — comme toute culture — lorsque l'abomination s'installera dans le temple, lorsque le « Nom de Dieu » sera pris pour le Dieu vivant.

Impossible de citer ici les nombreux passages bibliques ayant trait à ce thème central.

Ils se résument tous par le premier commandement : « Tu ne prononceras pas le ' Nom de Dieu ' en vain. » La vaine prononciation — appelée par Salomon « abomination » — est d'employer le nom sans référence au mystère. Quelle vanité pourrait être plus grande que la prétention de la spéculation métaphysique, qui non seulement prononce vainement le nom « Dieu », mais qui — ignorant la signification symbolique — se croit compétente pour discuter de l'existence ou de la non-existence de l'indiscutable mystère nommé « Dieu ».

4. PENSÉE SYMBOLIQUE ET PENSÉE ANALOGIQUE
(le « comme si » mythique)

Comment parler du mystère sans effort d'approfondissement?

Le problème est de savoir si l'approfondissement peut éviter l'égarement spéculatif. Il importe donc d'analyser — mieux encore qu'il ne l'a été fait jusqu'ici — l'esprit humain et les limites de sa compétence.

Si l'esprit humain va jusqu'au bout de ses interrogations, il se voit inévitablement obligé de poser la QUESTION ULTIME : D'OÙ VIENT-IL QUE L'UNIVERS EXISTE ET QUE SA SUBSISTANCE SOIT ASSURÉE PAR UNE ORGANISATION HARMONIEUSE ?

L'entendement humain — en se croyant compétent pour aborder le problème des Origines — se verra obligé de considérer l'univers organisé comme un effet pour lequel il cherchera la cause. Cependant, à la différence de toutes les causes réellement existantes (qui sont elles-mêmes effet d'une cause précédente), la « cause » des Origines, au lieu de n'être que relative, devrait être absolue : causa sui. Qu'on l'appelle Esprit absolu ou Matière absolue, on se réfère dans l'un et dans l'autre cas à une cause réellement inexistante, irréelle, métaphysique.

LA RÉFLEXION, SANS S'EN RENDRE COMPTE, S'EST INSIDIEUSEMENT ÉGARÉE DANS L'ENVOL IMAGINATIF.

Il n'est pas superflu de rappeler ici la sagesse du langage : « parler » est « causer ». Causer d'une manière intelligible et intelligente, est chercher des causes réellement existantes. Mais la réflexion causale et l'envol imaginatif ne sont pas radicalement séparés. La sagesse du langage l'exprime en désignant la fonction réflexive par des termes synonymes, indiquant ses divers degrés de clarté : je pense, j'estime, je crois, j'imagine, je songe. Il se peut ainsi que ce qui est pris pour pensée concluante ne soit que songerie aberrante.

Cependant, l'esprit, OUTRE LA PENSÉE CAUSALE ET LOGIQUE, DISPOSE D'UNE PENSÉE INTUITIVE ET ANALOGIQUE qui, tout en étant de nature imaginative, est loin de n'être qu'un envol aberrant.

Tout comme la pensée logiquement causale, la pensée analogique est un instrument du raisonnement.

Il est raisonnable de penser que chaque phénomène existant — c'est-à-dire inclus dans l'espace-temps — est soumis à la nécessité de disparaître et devient ainsi cause de l'apparition effective d'un nouveau phénomène qui, disparaissant à son tour, produit nécessairement son effet :

l'apparition effective d'un nouveau phénomène éphémère, et ainsi de suite. La constatation de l'enchaînement ininterrompu de cause à effet est le propre de l'intelligence logique. Mais il est tout aussi raisonnable de prévoir que tous les phénomènes — parce qu'englobés dans l'espace-temps — doivent être analogiquement organisés en dépit de leur diversité modale et doivent ainsi, dans leur ensemble, former un Tout harmonieux : une organisation universelle.

Qui a créé l'harmonie de l'univers ?

Cette question dépasse la spéculation intellectuelle pour laquelle l'existence de l'univers serait l'effet d'une « causa sui », réponse pseudo-logique, tardivement inventée par la philosophie. La « causa sui » est impersonnelle et n'a rien à voir avec le symbole mythique « Dieu Créateur ». Pour le mythe, Dieu n'est pas principe impersonnel de l'existence. Il est un personnage animé d'intentions et cette intentionnalité ne concerne pas seulement l'acte créateur passé, mais l'activité permanente du Créateur à l'endroit de sa Création. La réponse mythique est une CONCLUSION ANALOGIQUE qui compare la création et l'organisation de l'univers, avec la création intentionnelle d'une quelconque œuvre humaine. L'esprit humain, face au problème des Origines, se voit obligé — et s'est depuis toujours vu obligé — de constater que C'EST « COMME SI » UN ESPRIT SURHUMAIN AVAIT CRÉÉ L'UNIVERS HARMONIEUSEMENT ORGANISÉ ET « COMME SI » IL CONTINUAIT A SURVEILLER SA CRÉATION.

Or, ce « COMME SI » est la sous-jacente signification de toutes les formes du raisonnement analogique dont le symbolisme mythique n'est qu'une forme spéciale. Si C'EST AINSI, aucun effort d'approfondissement ne saurait être superflu en vue de mettre en évidence la différence entre le « comme si » analogique, pure image comparative et le « c'est ainsi » en tant que constatation d'une réalité existante.

Il y a trois formes d'harmonie harmonieusement liées entre elles : l'harmonie de la pensée : la vérité, l'harmonie des sentiments : l'amour, l'harmonie des volitions : des intentions motivantes et, partant, de l'activité sensée.

L'hypothèse scientifique est une forme de la pensée analogique : elle cherche par intuition surconsciemment guidée les liens universels — les lois — liant des phénomènes en apparence hétérogènes. (Ainsi, par exemple, n'existe-t-il apparemment aucun lien causal entre la chute des corps vers le centre du globe terrestre et le mouvement harmonieux des astres, tant que l'esprit n'a pas dégagé le lien analogique, la loi de l'attraction des masses.) L'esprit, par une sorte de clairvoyance divinatrice surconsciemment guidée, fondée sur la loi des lois qui est l'harmonie, émet L'HYPOTHÈSE QU'IL SE POURRAIT QUE CE SOIT AINSI et n'affirme qu'après vérification, que C'EST AINSI.

Le trait commun à toutes les formes d'harmonie est qu'elles sont vraies et belles. La beauté est une vérité qui nous touche sans avoir besoin de preuve. Puisque tout est inclus dans la beauté de l'harmonie universelle, tout ce qui existe est susceptible d'être analogiquement comparé, à condition toutefois que la comparaison découvre une analogie saisissante entre deux phénomènes en apparence dépourvus de lien. C'est le cas de la MÉTAPHORE POÉTIQUE. Les exemples sont innombrables, ce qui rend superflu d'insister. Ce qui mérite d'être mentionné, c'est que dans le Nouveau Testament, l'analogie poétique est fréquemment utilisée sous la forme de parabole. « Travailler dans les vignes du Seigneur » ; le travail du vigneron est analogiquement comparé avec le travail intrapsychique, ce qui ne serait qu'une métaphore poétique si la poésie de l'analogie n'était pas complétée par la sous-jacente pré-science symbolique. Déjà du temps du polythéisme, le vin était symbole de sublimation (comme le pain était symbole de spiritualisation). Encore faut-il comprendre la pré-science pour saisir toute la portée psychologique de l'analogie, qui reste néanmoins parabolique du fait que le terme « Seigneur » ne relève pas du vocabulaire symbolique.

Ce qu'il importe de comprendre — ici, où il s'agit en premier lieu de la symbolique des mythes —, c'est que par le langage mythique, la pensée analogique atteint sa plus haute intensité significative. La symbolique compare analogiquement les conflits intrapsychiques avec des combats extérieurs. Les intentions positives et négatives du psychisme sont analogiquement personnifiées sous la forme de divinités et de monstres. Selon la façade narrative, les péripéties des combats sont des analogies poétiques ; selon la signification sous-jacente, les péripéties ont la portée d'une pré-science de l'intime fonctionnement psychique, ce qui ajoute à la beauté de la façade, la vérité psychologique fondée sur les lois d'harmonie et de disharmonie. LA FAÇADE N'EST QU'UN « COMME SI », LA VÉRITÉ SOUS-JACENTE AFFIRME QUE « C'EST AINSI ». Elle constate que l'harmonie des intentions est source de joie et que leur disharmonie est cause d'angoisse.

Ceci reconduit à la QUESTION DES ORIGINES, qui ne saura trouver une réponse adéquate sans l'analyse de la pensée analogique.

L'analyse démontre que tout comme la pensée logique, la pensée analogique n'est valable que pour des phénomènes existants, phénomènes dont le plus saisissant est l'immanente organisation harmonieuse, manifeste dans toute la Nature. Le propre de la conclusion analogique étant de reconduire comparativement des phénomènes en apparence hétérogènes à l'unité harmonieuse (l'harmonie étant l'unité dans la multiplicité), il est indispensable que les phénomènes comparés soient immanents à l'existence, sans quoi la comparaison reste dépourvue de tout sens saisissable. Ceci est vrai aussi pour les analogies symboliques dont le trait commun de comparaison est l'immanence de l'intime fonctionnement psychique.

Or, il existe une seule et unique analogie symbolique — pourtant commune à toutes les mythologies — qui dépasse les données de l'existence : l'image « Dieu, créateur et organisateur intentionnel de l'univers ». C'est ici une analogie cosmogonique et non pas une analogie à fondement psychologique. La personnification anthropomorphique, valable pour tous les autres symboles mythiques, reste ici un « comme si » à jamais exclu de vérification. Et pourtant, l'analogie métaphysique, en dépit de l'absence d'un sens définissable, n'est pas insensée. Elle implique, bien au contraire, le sens le plus profond de l'existence manifeste : la constatation du mystère infini et indéfinissable.

Voici ce que dit le Dieu biblique et ce qui est la révélation des révélations : « Je suis celui qui suis. » Expression symbolique qui signifie : « Ne doute pas de mon innombrable existence car je suis plus qu'existant. Vie et existence ne sont que les formes sous lesquelles je me révèle à l'entendement humain. Elles sont mon apparition manifeste ;

que je sois manifeste en toi aussi durant ta vie et par ta vie. Éprouve-moi jusque dans le tréfonds de ton être. Effraie-toi de l'insondable mystère de ton existence. Mais sois aussi rassuré. Aucun mal ne t'arrive que celui que tu provoques en m'oubliant. Fais-moi vivre en toi et j'existe pour toi, tout impénétrable mystère que je sois. »

Au symbole métaphysique « Dieu-Créateur » est inséparablement lié le symbole éthique « Dieu Juge ». Mais tandis que le « comme si » métaphysique implique sa propre négation, « ce n'est que comme si » mais CE N'EST PAS AINSI, le « comme si » éthique concerne une réalité existante : la possibilité d'harmonisation psychique. LE « COMME SI » ÉTHIQUE A LA PORTÉE DE L'HYPOTHÈSE SCIENTIFIQUE QUI EXIGE LA PREUVE DE SA RÉALITÉ. « Dieu Juge » est le symbole de la loi éthique surconsciemment immanente, vérité immuable, loi d'harmonisation : l'homme en état de disharmonie intime éprouve la loi éthique par l'auto-jugement de l'angoisse coupable lui indiquant qu'il devrait — pour son propre bien essentiel — activement prouver la possibilité d'harmonisation par l'auto-contrôle de ses intentions motivantes, afin de transformer la discorde coupable en accord avec lui-même. Parce que C'EST AINSI, le « comme si » éthique figuré par « Dieu Juge » mais en réalité phénomène psychique, est prouvable également par le déchiffrement des mythes en tant qu'ils figurent, par des combats symboliquement extériorisés, le conflit intime et son issue harmonieusement réjouissante ou disharmonieuse et angoissante, réalité essentielle de chaque homme et de tous les hommes.

L'ÉMOTION DEVANT LE MYSTÈRE DE LA CRÉATION DEVIENT VOIX SURCONSCIENTE SYMBOLISÉE PAR L'IMAGE « DIEU-JUGE ».

L'abomination dont parle l'Ancien Testament ne concerne pas seulement l'idolâtrie (la spéculation métaphysique), mais aussi sa conséquence ; la perte du sens éthique de la surconscience (sa scission en trop bonnes intentions moralisantes et trop mauvaises intentions banalisantes).

Tout comme l'Ancien Testament, le Nouveau Testament s'oppose à l'idolâtrie métaphysique et à sa conséquente destruction du sens éthique. Le sens du mythe chrétien se trouve condensé en une seule et unique formule : « LE CIEL

EST EN VOUS ». Si le Ciel est en nous, son habitant « Dieu » est en nous, tout comme « l'Enfer et Satan ».

Ce qui est en réalité « en nous », ce sont les intentions disharmonisantes honteusement cachées dans le subconscient, mais aussi les intentions harmonisantes de la surconscience. (Encore que les termes « surconscient » et « subconscient », tout comme le terme « en nous », sont des « comme si » linguistiquement spatialisants dont le sens sous-jacent est le dynamisme fonctionnel du psychisme. Il s'agira ultérieurement, au moment voulu, de comprendre d'où vient bio-génétiquement le fonctionnement extra-conscient.)

Est-il possible de lever au niveau conscient le conflit secret des motivations extraconscientes ?

Là est bien la forme sous laquelle s'impose à notre époque l'ultime question impliquée dans les symboles « Dieu-Créateur » et « Dieu-Juge ».

Spiritualisme théologique et matérialisme athée ne sont pas le résultat d'une contemplation émotive de la Nature. Ils sont les produits d'une spéculation abstraite. Le spiritualiste se penche sur les textes et mécomprend leur intention symbolique. Le matérialisme DES SCIENCES DE LA VIE observe la nature sans contemplation émotive. Croyant que c'est là le critère d'objectivité, le matérialiste interprète la nature et l'homme à partir de la subjectivité de son sous-jacent préjugé métaphysique anti-spiritualiste qui le fait croire en une matière créatrice.

La spéculation métaphysique commence sitôt que le « comme si » symboliquement profond est transformé en explication plate : « c'est ainsi » ou « ce n'est pas ainsi ». C'est l'erreur à double face, liant de manière ambivalente le théisme et l'athéisme.

Le théiste affirme : ce n'est pas seulement comme si Dieu avait intentionnellement créé le monde, c'est ainsi. L'athée affirme : ce n'est pas ainsi ; l'aspect intentionnel de la nature — pour manifeste qu'il soit — n'est en réalité que leurre et jeu du hasard. Le théisme et l'athéisme sont confrontés avec l'intentionnalité finaliste de la nature. Mais au lieu d'en reconnaître l'aspect mystérieux, ils s'efforcent soit de l'expliquer par Dieu et son intentionnalité créatrice, soit de le rejeter en niant toute intentionnalité — même l'intentionnalité humaine — faisant de la nature entière un automatisme et de la vie — la vie humaine incluse — un épiphénomène d'une « Matière » douée d'omnipotence. Comment ne s'agirait-il pas là d'un CREDO QUIA ABSURDUM ? La « Matière », concept abstrait, se trouve pseudo-logiquement proposée comme réalité créatrice et confusionnellement identifiée avec la matière concrète : l'atome. D'où vient la très mystérieuse organisation de l'atome ? Ne devrait-il pas être évident qu'en n'accordant qu'une portée épiphénoménale à l'ensemble du fonctionnement intentionnel du psychisme — et, partant, aussi à cette fonction psychique qu'est l'esprit humain et son intention explicative —, le matérialisme des sciences de la vie, pour être conséquent, devrait déclarer que le produit doctrinal de sa propre réflexion explicative ne saurait être qu'un épiphénomène négligeable ?

Spiritualisme et matérialisme, théisme et athéisme, possèdent chacun tout un arsenal d'arguments — pour ne pas dire d'arguties — justificatifs. Il serait vain d'entrer dans les détails de leurs discussions dogmatiques. L'essentiel est de mettre en relief l'erreur commune : le saut imaginatif conduisant subrepticement au-delà du raisonnement à compétence limitée par l'inexplicable, dans le monde illimité des illusions et des croyances.

Seule l'imagination mythique, par sa proposition symbolique « comme si », est en droit de transcender le mystère des Origines, inséparablement lié à L'IMMANENT ASPECT MYSTÉRIEUX DE TOUT CE QUI EXISTE, L'HOMME INCLUS.

3   LE PROBLÈME DE LA MÉTHODE

1. L'ÉPISTÉMOLOGIE PHILOSOPHIQUE

L'épistémologie est la recherche fondamentale, la recherche d'un fondement sûr et indiscutable de la pensée humaine et du principe méthodologique de sa démarche. Comme telle, l'épistémologie s'oppose à toutes les formes de spéculation métaphysique : spiritualistes et matérialistes.

Les matérialistes de toute obédience, ignorant la signification du terme « métaphysique » appartenant au vocabulaire philosophique, l'usurpent et l'utilisent à contresens pour condamner tout effort d'approfondissement qui dépasse les données immédiates de l'observation des objets matériellement perceptibles. Le fait est qu'ils dépassent eux-mêmes les données immédiates en introduisant la notion métaphysique d'une matière absolue à pouvoir créateur, pour en déduire la solution du problème de base concernant l'origine du monde et l'origine de la vie et de son sens.

A vrai dire, la recherche épistémologique — ses progrès et ses erreurs — constitue l'histoire essentielle de la vie humaine : la recherche d'un fondement indiscutable des valeurs éthiques. Dans cette acception, non plus seulement théorique, de l'approfondissement épistémologique, il est juste de constater que sa forme la plus ancienne — déjà enracinée dans l'animisme — était l'image de la divinité créatrice et son « comme-si » symbolique.

De tout temps et dans toutes les grandes cultures, la méditation philosophique est née par opposition à l'épistémologie théologique proposant comme certitude indiscutable la croyance, fondement trop douteux pour ne pas aboutir à ébranler les valeurs-guides. Les controverses traversent l'histoire de la pensée jusqu'à nos jours. En vue de sauvegarder les valeurs éthiques, la philosophie abandonne la terminologie théologique empruntée aux mythes, mais devenue suspecte. Au lieu de parler des divinités et de se référer à la croyance, la philosophie sous sa forme encore pré-épistémologique, présuppose l'existence d'une « Substance absolue » ou d'un « Être suprême » et tâche d'étayer ses nouvelles croyances par des preuves rationnelles. Rien d'étonnant que la « Substance » se trouve finalement remplacée par l'idée de la pré-existence d'une substance matérielle.

Ayant comme seule méthode d'analyse l'inspiration intuitive, les diverses tentatives de synthèse philosophiques restent des systèmes divergents, tantôt spiritualistes (soucieux de saisir « l'Être » du monde), tantôt matérialistes (soucieux de comprendre le devenir du monde). Chaque système propose un autre fondement des valeurs.

Cependant — et ceci est LE FAIT LE PLUS REMARQUABLE DE LA PHILOSOPHIE — dans tous les cycles de culture, l'inexorable contradiction a toujours fini par aboutir à une AUTOCRITIQUE DE L'ESPRIT, A UNE PHILOSOPHIE ÉPISTÉMOLOGIQUE : CRITIQUE DE LA CONNAISSANCE.

Preuve de l'immense sincérité des grands esprits-guides que furent les vrais philosophes (comme le nom le suggère, amoureux de la vérité), l'épistémologie mit périodiquement en doute, non plus seulement les dogmes théologiques, mais la compétence de l'esprit humain : à savoir s'il est oui ou non capable de trouver une réponse valable à la question métaphysique.

Dans notre culture, l'auto-critique épistémologique de l'esprit a débuté avec le « cogito » de Descartes.

Ce n'est certes pas un détour spéculatif que de placer la présente étude en son cadre historique, dans l'obligation de s'opposer — en vue de déblayer le terrain — tant à la métaphysique spiritualiste, qu'à la métaphysique matérialiste. Cette mise en place s'avère d'autant plus indispensable que le matérialisme, de nos jours, se réfère à la philosophie cartésienne et son magistral « cogito » qui — avec le *Discours de la Méthode* — fut le signal de départ d'une longue période de réflexion épistémologique (c'est-à-dire : méthodologique), malheureusement restée inachevée et finalement débordée (il convient de le démontrer) par l'avènement d'une nouvelle scolastique, remplaçant la croyance en l'« Esprit absolu » par la croyance en une « Matière absolue ».

Le problème est de savoir pourquoi et de quelle manière la formule « Je pense, donc je suis » (Je suis esprit, donc j'existe avant tout comme être pensant) fut finalement renversée en une contre-proposition qui se laisse résumer par la formule : « Je suis matière, donc j'existe tel un automate » (sans être soumis à des valeurs-guides). Le but de cette mise en place n'est donc pas seulement théorique, mais éminemment pratique.

La critique ne s'adresse qu'au matérialisme des sciences de la vie et ne concerne nullement le fondement méthodique de la physique.

Le matérialisme en physique n'est qu'une hypothèse de travail. Comme tel, il est parfaitement adapté à l'objet de l'étude, limité à la recherche des lois qui président aux déplacements spatiaux des corps inanimés.

La physique ne pose pas le problème métaphysique des origines des corps (matière) et des lois (esprit).

Cependant, en tant qu'homme (et non plus seulement en tant que savant spécialisé), le physicien peut être tenté de sortir des limites de sa science. Il répondra à la question métaphysique en introduisant — comme Newton l'a fait — « le Démiurge ». Il devrait être évident que dans l'esprit de Newton, « le Démiurge », « l'Horloger », n'est qu'une image anthropomorphisée sans réelle valeur explicative, car, en physicien, il explique précisément le fonctionnement de l'Horloge-Monde à partir des lois immanentes et non point à partir de « l'Horloger » transcendant. Le monde physique existe et fonctionne, « comme si » l'Horloger l'avait fabriqué une fois pour toutes et de manière telle qu'il n'a plus besoin d'intervenir. Ce qui est précisément le mystère.

La constatation d'un mystère immanent (ou mieux, d'un aspect mystérieux de l'existence) est loin d'être occulte. L'occultisme, forme de pensée floue et confusionnelle, consiste précisément en l'absence d'une distinction nette entre le mystérieux et le phénoménal, par quoi le matérialisme des Sciences de la vie devient un dogme, aussi scolastique que le spiritualisme théologique.

L'ancienne Scolastique théologique et sa métaphysique spiritualiste furent fondées — on le sait — sur l'affirmation que l'unique certitude repose sur la croyance en l'existence personnelle de Dieu.

Descartes oppose à cette croyance le doute.

La croyance — quel que soit son objet — n'est qu'une fonction du psychisme humain, une sorte de pensée imaginative, nécessairement plus ou moins vague. L'unique certitude, propose le cogito, ne peut donc pas être trouvée par une quelconque croyance (et surtout pas par l'improuvable croyance métaphysique dans un esprit absolu), mais exclusivement par l'effort de l'esprit humain de s'affranchir de tout préjugé métaphysique. Pour ce faire, l'esprit humain (indubitablement existant) devrait tâcher de comprendre LES LIMITES DE SA COMPÉTENCE et les moyens propres à sa démarche discursive (Discours de la Méthode).

Or, l'esprit ne connaîtra pas ses limites et ses moyens, tant qu'il ne se soumettra pas à une RECHERCHE AUTO-CRITIQUE qui, de par la nature même du problème en question, ne saurait être qu'introspective.

L'épistémologie, l'auto-critique méthodique, l'exigence d'élaborer une THÉORIE DE LA CONNAISSANCE, se trouvait ainsi, à partir de Descartes, à la place de spéculations métaphysiques, élevée au rang de thème central de la méditation philosophique.

Il n'est pas possible d'entrer ici dans les détails de l'immense effort d'auto-analyse plus ou moins introspective poursuivi à partir du cogito de Descartes par l'empirisme anglais (Locke, Berkeley, Hume) et par le criticisme allemand débutant par la *Critique de la Raison pure* de Kant et aboutissant, à travers les contributions de Fichte et de Schelling, à la *Phénoménologie de l'Esprit* de Hegel.

Ce qu'il importe de souligner ici, ce sont les traits communs de ces recherches.

En premier lieu, elles se sont toutes efforcées de démontrer que « L'EN SOI » — précisément le « Méta-physique » — qui sous-tend l'ensemble des choses, le monde perçu, est un MYSTÈRE INACCESSIBLE autant à notre perception limitée par l'espace et le temps, qu'à notre pensée, limitée à chercher les modifications causales auxquelles toutes les « choses » spatio-temporellement existantes, se trouvent être soumises.

La philosophie épistémologique a ainsi très justement admis, d'une part, le mystère (appelé « l'En Soi ») et, d'autre part, les phénomènes existants (pensée et perception, psyché et monde, esprit et matière).

L'autre trait commun réside dans le fait que la philosophie épistémologique déplace le problème de la Connaissance — sans même s'en rendre compte — du plan métaphysique, au niveau D'UNE ÉTUDE PSYCHOLOGIQUE. Sa démarche contient l'invite à analyser avant tout cette fonction psychique qu'est l'esprit humain. A cet égard, il convient de souligner que toutes ces tentatives d'auto-analyse de l'esprit — pour précieuses qu'elles soient — ont été fondées sur une insuffisante méthode introspective du fait qu'à leur époque le fonctionnement extra-conscient (surconscience et subconscience) était encore ignoré et, partant aussi, l'importance du langage symbolique.

(Il serait injuste de ne pas citer dans cette trop succincte vue d'ensemble, un des plus grands successeurs de Descartes, occupant une place à part et quelque peu isolée. Dans son *Éthique*, magnifique vue d'ensemble, Spinoza embrasse toutes les données du problème épistémologique : le mystère (qu'il appelle « Substance »), ses deux « Attributs » manifestes : l'entendement et l'étendue (esprit et matière) et les « Modalités », les modifications causales (dues aux constantes inter-réactions qui s'opèrent entre esprit et matière). *L'Éthique* aboutit à la tentative de fonder la morale sur l'analyse psychologique des intentions motivantes qui sous-tendent la vie des sentiments.)

La philosophie épistémologique et sa théorie de la Connaissance ne sont pas parvenues à supplanter définitivement la métaphysique scolastique et sa théologie.

L'influence persistante de la méditation anti-métaphysique déclenchée par le cogito, s'étend cependant — pour sous-jacente qu'elle soit — sur tous les domaines de notre vie actuelle et ceci, pas seulement sur le plan théorique.

Tous les courants philosophiques actuellement en vogue découlent de la philosophie hégélienne et de sa *Phénoménologie de l'Esprit*. Pour Hegel, l'esprit est préconscient, il est un phénomène immanent : sa Phénoménologie tente de démontrer que l'esprit humain en est un produit évolutif et que sa fonction spécifique est la valorisation des désirs (matériels et sexuels), ce qui implique le phénomène éthique.

Il est vrai que le système hégélien ne tient pas suffisamment compte de l'inter-influence constante entre les deux phénomènes existants : esprit et matière. Ce qui a finalement conduit au renversement du rapport accordant à la matière une importance prédominante, supposée rendre superflu l'approfondissement épistémologique par suite de la croyance en une Matière absolue, prise à son tour par erreur — à la place de l'Esprit absolu — pour l'unique certitude sur laquelle toute tentative d'explication devrait se fonder.

Désertant ainsi l'auto-analyse épistémologique, les doctrines diverses de la philosophie actuelle sont caractérisées par la tendance commune à ne s'occuper que des phénomènes existants à l'exclusion de l'esprit valorisant, finalement déclaré épiphénomène négligeable. Les valeurs éthiques — guides de la vie pratique — sont ainsi, elles-mêmes, déclarées inexistantes, à moins de n'y voir que des conventions sociales (Existentialisme, Phénoménologie, Marxisme, Structuralisme).

L'abandon progressif de l'approfondissement épistémologique a pour conséquence l'oubli de l'acquis essentiel qui fut la constatation de « l'En Soi » mystérieux. « L'En Soi » de l'épistémologie philosophique ne fut cependant qu'une notion théorique, dépourvue de chaleur émotive devant l'ASPECT MYSTÉRIEUX de tout ce qui existe, émotion qui s'étend — ou devrait s'étendre — sur l'aspect mystérieux des valeurs immanentes — leur immuable vérité — thème constant de la pré-science mythique et de son « comme si » quant à l'existence d'un Dieu, créateur et instituteur des valeurs.

L'esprit explicateur — guide de l'activité humaine — devrait découvrir l'immanence bio-génétique des valeurs d'harmonie afin de parvenir à mettre sciemment les valorisations humaines en accord avec l'intentionnalité harmonisante immanente à la nature entière, phénomène de base le plus naturel, tout en étant mystérieusement inexplicable selon ses origines.

L'explication purement phénoménologique et existentialiste confond nécessairement les valeurs éthiques avec les conditions matérielles de la vie sociale, renversement qui conduit à la fausse sur-valorisation des désirs matériels et aboutit au déchaînement cynique de l'époque actuelle.

Radicalement opposées à la pré-science mythique, toutes LES SCIENCES DE LA VIE sont actuellement profondément influencées par la philosophie matérialiste : la psychologie se contente de n'étudier que le comportement à l'exclusion des intimes causes motivantes ; la physiologie tente de remplacer la psychologie déficiente par l'étude de la matière cerveau ; la psychiatrie ne voit dans les « maladies de l'esprit » qu'un dérèglement somatique ; la sociologie déclare l'individu de toutes pièces déterminé par la situation matérielle et par l'influence du milieu social.

Toutes les disciplines matérialistes des sciences de la vie se déclarent disciples du « cogito » et du Discours de la Méthode, oubliant que le « je » du cogito est L'INDIVIDU, l'esprit valorisateur de chaque homme et de tous les hommes : la vie intimement motivante de chacun, seul critère essentiel de la valeur vitale de chaque homme et, partant, de la valeur vitale de l'ensemble des hommes et de leurs interréactions sociales.

Nul doute que l'avènement de la PSYCHOLOGIE DES PROFONDEURS doit être compris comme l'indispensable réaction contre la dégradation de l'individu et de sa vie intime. Étudiant les profondeurs de l'extra-conscient, elle est en voie de découvrir la pensée symbolisante et sa surconsciente préscience quant à l'origine immanente des valeurs éthiques et la signification profonde du symbole « Dieu ». Réaction contre les spéculations métaphysiques de toute obédience, l'approfondissement psychologique a pour objectif central l'étude du sentiment de culpabilité. Or, ce sentiment, qu'est-il sinon une AUTO-CRITIQUE INTIME, trop souvent refoulée et faussement justifiée ? La culpabilité est L'AUTO-CRITIQUE (PRÉ-SCIENTIFIQUE, PRÉ-PHILOSOPHIQUE, PRÉ-ÉPISTÉMOLOGIQUE) DE L'ESPRIT A L'ÉGARD DE SES PROPRES ÉGAREMENTS TANT THÉORIQUES QUE PRATIQUES. Ainsi comprise, la psychologie des profondeurs extra-conscientes est, elle aussi, lointaine descendante de l'épistémologie philosophique. Trop souvent encore, les diverses écoles de la psychologie des profondeurs se montrent soumises à l'influence matérialiste et à sa phobie devant l'auto-contrôle introspectif, ce qui conduit nécessairement à chercher la guérison des « maladies de l'esprit » exclusivement par l'adaptation au niveau social et à négliger l'adaptation essentielle au sens éthique surconsciemment immanent.

Pour être approfondissement véritable, la psychologie des profondeurs extraconscientes devrait s'affranchir de l'influence matérialiste et de sa phobie devant l'introspection. Le fait indéniable D'UN AUTO-CONTRÔLE SOUS LA FORME D'AVERTISSEMENT COUPABLE, NE PROUVE-T-IL PAS L'EXISTENCE D'UNE INSTANCE PSYCHIQUE PLUS-QUE-CONSCIENTE, connue depuis toujours par la sagesse linguistique et appelée « LA CONSCIENCE ÉTHIQUE »? Peut-on nier que dans le for intérieur, nous délibérons avant d'agir? CETTE DÉLIBÉRATION INTIME, QU'EST-ELLE SINON UNE INCESSANTE AUTO-OBSERVATION INTROSPECTIVE? La psychiatrie l'admet, mais n'y voit qu'excès d'amour-propre, égocentricité vaniteuse, maladie de l'esprit, inobjectivité morbide, cause des psychopathies. La vérité est que l'introspection morbide existe indéniablement, et pose un problème de profondeur épistémologique. Aucune épistémologie ne serait pensable si l'esprit humain était, de par sa nature, falsificateur inguérissable de la vérité sur nous-mêmes. CAR L'ÉPISTÉMOLOGIE EST AUTO-CRITIQUE OBJECTIVE DE L'ESPRIT OU ELLE N'EST PAS. La philosophie et sa « Critique de la Connaissance » (la recherche du critère de la connaissance objective) ne pouvait aborder cet aspect essentiel, faute d'une connaissance des profondeurs extraconscientes ; c'est à la psychologie des profondeurs de ré-étudier le problème dans toute son ampleur. A cet égard, il convient de rappeler — en passant, mais avec toute l'insistance nécessaire — qu'il s'agit là du problème central de toutes les mythologies ; car elles sont — ce qui a été maintes fois souligné — une psychologie des profondeurs préscientifique.

A vrai dire, l'existence d'une introspection morbide est la preuve la plus éclatante de l'existence complémentaire d'une introspection élucidante et assainissante. L'esprit humain est de par sa nature exposé à l'erreur ; mais selon sa nature spirituelle et sublimative, il est infatigable chercheur de vérité. Cette constatation évidente permet de remplacer le terme « épistémologie » quelque peu aride, par sa véritable signification : AMOUR DE LA VÉRITÉ ET JOIE DE LA CONNAISSANCE.

Quel peut bien être le principe inverse et adverse, immanent au fonctionnement psychique, qui nous prive de l'amour de la vérité sur nous-mêmes et de la joie de la connaissance qui est avant tout la connaissance de soi (jamais parfaite, mais toujours perfectible)? Le subconscient n'est point ce que nous ne savons pas ou ce que nous ne pouvons savoir, mais ce que nous ne voulons pas savoir parce que trop pénible à admettre.

Tout le problème de l'épistémologie se trouve ainsi reconduit à l'auto-critique de la pensée qui devrait être à même de déceler le motif intime et secret de l'angoisse devant la vérité sur nous-mêmes, autant dire : le motif de la phobie devant l'introspection.

Ce motif subconscient obsédant est la vanité (vanitas : le vain, le vide).

« Vanité! Vanité! tout est Vanité! », s'écrie l'Ecclésiaste.

Tout n'est pas vanité. Mais toutes nos pensées et toutes nos actions risquent d'être pénétrées de vanité si nous ne parvenons pas à nous défendre contre l'introspection morbide à l'aide de l'introspection élucidante et salutaire.

LA VANITÉ EST LA MÈRE DE TOUS LES VICES. Excès d'amour-propre, sa subjectivité égocentrique dégrade la vie des sentiments en un fourmillement de ressentiments haineux faussement accusateurs, revendicateurs et provocateurs, vexés ou triomphants, plaintifs ou agressifs, surchargés de rancœurs et de jalousie, d'indignation et de ruminations de vengeance. Sans exception, tous les sentiments pervers — dressant l'homme contre l'homme — sont les sous-produits de la disculpation vaniteuse de soi-même et de l'excessive inculpation de chacun, et de l'ensemble des autres, et donc l'inculpation réciproque qui — à partir de la fausse justification des uns et des autres — devient cause motivante de toutes les inter-réactions hostiles. La vanité insidieusement cachée serait-elle le motif SECRET ET CENTRAL de toutes les fausses motivations et de toutes les fausses inter-réactions? L'avidité des désirs matériels, principal responsable des désordres sociaux, ne serait-elle pas, elle aussi, une des conséquences néfastes, parmi d'autres, de l'égocentricité vaniteuse ? Serait-ce là le sens caché du cri de désespoir de l'Ecclésiaste adressé au « peuple élu », symbole de tous les peuples, de toutes les communautés, de l'humanité ? L'Ecclésiaste résume les prophéties de l'Ancien Testament concernant les motivations secrètes et leurs conséquences destructives, en dénonçant leur commune cause insoupçonnée.

La vie des sentiments ne se pervertirait pas sans la surdité à l'appel de l'esprit : autant dire à l'appel de l'immanente sur-conscience éthique et son impératif d'harmonisation. L'auto-justification vaniteuse — qu'on l'appelle surdité de l'entendement ou aveuglement de la lucidité d'esprit —, en refoulant le message de la surconscience — le sentiment de culpabilité —, devient ainsi cause coupable, MALADIE DE L'ESPRIT PAR EXCELLENCE, dont la dégradation de la vie des sentiments en ressentiments haineux n'est que l'effet. Exaltation imaginative, interprétation morbide de soi-même, la vanité devient cause de l'interprétation morbide de toutes les données de l'existence : elle exalte imaginativement les désirs (matériels, sexuels, pseudo-spirituels) en dehors de toute possibilité de réalisation et prend cette faute initiale pour preuve indubitable d'un élan sans borne. Son insatiabilité ne se contente que de l'idéal-ABSOLU (esprit ou matière absolue) et du PARFAIT. L'absolu étant impensable et le parfait étant irréalisable, la sursatisfaction imaginative de la démesure vaniteuse se prépare ses propres déceptions, elles aussi illimitées, pouvant aller jusqu'au désespoir sur soi-même et sur la vie.

Les moyens de l'esprit vaniteux d'arguer et de justifier fallacieusement sont illimités, du fait que ses croyances prises pour certitudes sont les produits d'une imagination débridée qui se plaît à singer les conclusions véridiques de la pensée authentique. Ses masques préférés sont la pseudo-spiritualité et la pseudo-sublimité, mais inversement aussi l'outrecuidance cynique du banalisme qui se prend pour juge suprême de la vie et de son sens.

Toutes les formes de vanité triomphante ont leur chance de devenir idéologies régnantes et de trouver l'approbation unanime, faute d'un véritable critère d'objectivité. Leurs compromissions et leurs querelles engendrent la pseudo-morale, la démoralisation sous ses deux formes contradictoires : le moralisme exaltatif et l'amoralisme banal.

Ce sont là, dans toute leur gravité, les défaites — jamais définitives — que l'amour du mensonge vaniteux inflige à l'amour de la vérité et à la joie de connaissance.

2. L'ERREUR DE L'ÉPISTÉMOLOGIE PHILOSOPHIQUE

La constatation d'une possibilité immanente d'égarement vaniteux, ajoute à la Théorie de la Connaissance une dimension complètement omise par l'épistémologie philosophique. Le problème n'est plus exclusivement de savoir si la pensée est capable de saisir véridiquement le monde objectal. Le problème central de la Théorie de la Connaissance est de savoir s'il est — oui ou non — possible à la pensée en tant que restée lucide, de détecter et de redresser sa propre tentation d'égarement vaniteux. Ce n'est qu'un corollaire de cette évidence épistémologique, que de constater que le redressement ne saurait s'effectuer que par voie d'auto-observation et d'auto-contrôle introspectifs.

Le motif de l'auto-contrôle introspectif ne saurait être que l'élan d'auto-objectivation, surconsciemment immanent, intensifié en amour de la vérité sur soi-même au point de devenir capable de vaincre la subjectivité vaniteuse, excès d'amour-propre, subconsciemment obsédant.

L'amour de la vérité, loin de n'être qu'un verbalisme doctrinal, trouve et prouve son efficacité par la recherche épistémologique.

« Je suis parce que je pense »? Certes. Mais à quoi bon penser si je refuse de me penser moi-même? L'essentiel n'est pas de savoir que je suis, MAIS QUI JE SUIS. Si je n'ose assumer cette fonction essentielle de ma pensée — la connaissance de moi-même — le refus vient de toute évidence d'une sorte de contre-esprit qu'il faudrait bien diagnostiquer comme vanité obsédante qui oblige à aimer, plutôt que le moi véritable (critère de réelle existence), une image flatteuse, fantôme du moi réel.

AINSI COMPRISE, L'EXISTENCE DE LA VANITÉ EST UNE ÉVIDENCE. Mais c'est le propre même de l'aveuglement vaniteux que de vouloir faire obsessivement croire à la pseudo-évidence de sa non-existence : plus on est vaniteux, plus on croit ne pas l'être. Aussi la vanité n'a jamais été diagnostiquée en dehors de la pré-science mythique et linguistique. (C'est du mythe que vient le symbole « serpent » indiquant tout le danger de la venimosité de la vanité.) La pré-science linguistique la désigne également comme le principe même de l'insensé, « vain, vide de sens ». La tentative de minimiser l'existence de la vanité se manifeste jusque dans le langage courant qui s'efforce d'en masquer l'importance par des termes faibles : « fatuité », « futilité », « ostentation », etc., avec l'intention d'en faire un défaut sans plus d'importance que n'importe quel autre. La fausse auto-survalorisation vaniteuse se trouve même confondue avec la fierté qui, elle, est précisément le contraire de la vanité : l'auto-appréciation juste et modérée, conforme à de réelles qualités.

Mais la nécessité d'introduire dans l'épistémologie et sa recherche de la vérité fondamentale, l'étude introspective de la vanité et de ses multiples formes de fausse motivation, a des racines bien plus profondes encore.

L'AUTO-SURSATISFACTION VANITEUSE ET SON POUVOIR DE TROUBLER LA DÉMARCHE OBJECTIVE DE LA PENSÉE SONT ANCRÉS DANS LA BIOGENÈSE DE L'ÊTRE PENSANT.

« Je suis (homme) parce que je pense. »

Biogénétiquement considéré, l'homme est le seul animal pensant. N'étant plus guidé par l'instinctivité préconsciente, il est obligé de penser consciemment — et si possible sciemment — afin de s'orienter dans le monde qui forme l'ambiance vitale dont il est dépendant.

L'homme n'est point pur esprit. Il est avant tout intentionnalité, tendue vers le monde indispensable à sa subsistance. Sa pensée est moyen d'orientation : son but intentionnel est d'obtenir la satisfaction des besoins vitaux.

Les objets du monde extérieur deviennent objectifs de la pensée de l'homme parce qu'ils sont auparavant objets de ses désirs et de leur exigence de satisfaction.

Adapter les désirs à la réalité objectale, qu'est-ce sinon valoriser de manière juste les promesses de satisfaction ou les menaces d'insatisfaction. Par la valorisation — juste ou fausse — les désirs, souvent restés en suspens, deviennent motifs intimes de l'intérêt porté aux objets et aux situations extérieures. Tous ces motifs d'actions futures (préparant l'obtention de l'objet ou la fuite devant la difficulté) sont les éléments d'une incessante délibération, tenue en état de vigilance soit par la PRÉSENCE de l'objet perçu, soit par sa REPRÉSENTATION imaginative.

Tous les problèmes vitaux liant l'homme au monde extérieur sont — du moins originairement — des problèmes psychiques de satisfaction ou d'insatifaction. Toute L'ATTENTION portée au monde extérieur, qu'elle soit perceptive, imaginative ou cognitive, est due à L'INTENTION d'en obtenir satisfaction.

LA RECHERCHE DE SATISFACTION EST LA RACINE DE TOUTES LES INTENTIONS MOTIVANTES. La recherche de l'esprit est tendue vers sa satisfaction spécifique : la vérité. L'amour de la vérité et la joie de connaissance — fondements de l'épistémologie parce que satisfactions suprêmes — sont les manifestations les plus évoluées du besoin biologique de satisfaction. La compréhension de l'importance biogénétique de la recherche des satisfactions (matérielles, sexuelles et spirituelles) est une PARTIE INTÉGRANTE DE LA RECHERCHE ÉPISTÉMOLOGIQUE.

L'intentionnalité de la nature entière — pour mystérieuse qu'elle soit — devient phénomène définissable à partir de la recherche des satisfactions qui dicte à la vie la hiérarchie des valeurs immanentes. Matérialité et sexualité sont des valeurs de base, indispensables à la survie. Mais la vie ne serait qu'un grouillement d'intentions obscures si, à partir de la base biologique, ne s'élevait pas évolutivement d'étape en étape jusqu'à l'homme, l'édifice des valeurs aboutissant aux valeurs supérieures de l'esprit humain (supérieures en intensité de satisfaction) : l'intentionnalité surconsciente de comprendre le vrai pour réaliser le juste, principe éthique de satisfaction.

C'est l'évolution biogénétique de l'inéluctable recherche de satisfaction qui met en évidence le danger subconsciemment involutif de l'aveuglement vaniteux. Exaltation imaginative à l'égard de soi-même, la vanité tente de pénétrer toutes les intentions motivantes et par là toutes les activités. Elle s'infiltre dans toutes les pensées, toutes les idées, toutes les idéologies et tous les idéalismes. Elle dégrade les sentiments en ressentiments sentimentaux ou haineux, les volitions en velléités pseudo-sublimes tantôt plaintives, tantôt agressives. Elle risque d'envahir toute la délibération intime, fonction humaine de la recherche de satisfaction.

La séduction magique, i-magique, imaginative, qu'exerce la vanité provient du fait que — fausse promesse de satisfaction en principe — la vanité, imaginativement omnipotente, promet la satisfaction de tous les désirs et de n'importe quel désir fût-il le plus absurde et le plus irréalisable. L'horreur que la vue de la vanité inspire au regard intérieur est due à l'angoisse du surgissement de la culpabilité. La pseudo-omnipotence de l'imagination vaniteuse est en vérité une faiblesse biologiquement profonde qui déclenche l'avertissement de la surconscience éthique : l'auto-insatisfaction coupable à son tour refoulée est soustraite au contrôle surconscient. C'est ainsi que de refoulement en refoulement de son aspect coupable, se crée insidieusement le mirage terrifiant, le fantôme de soi obsessivement préféré au moi authentique graduellement détruit, abhorré à cause de son pouvoir inculpateur. Où est l'homme qui dans le secret de son for intérieur n'aurait pas vécu l'horreur de ces transformations de la vanité en culpabilité et de culpabilité en vanité ?

Aussi pénible qu'il soit d'admettre consciemment et sciemment cette évidence, je sais — malgré moi — qu'elle me concerne. Je le sais surconsciemment. Somme toute, LA DISCORDE VANITEUSE ENTRE IMAGINATION ET RÉALITÉ ne serait-elle pas un état d'âme constant quoique secret ? Variable toutefois selon le degré d'intensité de l'intime désunion. Malaise essentiel ! Scission enfouie au tréfonds ! Incessante tentation de survalorisation de soi, d'auto-justification accompagnée d'excès d'inculpation d'autrui, des situations, de la vie même, plaintes exagérées, fausse motivation, délibération erronée et morbide ! Monstrueuse vérité ! Vérité inadmissible ! Sans doute. Mais inadmissible uniquement pour la vanité et précisément pour cela, vérité essentielle, vérité salutaire, vérité épistémologiquement profonde : voilà ce que je suis devenu, croyant qu'il me suffit de penser pour être véridique. Comprendrais-je enfin la vérité des vérités, la certitude des certitudes : pour saisir la vérité IL FAUT DEVENIR SOI-MÊME VÉRIDIQUE ET COMMENT LE DEVENIR SANS CONTRÔLE DES MOTIFS ? Immense espoir : si la faute est en moi, elle est réparable par moi. Devenu ce que je suis — menteur envers moi-même — pourquoi ne parviendrais-je pas à devenir plus objectif? A la seule condition toutefois de ne pas faire de l'espoir immense, un espoir absolu, un espoir vain de libération parfaite. Projet modeste, trop modeste? Que non! Jamais assez modeste pour ne pas exiger l'auto-contrôle constant, seul capable d'empêcher que le projet sensé ne se dégrade en trop bonne intention insensée, destinée à se retransformer en supériorité vaniteuse. Le combat contre la vanité connaît des défaites mais il peut connaître aussi des victoires. C'est la vérité exprimée par la sagesse des mythes et exprimée aussi par la sagesse du langage : « La plus grande victoire est la victoire sur soi-même. »

Ce qui est en moi, comment ne serait-ce pas en nous tous? Ultime question d'objectivité. Quel comble de vanité, quelle folie même, ne constaterions-nous pas d'un commun accord, si quelqu'un tentait de faire croire que ses intentions les plus secrètes sont exemptes de vanité, affranchies de toute emprise du subconscient, qu'il les connaît parfaitement et qu'il se considère donc pour le plus juste et le plus véridique de tous les hommes. Si donc, d'après le jugement porté en commun, l'homme qui se croit exempt de vanité est le plus grand vaniteux, ne s'ensuit-il pas que le mensonge vaniteux réside en nous tous? N'aurions-nous pas tous des rares instants d'objectivité où, devant un échec trop évident, la vanité s'effondre, où — ne serait-ce qu'en un éclair fugace, en un instant d'éclaircissement — nous voyons l'horrible vérité trop complaisamment justifiée, motif de nos actions et interactions injustes? Dans ces rares moments de lucidité involontaire, n'arrive-t-il pas que devant la révélation trop pénible les yeux se ferment convulsivement en un tic significatif! C'est le regard intérieur qui refuse de voir.

Le méfait le plus dangereux des incessantes séductions vaniteuses est qu'elles dégradent l'amour de la vérité en haine de la vérité et la joie de connaissance en angoisse de connaissance de soi-même.

La Théorie de la Connaissance ne peut se contenter — comme l'épistémologie philosophique le propose — de chercher exclusivement les critères d'objectivité à l'endroit du monde extérieur. La recherche épistémologique de loin la plus importante concerne les conditions d'une connaissance objective de soi-même : la lutte contre la séduction magique de la vanité, impossible sans la prise de connaissance de l'intime délibération motivante.

3. L'ÉPISTÉMOLOGIE PSYCHOLOGIQUE FONDÉE SUR L'ÉTUDE DES MOTIFS INTIMES

L'ensemble des thèmes à exposer ultérieurement aura pour base et pour but le déploiement des considérations antérieures, ce qui justifie le souci de les rassembler en un résumé succinct.

Le but essentiel des développements précédents a été de suggérer l'émotion devant l'aspect mystérieux de l'existence — la religiosité — SEUL FONDEMENT DE CERTITUDE parce que opposée aux spéculations métaphysiques, causes des croyances porteuses de doute. Encore faut-il se garder — on ne le répétera jamais assez — de faire du mystérieux un substantif, « le Mystère » auquel on sera tenté d'accorder des attributs explicatifs.

Sous le bénéfice de cette réserve, il est permis de dire : l'existence est la manifestation du mystère. Le mystère ne se manifeste pas partiellement mais totalement par l'ensemble des phénomènes existants.

Il s'ensuit l'axiome concernant l'économie de la pensée : en s'imposant la discipline de n'expliquer que l'explicable — la totalité des phénomènes existants — l'esprit se trouve sur la voie méthodique conduisant à sa satisfaction totale — la joie de connaissance — pourtant jamais parfaitement réalisable, le parfait et l'absolu étant exclus de l'existence.

L'ÉCONOMIE DE LA PENSÉE EST DÉRANGÉE SI L'ON N'EXCLUT PAS DE L'EFFORT D'EXPLICATION L'INEXPLICABLE EN SOI. ELLE EST DÉRANGÉE ÉGALEMENT SI L'ON EXCLUT DE L'EXPLICATION UN QUELCONQUE PHÉNOMÈNE EXISTANT, ET ELLE EST PROFONDÉMENT DÉRANGÉE SI L'ON NÉGLIGE L'EXPLICATION DU FONCTIONNEMENT MOTIVANT DU PSYCHISME.

Le principe de l'existence est la dualité : espace-temps, extension-intention, monde-psyché, objet-sujet, apparition-disparition, vie et mort, satisfaction-insatisfaction, joie et souffrance.

Toutes les dualités existantes sont les diverses manifestations de la dualité fondamentale : ESPRIT-MATIÈRE. Elle est la discorde initiale. Le sens de l'existence entière est de transformer la discorde en accord, en harmonie.

Cette transformation salutaire est possible du fait que ni l'esprit, ni la matière n'existent de manière absolue et ne sont absolument séparés. Il n'est pas esprit sans matière, ni matière sans esprit. Phénomènes complémentaires, esprit et matière n'existent que relativement, l'un par rapport à l'autre. Leur relativité réside dans le fait que de l'atome jusqu'à l'homme, l'esprit est organisateur pré-conscient de la matière, et, par là, principe dynamique de l'évolution. Parce qu'il en est ainsi, nous avons tendance à croire en un Esprit omnipotent, surnaturel, surhumain. La discorde initiale, au lieu de s'apaiser en harmonie, devient insurmontable par la croyance en un esprit absolu ou en une matière absolue. Il s'ensuit l'erreur épistémologiquement profonde : au lieu d'expliquer tous les phénomènes existants à l'exclusion de l'inexplicable intentionnalité organisatrice, chacune des croyances prétend expliquer le mystère absolument inexplicable et exclut de l'explication soit les modalités évolutives de la matière, soit les modalités évolutives de l'esprit.

L'esprit humain est à la fois explicateur et modalité à expliquer.

L'auto-explication de l'esprit, condition de la connaissance de soi, est le complément indispensable de la connaissance du monde extérieur.

L'esprit étant une des fonctions multiples du psychisme, sa faculté d'auto-explication est inefficace et son but essentiel — la connaissance de soi — est irréalisable, sans l'étude de l'ensemble du fonctionnement psychique, impossible sans auto-observation objective.

L'auto-observation met en évidence l'existence d'une constante introspection délibérante, phénomène le plus essentiel de l'existence humaine en raison de sa force motivante exercée à l'endroit de toutes les activités. Les activités sont sensées ou insensées selon que les intentions motivantes sont vitalement justes ou fausses, harmonisantes ou disharmonisantes.

L'unification organisatrice de l'esprit préconscient devient au niveau de la vie « incarnation ». Déjà chez l'animal (être animé) l'esprit pénètre la matière-soma (la chair), sous la forme préconsciente de l'instinctivité. Chez l'homme, c'est l'esprit dispersé en intentions motivantes qui s'incarne, qui dicte au soma la manière d'agir. Les intentions n'étant pas toujours harmonisantes, la discorde initiale entre esprit et matière réapparaît sous forme de la discorde entre les désirs spirituels et les désirs matériels susceptibles d'être portés, par voie d'exaltation imaginative, à l'excès pathologique d'une promesse de sursatisfaction absolue, soit des désirs spirituels soit des désirs matériels. Ce dualisme morbide, vain et vide de sens, vaniteux et coupable à la fois, est nécessairement dû à l'intrication perverse de trop bonnes et de mauvaises intentions dérobées au contrôle de l'esprit et, par là, subconsciemment obsédantes. Mais puisque l'esprit pré-consciemment organisateur et son intentionnalité mystérieusement harmonisatrice se manifeste à travers toute la nature, comment ne se manifesterait-il pas également dans la nature humaine? Il est le mystère surconsciemment immanent : L'APPEL DE LA SURCONSCIENCE ÉTHIQUE. La tâche de l'homme est de s'auto-organiser psychiquement et il ne saurait le faire sans une introspection capable d'élucider le conflit des intentions motivantes.

C'est la vérité à la fois épistémologiquement, mythiquement, biogénétiquement et psychologiquement profonde.

L'homme est l'animal pensant. Son seul salut est de penser véridiquement soi-même et sa vie, et comme le véridique est l'opposé du mensonge vaniteux : LE SALUT EST LA VICTOIRE SUR LA VANITÉ.

Le mythe biblique l'affirme : il parle de la défaite d'Adam succombant à la séduction du serpent-vanité. Il formule la condition de la victoire : « Que la lumière (surconsciente) luise dans les ténèbres » (subconscientes).

La psychologie, semble-t-il, devrait se contenter de parler de l'assainissement, du salubre : des maladies de l'esprit et des conditions de la santé psychique.

Mais la psychologie des profondeurs extra-conscientes doit — ou devrait — s'imposer à elle-même la preuve la plus indiscutable de sa valeur scientifique : le déchiffrement méthodique de cette explosion surconsciente de la vérité que sont les mythologies de tous les peuples. En s'y appliquant, elle s'aperçoit à sa propre surprise que le thème central de la pré-science symbolique est le lien existant entre le salut et la santé psychique.

La proposition est certes trop inhabituelle pour être facilement admise, c'est la raison pour laquelle il a fallu la poursuivre jusqu'à son fondement épistémologique impossible à établir sans la prise en considération de toutes les formes de la pensée humaine : non seulement la pensée consciente, mais aussi la pensée extra-consciente (subconsciente et surconsciente) ; non seulement la pensée logique, mais encore la pensée analogique ; non seulement la pensée conceptuelle, mais aussi, et surtout, la pensée symbolique.

Tout comme les actions, les pensées aussi peuvent être justement ou faussement MOTIVÉES. C'est bien ce qui oblige à fonder l'épistémologie sur l'étude des motivations intimes.

L'étude épistémologique reconduit à l'étude de la symbolique.

Le déchiffrement d'un seul mythe, serait-ce le mythe biblique — centre des croyances erronées de notre époque — ne saurait suffire à emporter la conviction, autant dire : à vaincre les innombrables motifs de résistance.

Seule la preuve DE L'UNIVERSALITÉ DE LA SYMBOLIQUE ET DE L'UNIVERSALITÉ DE LA MÉTHODE DE DÉCHIFFREMENT aura — il faut l'espérer — la force de l'emporter, ou, du moins, de déclencher la réflexion salutaire de l'esprit humain à l'endroit de ses propres défaillances.

Pour établir la preuve d'universalité, il importe d'amplifier la confrontation du mythe biblique et des mythologies païennes, jusqu'ici à peine entamée. Le but de ces confrontations est de rendre tangibles les analogies — et même les identités — liant les sous-jacentes significations en dépit de la diversité des façades, et ceci tout spécialement pour ce qui est des symboles typiques : « Ciel et Enfer », « Vie et Mort de l'âme », « Résurrection de l'âme » (durant la vie et non point après la mort), « Combat héroïque » (contre les tentations subconscientes vaniteusement séduisantes).

En vue de la preuve de l'universalité, aucune répétition ne saurait être superflue pourvu qu'elle apporte une amplification significative.

L'UNIVERSALITÉ DU LANGAGE SYMBOLIQUE 4

I. LA VICTOIRE SUR LA VANITÉ DANS LA MYTHOLOGIE GRECQUE

Sens caché du mythe de Persée.

Persée, héros vainqueur de la mythologie grecque, s'attaque à un monstre nommé « Méduse ».

Envisagé face à face, le monstre de la séduction — médusant — se présente sous son aspect terrifiant. Aucun mortel ne peut le regarder de front, ne peut l'affronter, sans que la vue du monstre ne le pétrifie d'horreur, à moins qu'une divinité secourable le protège.

Athéné, divinité olympienne, prête au héros son bouclier miroir. Persée capte l'image de Méduse dans le miroir protecteur. Sa main est ainsi guidée sans qu'il ait à subir le regard pétrifiant. Le héros parvient à décapiter le monstre.

Ce n'est là qu'un résumé de l'histoire de Persée (1) (riche en vérité de nombreux épisodes dont chacun complète symboliquement le sens sous-jacent du mythe). En vue d'une première approche et pour éviter de s'égarer dans la richesse des détails, il sera prudent de dégager d'abord le sens de ce résumé global et même de le confronter avec des épisodes tirés d'autres récits mythiques, afin d'en faire entrevoir le parallélisme analogique. Le but étant de fournir la preuve de la sous-jacente pré-science psychologique universelle-

---

(1) *Le Symbolisme dans la Mythologie grecque.* Petite Bibliothèque Payot, 3ᵉ édition 1970, page 90.

ment commune à la symbolique, la méthode de déchiffrement consiste à remplacer chacune des images par la fonction psychique qu'elle symbolise. Il serait évidemment impossible d'obtenir la science du psychisme par le déchiffrement des mythes. Il faut bien au contraire que cette science soit préalablement établie (1). Le déchiffrement peut cependant amplifier la science des motifs, surtout en ce qui concerne sa technique d'assainissement. A cet égard, c'est surtout la mythologie grecque qui est hautement instructive à cause de la multitude des héros et de leurs combats. Chaque combat apporte un nouvel aspect des perversions et des moyens efficaces ou inefficaces de les affronter.

Il reste à rappeler la condition indispensable d'exactitude : le déchiffrement de la façade avance d'image en image et le sens d'un symbole une fois dégagé doit être soumis à la vérification, consistant à démontrer que le sens reste invariablement le même à travers les mythologies les plus diverses, de sorte que la traduction du mythe de Persée sera une préparation pour le déchiffrement de la symbolique des textes bibliques. Face à l'exigence de précision, le refus d'admettre le bien-fondé de la méthode ne serait plus que signe de mauvaise foi.

Du fait que tous les personnages mythiques figurent les qualités positives ou négatives de l'âme humaine, Méduse est le symbole de la vanité. Seule la vanité est à la fois séduisante et pétrifiante. Aucun homme ne serait vaniteux s'il n'y trouvait pas l'auto-satisfaction la plus séduisante, et tout homme est pétrifié d'horreur à la vue de cette vérité monstrueuse. La signification « Méduse-vanité » est soulignée par la symbolique : sa chevelure est faite de serpents. Elle figure la vanité subconsciente de Persée. Si Persée était exempt de vanité, il n'aurait pas besoin de combattre Méduse.

La déesse Athéné symbolise — qui ne le sait? — la sagesse et la force combative de l'esprit. Pour que l'esprit soit combatif, il faut bien qu'il désire et qu'il ose affronter la vanité. Athéné — du fait qu'elle arme le héros pour le combat — figure l'élan surconscient de Persée.

---

(1) *Psychologie de la Motivation*. Presses Universitaires de France, collection Phil. Contemp., 1969. Petite Bibliothèque Payot, 1970.

Le mythe exprime donc que dans le for intérieur de Persée se combattent le surconscient (amour de la vérité) et le subconscient (l'angoisse devant la vérité). L'angoisse le pétrifierait d'horreur de se voir tel qu'il est, séductible par la vanité (pétrification intérieure : stagnation de l'élan), si l'amour de la vérité n'était pas assez fort pour supporter l'aveu de sa faiblesse vaniteuse. C'est donc sa propre combativité surconsciente qui prête à Persée l'arme protectrice, le bouclier luisant d'Athéné : le miroir de vérité.

Au lieu de se mirer vaniteusement et de succomber au mirage médusant, Persée capte l'image de Méduse — sa propre image vaniteuse — dans le miroir de vérité.

Puisque tout se passe dans le for intérieur, le bouclier-miroir, lui aussi, doit figurer une force intrapsychique. Que pourrait-il symboliser sinon la force d'introspection objectivante (qui exige de se voir tel que l'on est).

Il faut diagnostiquer introspectivement la vanité ; il faut avant tout et une fois pour toutes, consentir à voir son image véridique pour être en état d'entreprendre le combat le plus difficile et le plus décisif.

Le miroir de vérité symbolise la vérité surconsciente, consciemment admise. Seul l'aveu de l'existence de la vanité et de son immense danger saura obtenir le redressement de l'élan, indispensable condition d'une introspection voulue, supportée sans terreur. Le mythe de Persée condense en un seul combat la constance de l'effort introspectif nécessaire pour parvenir à un auto-contrôle salutaire qui loin d'aboutir à la perfection absolue demeurera toujours relatif à l'intensité de l'élan.

A condition toutefois que la vanité ne se greffe pas sur les victoires passagères : QUE LA VICTOIRE SUR LA VANITÉ NE SE TRANSFORME PAS EN VANITÉ SUR LA VICTOIRE.

Ce danger consécutif à la victoire sur la vanité est sans nul doute le témoignage le plus stupéfiant de l'immensité de sa force séductrice. Le mythe l'exprime symboliquement : la tête coupée de Méduse garde son pouvoir fascinant.

La seconde partie du mythe de Persée montre de quelle manière le héros exemplaire parvient à surmonter le danger insidieux de sa victoire passagère.

En raison de l'importance foncière de ce thème pour la compréhension de l'intime fonctionnement motivant, il sera utile d'intercaler l'histoire d'un héros qui, précisément à cause de sa victoire passagère, devient définitivement la proie de la vanité.

BELLÉROPHON, VAINQUEUR DE LA CHIMÈRE (l'exaltation imaginative et ses promesses chimériques), SUCCOMBE AU TRIOMPHE LE PLUS ABSURDE : IL S'ENHARDIT A VOULOIR CONQUÉRIR L'OLYMPE ET DÉTRÔNER ZEUS POUR SE METTRE A SA PLACE.

La Chimère est un monstre à corps de bouc, à tête de lion et à queue de serpent : les promesses chimériques de l'exaltation imaginative se composent du pervertissement de l'esprit (serpent), de la perversion sexuelle (figurée par le bouc) et de la perversion matérielle (dont la menace dominatrice et dévorante est fréquemment figurée par le lion).

(Le triple danger de perversion est également indiqué par le mythe de Méduse. Elle a deux sœurs. Les trois monstres sont appelés les Gorgones. Méduse, la vanité, déformation monstrueuse de l'esprit, règne sur ses sœurs, symboles des perversions matérielles et sexuelles. C'est elle, Méduse, la survalorisation (ou la sous-valorisation) vaniteuse qui exerce son règne en exaltant (ou inhibant) monstrueusement les désirs, en soi naturels, de la sexualité et de la matérialité. Elle est la reine des Gorgones.)

La victoire sur la Chimère indique donc que Bellérophon s'est affranchi des promesses chimériques de l'exaltation des désirs matériels et sexuels. Dans ce long combat intrapsychique le héros est guidé par son propre élan sublimatif, ce que le mythe exprime par la façade symbolique ; Apollon (divinité de l'harmonie et de la santé) lui prête ses armes : l'arc et les flèches (les flèches sont figuratives des rayons solaires. Elles symbolisent la force de l'esprit élucidant : les valorisations assainissantes). Le héros reçoit, en outre, le cheval ailé Pégase, don d'Apollon. Le cheval symbolise l'impétuosité des désirs. Selon le procédé symbolique déjà indiqué, le cheval ailé signifie donc leur sublimation, l'élévation de l'âme. (Pégase n'est que très tardivement, par mécompréhension du sens profond, devenu — chez Plutarque — « le cheval des Muses ».) Emporté dans les airs par Pégase (emportement sublime, enthousiasme de l'élan, contraire de l'exaltation perverse), Bellérophon est inatteignable par les promesses chimériques. Il tue la Chimère « à l'aide de ses flèches » (à l'aide de ses propres valorisations lucides). Mais sa lucidité s'obnubile. La victoire sur la vanité chimérique se transforme en vanité sur la victoire, en prétention insensée de conquérir l'Olympe à l'aide de Pégase et de se mettre à la place de Zeus : de vouloir être pur esprit. Il est une seule motivation psychique qui corresponde trait pour trait à cette image mythique : les trop bonnes intentions moralisantes portées à la démesure de l'ascétisme, exaltation de l'esprit vers l'absolu et dédain excessif des désirs matériels et sexuels même sous leur forme naturelle et saine. L'intention absurde d'atteindre la perfection absolue (Olympe), renverse la signification positive de Pégase (emportement sublime et harmonisant) en négatif (envol pervers de l'imagination exaltative). Selon le mythe, Bellérophon est, par verdict de Zeus (immanente loi surconsciente), jeté dans l'Hadès (Enfer du mythe grec). Exprimé en termes psychologiques : le désir insensé de conquête de l'absolu devient cause de chute décisive. Bellérophon (l'homme d'élan, mais qui l'exalte à l'excès, au-delà de sa force limitée) restera SA VIE DURANT en proie au tourment « infernal » de sa démesure (emprise vaniteuse du subconscient : emprisonné dans le subconscient).

LE MYTHE MONTRE BELLÉROPHON, VICTIME DE SA DÉMENCE, ATTACHÉ PAR DES SERPENTS A UNE ROUE INCANDESCENTE QUI NE CESSE DE TOURNER. L'image symbolique figure l'attachement vaniteux à la tâche d'esprit exaltée jusqu'à l'absolu et la sanction immanente à l'exaltation irréalisable : l'incandescence est le « feu infernal », les brûlures de la culpabilité, souffrance aussi exaltée que la tâche est démesurée. L'irréalisable, du fait des inévitables échecs des trop bonnes intentions, provoque l'obsession coupable. La rotation de la roue, où la tête tourne, tantôt en haut, tantôt en bas, symbolise l'état d'âme du supplicié, l'auto-supplice : la persistance des trop bonnes intentions d'élévation suivies d'incessantes rechutes. Vertige de l'âme. L'exaltation séduisante des espoirs vaniteux s'effondre périodiquement dans le désespoir sur soi (mythiquement figuré par le tourment « infernal »).

Ici, comme toujours, le sens psychologiquement profond

serait complètement mécompris si l'on croyait que le « péché contre l'esprit » (détrôner Zeus) et la recherche de l'absolu, incompatible avec la force humaine (vaine tentative de monter au Ciel-Olympe), trouvent leur sanction après la mort (vie dans l'Enfer). Psychologiquement traduit, le « tourment infernal » de l'alternance entre pseudo-élévation et chute est la sanction de la révolte contre la loi surconsciente, châtiment assumé durant la vie par des voies subconscientes. Étant donné que la défaite (Bellérophon) et l'accomplissement victorieux (Persée), le châtiment et la récompense, se réalisent par des voies extraconscientes (subconscientes et surconscientes), le conscient ignore la loi de la justice immanente figurée par la confrontation des deux mythes.

Les mythes de Bellérophon et de Persée sont complémentaires : l'un montre la défaite décisive due à la vanité ; l'autre figure la victoire décisive sur la vanité.

Cette analogie de contraste est soulignée par le symbole « Pégase » qui se retrouve dans les deux récits mythiques.

DU CORPS DE MÉDUSE DÉCAPITÉE PAR PERSÉE S'ÉLÈVENT ET S'ENVOLENT — ENFIN LIBÉRÉS — PÉGASE, LE CHEVAL AILÉ (IMAGINATION SUBLIME) ET CHRYSAOR, L'ÉPÉE D'OR (FORCE TRANCHANTE DE L'ESPRIT). Or, par la défaite finale de Bellérophon, le symbole Pégase a pris une signification négative (envol vaniteux) ; Pégase a été capté, dévoré par Méduse.

Le sens de ces images ne devient pleinement saisissable qu'en tenant compte du fait que — tout comme les divinités et les monstres — les héros mythiques deviennent significatifs des forces et des faiblesses non seulement de chaque homme, mais de TOUS LES HOMMES, DE L'HUMANITÉ. Dans ce sens élargi, Persée devient symbole de l'humanité essentiellement combative. Méduse aussi acquiert une portée significative qui dépasse l'emprise individuellement exercée sur Persée. Elle n'est plus exclusivement la vanité intime de Persée ; elle devient la vanité gouvernant le monde (1). Elle symbolise le mal universel, le mal dont souffre le monde entier et qui réside dans la confusion magiquement séduisante, incitant le monde, l'humanité, à se laisser envoûter par le mal terrifiant, au point d'y voir la norme de la vie et

---

(1) Étymologiquement, Méduse signifie « la régnante ».

même — comble de résignation faussement justificatrice — le bien le plus séduisant. La stagnation vaniteuse, la pétrification, la « mort de l'élan », étant ressenties comme la plus séduisante libération face à LA RESPONSABILITÉ ESSENTIELLE et à son appel : l'élan combatif. Selon la signification élargie du mythe, Persée renverse la résignation générale en combativité libératrice. Il renverse le mal en bien. La subjectivité introspective de la victoire individuelle acquiert ainsi l'importance d'un accomplissement objectif concernant le SALUT DU MONDE. L'arme victorieuse, le miroir de vérité, reflète l'image objective du monde médusé, l'image de Méduse en tant que principe du mal. Mais capté dans le miroir de vérité, Méduse, la vanité, le principe du mal (dans le mythe biblique : le Prince du monde, Satan), devient vincible : message de joie. Le mythe de Persée souligne cette transposition de la valeur subjective de l'introspection libératrice en force d'objectivation généralisée par l'image de la libération de Pégase et de Chrysaor, symboles des forces de sublimation et de spiritualisation, captées par la vanité, emprisonnées en Méduse. Persée, en tant que représentant de l'humanité combative, libère l'esprit qui était devenu impuissant et rend à l'élan la force d'envol sublime, l'emportement enthousiaste, contraire de l'exaltation imaginative.

Cependant, les forces symbolisées par Chrysaor et Pégase sont, du fait même qu'elles ont succombé à la vanité, qu'elles ont pu être dévorées par Méduse, caractérisées comme insuffisantes comparées avec l'arme autrement efficace de Persée. Il les libère, mais elles ne lui prêtent aucun secours. Elles s'envolent. Existant depuis toujours, elles ont été dévorées parce que trop souvent elles ne sont que bonnes intentions prêtes à succomber. Certes, il existe des hommes à l'esprit tranchant, encore que l'épée soit rarement d'or (symbole de l'esprit). C'est précisément emporté par Pégase que Bellérophon s'envole pour conquérir les Cieux. Aucune arme n'est réellement efficace que le bouclier d'Athéné, le miroir de vérité, le regard introspectif, l'introspection lucide. (Encore existe-t-il une introspection morbide qui n'est que reflètement vaniteux.)

L'idéal grec est la JUSTE MESURE radicalement opposée à la démesure de l'ascèse et de son exaltation vers l'absolu (pseudo-sanctification). Le degré de la mesure juste est pour chacun individuellement déterminé par l'intensité plus ou moins grande de l'élan. L'élan à intensité exceptionnelle réalise, d'après le mythe biblique, la « montée au Ciel » (sanctification). L'idéal grec, la juste mesure, comprise comme dynamisme conforme à l'élan, n'est en rien inférieur à l'idéal biblique. Le sens sous-jacent du mythe de Persée en sera la preuve. Compris dans toute son étendue et toute sa profondeur, il montrera que le seul moyen de ne pas dépasser l'élan (ni de rester en deçà) est de le tenir en état constant de lutte contre la vanité, lutte qui est le principe salutaire, le sens même de la vie. Les moyens de réalisation sont le thème de la seconde partie du mythe de Persée.

Ayant vaincu et décapité Méduse, Persée emporte la tête qui garde son pouvoir monstrueux de fascination (symbole du danger persistant, et même accru, de succomber à la séduction et à la pétrification magique).

Ni Méduse, ni la tête coupée n'existent réellement. L'image signifie donc que le héros porte avec lui, en lui, l'avertissement du danger persistant et constant et qu'il est — par là même — dorénavant en mesure d'envisager face à face ses propres vanités sans en être terrifié et sans en subir, du fait de l'aveu constant, la séduction magique : sans se laisser imaginativement entraîner par les fausses promesses de l'auto-survalorisation vaniteuse.

La tête captée dans le miroir introspectif a pour signification la constatation à valeur diagnostique de l'existence et de la nature de la vanité (constat victorieux, car la vanité ne peut subsister que dans les ténèbres subconscientes) ; la tête, dans la main de Persée, constamment exposée à l'auto-observation objective qu'est l'introspection assainissante signifie l'indispensable expérience journalière : la confrontation détaillée du constat — précédemment admis sous une forme générale — avec les infimes tentations de la vie quotidienne. Seule l'expérience de tous les jours — imposée à Persée par la tête emportée — saura tenir en éveil son authentique élan combatif. La tête emportée remplace ainsi — plus efficacement — l'image de Méduse captée dans le miroir d'Athéné. Dans la main de Persée, la tête de Méduse vaincue devient elle-même « miroir de vérité ». Persée ne renonce pas vaniteusement au secours que lui a prêté Athéné. Il se soumet, bien au contraire, plus efficacement encore à l'inspiration surconsciente dont Athéné est le symbole.

Mais la tête emportée possède une signification bien plus profonde encore, en tant que le combat de Persée symbolise l'élan combatif de l'humanité.

Persée emporte la tête non pas comme trophée vaniteux, mais en pleine fierté de sa victoire. Le mythe condense la victoire en un seul combat décisif, mais en réalité le combat symboliquement extériorisé est une longue lutte introspective contre sa propre tentation vaniteuse où la victoire n'est jamais définitive. La tête emportée, la vanité, ne l'emportera pas sur Persée à la seule condition qu'il reste trop fier pour être vaniteux de ses victoires passagères dans la lutte introspective qu'il s'impose de poursuivre en emportant la tête magique. Le courage d'emporter la tête, la fierté modeste, l'aveu d'avoir à continuer la lutte devient ainsi le trait distinctif le plus marquant et le plus décisif entre le courage éthique de Persée et la vanité coupable de Bellérophon, lui aussi symbole de l'humanité. De quoi l'humanité pourrait-elle être fière en dépit de la défaite séculaire, sinon de la combativité toujours persistante symbolisée par Persée ? Il montre la tête vaincue à l'adversaire non point pour le pétrifier, mais dans l'espoir de réveiller sa fierté, seule capable de combattre la vanité. « Regardez, c'est moi ; mais c'est aussi vous tous. C'est un aspect de moi, mais c'est aussi un aspect de toi. Ose voir ! Elle n'est pas invincible ! »

Mais la vanité du monde refuse d'entendre et de voir. Elle se pétrifie d'horreur. Le mythe l'indique par la RENCONTRE DE PERSÉE AVEC LE GÉANT ATLAS, lui aussi symbole de l'humanité : symbole de la banalisation. (Les géants sont, à travers toute la mythologie grecque, symbole des forces brutales, opposées aux forces de l'esprit.) Le géant Atlas supporte plutôt l'écrasement sous le poids de la terre (désirs terrestres et leur exaltation banale) que la vue de la vérité. La banalisation, support du monde, déformation gigantesque, est aussi peu diagnostiquée que la vanité, car elle est une forme de la vanité. La vanité ne supporte pas la vue de la vanité. D'après le mythe, Atlas refuse à Persée l'hospitalité. Persée lui montre la tête de Méduse pour qu'il s'y reconnaisse (pour qu'il reconnaisse le motif du refus d'hospitalité). Mais Atlas, tout porteur du monde qu'il est, se montre trop faible pour en supporter la vue. Il se pétrifie d'horreur.

Persée est vainqueur mythique des tentations vaniteuses figurées par Méduse et par Atlas.

La lutte contre la vanité continue jusqu'à la mort de Persée. Elle ne sera jamais terminée. Elle se poursuit après la mort du héros à un niveau plus élargi et plus élevé, ce qui souligne davantage qu'il s'agit de la lutte essentielle de l'humanité.

A SA MORT, PERSÉE LÈGUE LA TÊTE DE MÉDUSE A ATHÉNÉ QUI L'ATTACHE A SON BOUCLIER-MIROIR.

L'image finale porte le sens du mythe à sa plus haute intensité.

Ce n'est plus Persée inspiré par Athéné, c'est l'inspiratrice elle-même, l'immortelle Déesse-Vérité, qui montre aux mortels la possibilité de la victoire sur le mensonge subconscient, principe du mal. La tête de Méduse — même fixée à l'égide d'Athéné — reste magiquement vivante.

Par la démonstration de la victoire possible à l'homme et à l'humanité, la Déesse-Vérité, symbole de la sagesse et de la combativité de l'esprit, invite l'homme qui veut bien se porter à sa rencontre, à se reconnaître lui-même dans la tête magique pour ne pas se pétrifier.

La reconnaissance transforme l'éternelle vérité monstrueuse en éternelle vérité salutaire. Le terme « reconnaissance » est synonyme de « gratitude ». Il faut que la prise de connaissance réveille la reconnaissance, la gratitude, pour que — grâce à l'émouvante inspiration active et activante — s'opère le renversement de l'effroi paralysant, en joie de connaissance de soi.

Le vainqueur Persée est — d'après le mythe — élevé au ciel, étoile attachée au firmament, symbole de l'idéal guide.

Ni Persée, ni Méduse, ni Athéné, ni son bouclier-miroir n'existent. Ils figurent les forces et la faiblesse de l'âme humaine : l'espoir de chaque homme et de l'humanité (Persée) de vaincre la vanité (Méduse) par la force de l'élan (Athéné) à l'aide de l'introspection élucidante (bouclier-miroir).

L'unique moyen de dépouiller la tête tranchée du monstre de sa persistante emprise magique dépend de notre élan. C'est à nous de trancher le dilemme essentiel.

En nous se livre l'incessant combat entre Athéné et Méduse, la lutte entre élan et stagnation (à moins d'être mort de l'élan, mort de l'âme « pétrifié par Méduse »). L'élan tranche la tête de Méduse, la stagnation la fait revivre. C'est sans doute qu'il nous manque la force exemplaire de Persée qui a su emporter la tête et qui est capable de la contempler face à face. Le legs à Athéné de la tête vaincue figure le réconfort apporté à nos forces défaillantes par la compréhension de l'exemplarité du héros vainqueur finalement symboliquement divinisé. En continuant à nous montrer la tête de Méduse, l'insigne de la victoire de l'homme Persée, la Déesse-Vérité ne cesse de rappeler, à qui peut voir et entendre, la possibilité de la victoire (toujours limitée) sur la vanité, principe du mal : message de joie, message de salut.

2. LE SALUT

Qui est Persée ?

Un symbole. Une figure à signification immortelle. Une éternelle vérité (éternelle dans le sens : immuable à travers le temps et non pas dans le sens métaphysique « extra-temporelle »). L'éternelle vérité du salut, possibilité immanente à l'existence humaine.

Les représentations figuratives de l'éternelle vérité sont multiformes à travers les mythologies ; la sous-jacente signification psychologique reste invariablement : la victoire sur la vanité. Seul le signifiant — les personnages, leurs noms et leurs aventures — varie de culture en culture. Cependant, même les façades fabuleuses restent, en dépit de leur multiformité, unies par un trait tellement typique que sa seule présence oblige d'admettre que l'on se trouve face à un mythe, face à une histoire exprimant symboliquement la vérité essentielle : AIDÉ PAR UNE DIVINITÉ LE HÉROS (SOUVENT FILS D'UNE DIVINITÉ A SENS POSITIF OU NÉGATIF) S'ATTAQUE, OU EST ATTAQUÉ, PAR UN MONSTRE OU UN DÉMON. La plupart des héros périssent dans le combat.

Si un seul mythe — en l'occurrence celui de Persée — abrite la signification du salut ou — comme celui de Bellérophon — la signification de la perdition essentielle, force est d'admettre que toutes les narrations des temps passés contenant la constellation caractéristique (héros, divinité, monstre) sont des mythes susceptibles de déchiffrement.

La clef du déchiffrement est la compréhension du principe de la symbolisation : le combat du héros symbolise la victoire ou la défaite dans les conflits intrapsychiques communs à tous les hommes : le héros est représentant de l'humanité.

Les textes bibliques contiennent les trois figures typiques. Dans la Genèse biblique, le « péché originel » commis par le héros est symboliquement figuratif de la défaillance de l'humanité. Dans l'Ancien Testament, le héros est le « peuple élu ». Dans les Évangiles, le héros vainqueur est le Christ Jésus. Symboliquement divinisé, fils de Dieu, il est en réalité un héros combattant, en cela comparable à Persée, héros vainqueur.

Comparable, mais non point identique. Une comparaison analogique contient des traits communs et des traits différentiels. En cas d'analogie, il faudrait admettre que la vision surconsciente ait évolué. L'évolution consiste en la clarification du sens sous-jacent verbalement formulé « Je me suis sanctifié » : purifié du péché héréditaire suggéré par la tentation séduisante du démon Satan figuré par le serpent-vanité. La victoire sur la vanité serait-elle le sens commun au mythe de Persée et à la vie de Jésus ? Le message de joie et du salut que sont les Évangiles serait-il identique au sens caché de la victoire de Persée ?

Dans l'affirmative, les textes bibliques se trouveraient élevés à un niveau où ne les atteint plus la querelle des historiens, contestant l'existence réelle de Jésus.

Même s'il n'a pas vécu, l'essentiel est que la vision mythique ait su créer et recréer l'image-guide de la victoire de l'élan surconscient.

D'après la croyance en l'interprétation littérale, aucune comparaison du message de Jésus avec la victoire de Persée, ou avec les combats victorieux d'autres héros mythiques, ne serait légitime.

Croire n'est rien savoir ; plus encore croire est ne rien vouloir savoir, et surtout, rien de la symbolique.

Le message de joie ne consisterait pas dans une victoire exemplaire, héroïquement acquise durant la vie sur la vanité qui règne dans le monde : « J'ai vaincu le Prince du monde », mais dans la promesse d'une vie éternelle auprès de Jésus dans le Ciel transcendant, récompense accordée aux croyants fidèles. Le mécréant, par contre, se voit menacé d'une éternelle survie auprès de Satan, livré au feu de l'enfer, ce qui est plutôt un message d'horreur.

D'autres mythologies ont développé d'autres images eschatologiques. Il serait certes absurde de prendre, par exemple, la « transmigration des âmes » pour une réalité. L'image cependant n'est pas moins parlante — il s'en faut — que le symbole d'un éternel châtiment, image de désespoir, inséparable de l'espoir d'une éternelle récompense. Espoir et désespoir se réduisent à leur juste proportion si l'on veut bien comprendre que « l'Éternité » n'est point une durée sans fin, mais un symbole métaphysique, une image inimaginable, dont la signification est le mystère intemporel : le mystère de la mort. Par la vie temporelle, par contre le mystère se manifeste et sa plus haute manifestation est la sanctification : la victoire décisive sur le « démon » vanité.

La vie de l'âme — sa combativité — est le sens de la vie. Ce sens n'est pas transcendant. Il est immanent. Dieu lui-même, s'il existait personnellement, ne pourrait imposer autre chose que le principe éthique : la combativité essentielle. Parce qu'il en est ainsi, Dieu-symbole est symboliquement distributeur de la récompense et du châtiment. En réalité, récompense et châtiment se réalisent durant la vie par des voies surconscientes et subconscientes. De l'idéal d'élévation et de sa joie d'harmonie (Ciel mythique), tout comme de la disharmonie angoissante du subconscient (Enfer mythique), découle la gradation des valeurs : l'échelle des valeurs positives et négatives.

Dans la spatialisation symbolique, l'élévation dans les airs (jusqu'au Ciel) et la chute sur terre (ou la descente aux Enfers) apparaissent comme le parcours d'une immense distance. Dans la réalité psychique, par contre, la joie impérissable de la surconscience n'est pas spatialement séparée du subconscient et de son tourment « infernal ». LES ÉLÉVATIONS ET LES CHUTES DE L'AME NE SONT PAS EXTENSIVES, MAIS INTENSIVES : elles signifient le degré d'intensité de la lutte entre les intentions vitalement sensées ou insensées.

Le sens du symbole « montée au Ciel » se formule comme suit : le héros, grâce à la force exceptionnelle de son élan de combativité spirituelle, réalise durant sa vie l'éternelle vérité : l'exigence d'harmoniser les intentions, ce qui ne peut se faire que par la victoire sur le principe du mal, le

« Prince du monde » : la banale exaltation vaniteuse. (Dans le mythe de Persée, le « Prince du monde » est figuré par le « support du monde », le géant Atlas.) L'harmonisation des désirs est indispensable condition de joie du fait qu'elle seule abolit le conflit intime et son tourment angoissant. Messager de joie, le héros vainqueur est symboliquement immortalisé (élevé au Ciel), parce que son exemple (idéal-guide) reste éternellement vivant, à jamais inscrit dans la mémoire surconsciente de l'humanité. Que le héros s'appelle Persée ou Jésus, qu'il ait réellement vécu ou que la surconscience de l'humanité l'ait mythiquement créé, son exemple — réel ou imaginé — ne cessera d'exercer, à travers tous les égarements des générations humaines, son influence vivifiante et activante.

Cette signification psychologique reste invariablement vraie, qu'elle soit consciemment comprise ou non, que le héros vainqueur soit au cours des siècles remplacé par d'autres figures à signification analogue, que le message soit faussement interprété, ou même que la multitude, sourde à l'entendement surconscient, continue à vivre sous l'emprise des égarements subconscients, sous l'empire du « prince du monde ».

Que le danger subconscient s'appelle Méduse ou Satan, que le vainqueur soit Persée ou Jésus, l'ennemi à combattre reste invariablement, « éternellement », la tentation vaniteuse dont la forme la plus monstrueuse n'est pas l'exaltation envers l'esprit (la nervosité aboutissant à la mortification de la chair-matière), mais l'exaltation des désirs « charnels », la banalisation aboutissant à la « mort » de l'élan animant, mythiquement dit : à la « mort de l'âme ».

La raison majeure de la difficulté à entrevoir l'universalité du langage symbolique et à le traduire en terminologie psychologique réside dans le fait que la banalisation (tout comme la vanité en général) n'est pas diagnostiquée comme état malsain. A cause de sa fréquence, elle est considérée comme la norme même de l'existence humaine. Seule la pré-science symbolique l'a diagnostiquée comme perdition essentielle, séduisante et pétrifiante, comme dit le mythe grec, ou, comme dit le mythe chrétien : l'exaltation imaginative, l'aveuglement subconscient est le démon Satan, le prince qui règne sur la multitude, le principe intrapsychique qui détermine, qui motive, les activités banales, égocentriques et haineuses. Ce que Satan réalise symboliquement, l'exaltation imaginative des désirs le réalise réellement : elle chuchote intérieurement ses vaines promesses de satisfaction, ses tentations destructrices d'harmonie et entraîne les hommes séduits dans les affres du combat acharné pour les biens matériels, faisant de l'homme l'ennemi de l'homme.

Jésus est héros combattant parce qu'il oppose à la haine du monde le seul remède : la victoire sur l'égocentrisme vaniteux, le message d'amour. Non point l'absolutisme de l'amour exalté de l'esprit (par lequel Bellérophon a cru pouvoir conquérir le Ciel), ni le sentimentalisme de l'amour exalté des autres. « Aime l'autre comme tu t'aimes toi-même. » Aime avant tout toi-même, fais-toi le bien de combattre l'égocentrisme restrictif, vaincs le démon vanité, et tu aimeras l'autre dans la mesure de ta victoire. Aime ton moi essentiel par-dessus tout, connais-toi toi-même et tu vivras dans la joie de connaissance essentielle (dont le symbole est le Ciel en nous). La victoire du héros combattant est avant tout sa victoire sur lui-même. (« Je me suis sanctifié. » Un dieu aurait-il besoin de se sanctifier ?) Comme Persée, il a osé se voir dans le « miroir-vérité ». Comme Persée, il a montré la vérité au monde qui lui a refusé l'hospitalité. Ce sont les victoires sans cesse répétées sur la haine du monde, haine qu'il a acceptée sans s'y laisser entraîner bien qu'il ait prévu et prédit sa fin tragique, qui font de lui le symbole d'amour. Le symbole est mécompris si, par amour sentimental, on se plaît à l'appeler « doux Jésus », lui qui — comme il le dit — « n'apporte pas la paix mais l'épée », l'arme tranchante de l'esprit (Chrysaor dans le mythe de Persée). Sa victoire sur la vanité — amour-propre exalté et haine coupable d'autrui — ne peut être que solitaire, intra-psychique, car le monde vivant sous le règne du « Prince du Mal » n'est ni vaincu ni convaincu (sur le plan extérieur). Les hommes « morts de l'âme » lui ont infligé la défaite décisive : la mort du corps. Son exemple héroïque n'en est que plus émotivement saisissant. Homme réel, il a préféré la mort du corps à la mort de l'âme. Jamais injustice ne fut plus grande, car jamais homme ne fut plus juste. Mais la plus grande injustice est de faire de lui, par mécompréhension du « comme si » mythique, un dieu réel. Car toute la vérité, en soi évidente et mythiquement profonde, est qu'il ne l'était pas. Au symbole « mort de l'âme » s'oppose le symbole « vie de l'âme » : il est inscrit dans les possibilités de la nature humaine que l'élan animant vive ou meure durant l'existence du moi éphémère. Pour saisir le sens et la portée du message de joie, il faut comprendre le sens et la portée du mythe de l'âme.

3. LE SYMBOLE « AME IMMORTELLE »

Le mythe de l'âme — de sa vie et de sa mort — est le thème central des écrits bibliques.

La mécompréhension de la signification de ce mythe central est cause majeure de l'erreur dogmatique.

L'erreur — il est vrai — devient excusable, compte tenu de l'extrême condensation du langage symbolique qui renferme dans le mythe de l'âme les deux aspects du mystère : le mystère de la vie manifeste et le mystère impénétrable de la mort. Le mystère de la vie est — psychologiquement parlant — L'ÉLAN ANIMANT. Le fait psychologique d'importance primordiale — maintes fois mentionné — est que l'élan peut « mourir » (perdre sa force harmonisante), perdition essentielle dont le symbole mythique est la « mort de l'âme » durant la vie (banalisation).

Mais malgré la possibilité de « mourir » durant la vie éphémère, l'âme est imaginée comme immortelle. Le fait indiscutable est que LA VIE ET SON ÉLAN NE PEUVENT SORTIR D'UN NÉANT ABSOLU. IL EST DONC IMPENSABLE QUE LE PRINCIPE DE LA VIE (L'ANIMATION) RENTRE APRÈS LA VIE TEMPORELLE DANS LE NÉANT. Encore que les termes « sortir » et « rentrer » soient des anthropomorphismes du « sort de l'âme » avant et après la mort ; même la pensée symbolique surconsciente ne peut proposer qu'une image inadéquate et irréelle. La symbolique ne prévoit réellement que les conflits (vie ou mort de l'élan) de la VIE PSYCHIQUE QUI, ÉPHÉMÈRE, INSÉPARABLE DU CORPS, NE SAURAIT LUI SURVIVRE.

L'animation — en tant qu'elle n'est pas seulement élan psychiquement manifeste — appartient au mystère de la vie et de la mort. Seul le « comme si » métaphysique peut en parler ; tout comme la symbolique métaphysique a fait du mystère de la création l'image personnifiée « Dieu-Créateur », elle fait du mystère de l'animation une image personnifiante « l'âme immortelle ».

Le propre de la symbolique étant la personnification et la spatialisation, la mythologie crée l'image métaphysique d'après laquelle l'âme immortelle habite le corps durant la vie, et retourne après la mort du corps au Ciel transcendant, lieu symbolique, pour vivre — personnage symbolique — auprès du personnage symbolique « Dieu-Créateur », tandis qu'elle vivra — en cas de démérite — dans « l'Enfer », lieu symbolique de l'éternel châtiment.

L'image métaphysique de la survie transcendante de l'âme après la mort devient superstition, tout comme l'image métaphysique « Dieu-Créateur » si l'on prend le « comme si » symbolique pour réalité.

La superstition s'aggrave si l'on confond âme et psyché. L'âme est un symbole personnifiant, la psyché est une réalité existante : le moi personnel de chaque individu. La confusion fait croire à la survie éternelle du moi éphémère.

De cette confusion résulte l'erreur décisive, non plus théorique, mais de portée pratique. Car en fait récompense et châtiment ne se réalisent pas après la mort mais durant la vie, vérité essentielle figurée par le symbole à sens psychologique : vie et mort de l'élan durant l'existence du moi éphémère.

Toutes les confusions disparaissent si l'on distingue nettement le symbole métaphysique « vie éternelle de l'âme après la mort » et le symbole psychologique « mort de l'âme durant la vie ».

La distinction indispensable est difficile à établir et à comprendre du fait que le symbole « éternel » abrite dans les textes bibliques, et surtout dans le Nouveau Testament, presque constamment deux significations : la vie éternelle après la mort (symbole métaphysique) et la vérité éternelle de l'immuable loi éthique immanente à la vie psychique : connaissance de soi-même, combat contre la vanité.

D'après la signification psychologique du symbole « vie éternelle », l'homme peut DURANT SON EXISTENCE TEMPORELLE, ÉTERNELLEMENT VIVRE (de manière éternelle : conforme à l'immuable vérité éthique), ou il peut mourir d'âme et d'esprit à l'éternelle vérité éthique. Mais durant la vie aussi, l'homme peut renaître de l'anéantissement de son désir essentiel, de la « mort » de son élan animant. L'âme peut se redresser, ressusciter. Le redressement est une élévation de l'âme et de l'esprit : UNE RÉSURRECTION QUI S'ASSUME DURANT LA VIE ET NON PAS APRÈS LA MORT.

La sagesse du langage — ici comme partout — est conforme à la pré-science psychologique des mythes. Elle exprime la vérité universelle par la racine commune des termes « re-naître » et « co-naître ». La re-naissance est une seconde naissance, une co-naissance, une naissance à l'esprit, opérée par l'esprit (opérée par l'esprit de vérité et par l'amour de la vérité).

Le « vieil Adam » doit mourir — en nous — pour que l'âme renaisse. Déjà les Anciens exprimaient « l'éternelle vérité », la possibilité de victoire et de renaissance par le symbole du « Phénix qui renaît de ses cendres », symbole équivalent à la « renaissance par l'eau lustrale ». Mais de toute évidence, la renaissance ne s'opère pas « grâce » à la cérémonie symbolique. Elle se réalise grâce à la purification des intentions. Le message de joie est joie de connaissance avant d'exercer sur les intentions et, par là, sur les actions, son émouvante puissance éthique de renouvellement.

Pour ce qui est des textes bibliques, une seule citation, choisie en guise d'exemple entre d'innombrables passages exprimant cette commune vérité : Ézéchiel 18/27-28 : « Si le méchant revient de sa méchanceté et pratique la droiture et la justice, il fera vivre son âme. S'il ouvre les yeux et se détourne de toutes les transgressions qu'il a commises, il vivra et ne mourra pas. » La condition de la renaissance est ici clairement exprimée : « ouvrir les yeux » ; le regard intérieur, le regard introspectif, est seul capable d'assumer la prise de connaissance des intentions subconsciemment cachées, cause essentielle de la « mort de l'âme ». Il faut que la « lumière luise dans les ténèbres » du subconscient. Ce qui vit ou meurt durant la vie de l'homme c'est la « Lumière » : la vérité immanente de la surconscience éthique et de son élan d'harmonisation dont le symbole spatialisant est le « Ciel en nous » et dont le symbole personnifiant est « Dieu en nous », le divin en nous.

Tant que les intentions intimement motivantes restent subconsciemment cachées, vaniteusement refoulées et faussement justifiées comme sensées, valables et justes, tant aussi l'universalité de la pré-science mythique restera incomprise.

Le Ciel (sauf sous sa signification métaphysique) est le symbole de la VIE SUR TERRE en tant que surconsciemment motivée. L'Enfer ne se trouve pas au sein de la terre : il est la VIE SUR TERRE que les hommes, en tant que subsconsciemment motivés, se préparent. LES « AMES MORTES » NE VIVENT PAS DANS L'ENFER SOUTERRAIN. LES HOMMES A L'AME MORTE PEUPLENT LA TERRE. LEURS INTERRÉACTIONS SUBCONSCIEMMENT MOTIVÉES RENDENT LA VIE SUR TERRE, SYMBOLIQUEMENT PARLANT, « INFERNALE ».

4. L'ÉLAN ANIMANT.
PHÉNOMÈNE IMMANENT AU PSYCHISME

Les précédents développements se résument par la constatation d'une triple signification du symbolisme « Ciel-Enfer ».

I. SIGNIFICATION MÉTAPHYSIQUE : figuration — à l'aide du « comme si » mythique — du sort de l'homme après la mort. Spatialisation symbolique des « lieux » de la récompense ou du châtiment, personnification symbolique de l'élan animant (âme immortelle), temporalisation symbolique (Éternité).

II. SIGNIFICATION PSYCHOLOGIQUE à portée éthique : les instances psychiques. Ciel, lieu symbolique de l'harmonie surconsciente et de sa joie ; Enfer, lieu symbolique des disharmonies du subconscient et de leur tourment angoissant : sort essentiel de l'individu durant la vie (vie ou mort de l'élan animant).

III. SIGNIFICATION A PORTÉE SOCIALE : le « royaume du Ciel » annoncé à tous les hommes vivant sur terre, message de joie, opposé au « royaume du Prince du monde, Satan ». L'Enfer est la vie sur terre sous le règne de la banalisation collective.

L'exégèse littérale empêche de comprendre que les « morts de l'âme » ne vivent pas dans l'Enfer souterrain mais sur terre. Elle se voit ainsi obligée d'interpréter les symboles « Ciel et Enfer » exclusivement selon la signification métaphysique, à l'exclusion des significations psychologiques : individuelle et collective. Il s'ensuit nécessairement la mécompréhension du message de joie des Évangiles : AU MILIEU DE LA DÉCADENCE GÉNÉRALISÉE, L'INDIVIDU PEUT — DANS LA MESURE DE SON ÉLAN — RENAÎTRE DE LA MORT SYMBOLIQUE, RENAÎTRE AU SENS IMMANENT DE LA VIE ET A SA VALEUR.

Les trois significations se complètent et s'exigent mutuellement. Ce qui intéresse la symbolique, c'est exclusivement la vie concrète de l'individu, de chaque individu, de tous les individus. Mais dans la vie concrète est incluse l'angoisse métaphysique, l'angoisse de la mort. Le rêve mythique serait incomplet s'il n'y répondait pas. La symbolique utilise l'image d'une superposition des instances psychiques, pour former l'image de la superposition des lieux fabuleux d'une vie après la mort. Étant tirée de la lutte entre les instances, l'image métaphysique d'une résurrection outre-tombe projette ainsi trait pour trait dans l'Au-delà, les données essentielles, immanentes à la vie réelle de l'individu : la mort symbolique (banalisation) et L'IMMANENTE possibilité de résurrection durant la vie. Il s'agit donc en vérité d'une seule et unique image à portée psychologique concernant le mérite ou le démérite essentiel de l'individu, de chaque individu, de tous les individus. D'où la signification à portée sociale : Enfer sur terre : banalisation collective ; Ciel sur terre : sanctification solitaire, idéal-guide valable pour chaque individu, bien qu'exclusivement directif, réalisable uniquement en dynamisme d'approche sainement motivé (sans surtension moralisante), conforme à l'élan différemment limité de chacun. Nul ne connaît la limite de son élan. La juste mesure consiste à l'exercer activement afin qu'il déploie peu à peu sa force authentique. L'essentiel n'est pas d'arriver mais d'être en route. Le danger est la trop bonne intention d'arriver surtendue vers l'absolu. (On verra ultérieurement comment l'éviter sans retomber dans le relâchement banal.)

Ces constatations, fondées sur le déchiffrement des symboles les plus typiques en vue d'établir la preuve de l'universalité de la symbolique, sont d'une importance telle — et à la fois tellement contraires aux croyances établies — qu'il ne sera, certes, pas superflu d'insister davantage.

Un symbolisme des plus ancestraux prouve avec toute la clarté désirable qu'en effet « Ciel et Enfer » symbolisent en premier lieu l'intime fonctionnement psychique.

Le symbolisme du feu se trouve dans toutes les mythologies. L'image offre l'avantage de figurer le fonctionnement psychique non plus par la superposition spatiale des instances psychiques, mais par le dynamisme fonctionnel de « combustion », plus apte à exprimer le processus énergétique de l'incessante lutte entre les motifs surconscients et subconscients.

L'élan animant est figuré par la flamme ascendante. Les élévations et les chutes sont symbolisées par les flammèches qui tantôt s'élèvent, tantôt retombent. L'énergie de la combustion est significative pour la délibération intime. La matière combustible est, dans la conséquence de l'image, fournie par les sollicitations ambiantes, autant dire par les désirs (matériels et sexuels) qui relient le psychisme à l'ambiance. Si la combustion délibérante est bien réglée, la flamme ascendante (l'élan) parvient à sublimer et à spiritualiser les désirs : l'énergie des désirs se transforme — d'après l'image — en chaleur d'âme (amour) et lucidité d'esprit (lumière). Mais si, par contre, la « combustion » intrapsychique est mal réglée, le feu se fait incendie destructif (inflammation psychique : exaltation imaginative). L'exaltation banale des désirs matériels suralimente le feu, qui, de flamme ascendante, devient incendie ravageant, jusqu'à ce que finalement rien ne subsiste que la cendre (la mort de l'âme). La psyché est symboliquement livrée au « feu infernal », fumant, dévorant et asphyxiant (fumées imaginatives, passions dévorantes, angoisses asphyxiantes).

Il est indéniable que le symbolisme du feu est largement utilisé dans les textes bibliques. Jésus est « la lumière qui descend des Cieux pour éclairer le monde ». La lumière — le message de joie — « luit dans les ténèbres » où vivent les hommes à l'âme morte livrés au Prince du Monde. Satan règne sur les hommes vivants et non sur les âmes défuntes.

Voici une image biblique, argument à lui seul décisif, par la traduction en langage psychologique : « Ciel », symbole de la joie surconsciente ; « Enfer », symbole de la vanité subconsciente.

« JÉSUS DESCEND AUX ENFERS POUR SAUVER LES AMES MORTES. »

Peut-on croire que le sauveur des âmes, homme vivant de chair — serait-il dieu — puisse traverser les couches terrestres ? Et même si l'on veut le croire, pourquoi descendrait-il dans l'enfer souterrain (à supposer qu'il puisse exister) ? Le texte parle « d'âmes mortes » et non point des « âmes immortelles » qui, d'après le dogme, y séjournent. Pourquoi les sauver, puisqu'elles sont — autre supposition du dogme — condamnées par le verdict de Dieu à y rester éternellement ? Est-ce concevable et croyable qu'il retraverse en sens inverse les couches terrestres, suivi du cortège des défunts réveillés à la vie ?

La vérité est que, tout comme la « montée au Ciel », la « descente aux Enfers » est un très ancien symbole. Sa signification psychologique est à double sens : chute banale ou, inversement — conformément au procédé du langage symbolique — victoire sur les tentations subconscientes (exploration du subconscient : introspection élucidante). Selon la FAÇADE de divers mythes, nombre de héros païens « descendent aux Enfers ». Dans la mythologie grecque, par exemple, Orphée, Thésée, Héraclès. Thésée, en errant dans la région souterraine (égarement subconscient), s'assied, épuisé, sur une pierre et y reste collé (symbole typique de banalisation). Par contre, Héraclès, lui aussi exposé aux tentations subconscientes, remonte vainqueur de l'enfer. Tout comme Jésus sauveur des « âmes mortes » des banalisés, Héraclès sauve l'âme morte de Thésée : il l'aide à se relever de la pierre et remonte avec lui. En rejetant l'enveloppe extérieure (la façade narrative), rien ne reste que le noyau : la vérité psychologique. Le thème de la victoire essentielle est repris par les « douze travaux d'Héraclès », symboles de sa lutte constante contre les tentations intrapsychiques. Sa victoire finale est soulignée par un symbole des plus parlants : le héros se jette lui-même dans le brasier (flamme purificatrice). Tel le Phénix, son âme (son élan) renaît de la cendre, durant la vie. Héraclès vainqueur se trouve après sa mort élevé au rang d'idéal-guide : il monte au Ciel (Olympe) où il réside parmi les divinités. La descente aux Enfers et la montée au Ciel d'Héraclès expriment, plus clairement encore que la « montée au firmament » de Persée, l'analogie significative avec la montée au Ciel de Jésus après sa mort (1).

Quant à la « descente aux Enfers », le sens devient clair par l'introduction des significations — individuelle et sociale — auparavant dégagées : vivant sur terre, le héros du mythe biblique s'est sanctifié, c'est-à-dire qu'il a — tout comme Persée — vaincu ses propres tentations subconscientes en les reconnaissant comme vaines et vides (on verra ultérieurement en quoi ses tentations consistent). Il s'est — tout comme Héraclès — purifié par la prise de connaissance de soi (descente introspective dans l'Enfer subconscient). Son accomplissement, acquis dans la retraite et la solitude, resterait incomplet — et même suspect — s'il n'osait pas, en dépit du danger mortel prévisible, descendre de sa solitude, de la béatitude (Ciel surconscient), pour apporter — par sa parole et son exemple — aux « âmes mortes » vivant sur terre dans l'enfer de la banalisation, le message de joie, le message de la renaissance possible ; ce message ne pouvait, à l'époque, être exprimé qu'en langage pré-scientifique et symbolique.

Les analogies sous-jacentes liant le mythe de Persée à l'histoire de Jésus s'étendent — en dépit de la différence des façades — sur tous les traits marquants du récit mythique de la vie des deux héros.

Jésus, d'après la symbolique, est, tout comme le vainqueur de la mythologie grecque, Persée, fils de l'esprit qui féconde, sous la forme d'un nuage, la femme terrestre. (Il s'agit là d'un des plus anciens symbolismes : fécondation de la Terre-Matière par le Ciel-Esprit. Ouranos (Ciel-Esprit) féconde Gaea (Terra mater) par la pluie qui est symboliquement « sperme fécondateur ».) Jésus dit aux Pharisiens : « vous êtes fils du diable », ce qui montre clairement que la filiation est un symbole.

Jésus est en réalité — il le dit — comme tous les hommes, fils de l'Homme, fils d'Adam qui est le symbole de la faillibilité de la nature humaine succombant trop facilement aux promesses fallacieuses du tentateur, du serpent Satan.

S'il se laissait démontrer que, fils d'Adam, Jésus, tout

---

(1) *Le Symbolisme dans la Mythologie grecque.* Petite Bibliothèque Payot, 3ᵉ édition, 1970, p. 103, 104, 105.

comme Persée, a dû se purifier du principe du mal par la lutte introspective, avant de combattre le monde vivant sous le principe du mal, la preuve de l'analogie des deux mythes devrait être considérée comme parfaitement établie. Cette lutte introspective aura une signification identique à celle de l'image « miroir de vérité ».

5. LA TENTATION DE JÉSUS

Selon Matth. IV et Luc IV, Jésus est tenté par le diable.

Peut-on croire que le diable l'aborde en personne et sous la forme que l'imagination lui prête : langue pendante, cornes et pieds de bouc, pelage sombre ? Cette image du diable est plutôt d'origine folklorique. Mais tous les folklores contiennent des allusions à la symbolique authentique. Même sans connaissance de la symbolique, on sait que les attributs prêtés au diable ont une signification psychologique : la langue pendante caractérise le menteur et ses fausses promesses ; les cornes et les pieds de bouc figurent la perversion sexuelle. La peau de bête est une authentique image mythique, symbolisant la monstruosité bestiale de la banalisation.

Le récit détaillé de la tentation de Jésus présente tous les traits caractéristiques de la façade d'un mythe (héros, divinité, démon), à la différence cependant que le héros est à la fois « Fils de Dieu » et « Dieu en personne », symbole spécifique de la mythologie chrétienne. Une autre différence mérite d'être mentionnée : dans le mythe de la tentation de Jésus, la situation conflictuelle de la délibération intime n'est pas symbolisée par un combat extérieur livré à l'aide d'armes symboliquement significatives (flèches, bouclier, etc.). La nature de la délibération est figurée par un dialogue entre Jésus et Satan où s'affrontent les fausses promesses de satisfaction et les valorisations victorieuses de la surconscience.

Les symboles typiques contenus dans le dialogue et dans l'ambiance extérieure (désert, montagne) permettent de dégager le sens de la tentation de Jésus. Ce sens sous-jacent est la prévision des dangers qu'il provoquera inévitablement par l'annonce de « son royaume qui n'est pas de ce monde » (mais qui n'est pas non plus de l'autre monde, de « l'au-delà »). Il est le royaume de sa joie solitaire dont il est descendu pour en porter témoignage aux hommes vivant dans le « royaume de Satan, prince du monde ». Messie de l'Esprit, il doit convaincre, sous peine de périr, le peuple qui, mécomprenant les prophéties de la venue d'un libérateur, vit dans l'attente d'un « Messie selon la chair », qui le libérera du joug romain. En décevant le peuple et en affrontant « les Puissances du monde » (les superstitions et institutions), le conformisme, il ne peut ignorer le sort qui le menace en cas d'échec, qu'il prévoit. Il connaît l'effroyable sanction pénale alors en usage. Seul contre le monde, comment ne s'angoisserait-il pas, ne serait-ce que passagèrement? Le mythe montre que dans son for intérieur Jésus fléchit. La tentation de trahir sa mission le frôle. Le mythe — ici comme toujours — condense en un seul affrontement la lutte intrapsychique contre l'angoisse et ses fausses tentations d'évasion qui doivent avoir hanté périodiquement le dialogue intrapsychique qu'est la délibération intime. Les images montrent clairement la nature de ces promesses et celle des « armes de l'esprit » (l'introspection élucidante et ses jugements de valeur libérateurs) par lesquelles, héros combattant, Jésus parvient à vaincre la tentation du démon en lui. (« J'ai vaincu le Prince du Monde. »)

Selon Matthieu IV/1, JÉSUS FUT EMMENÉ PAR L'ESPRIT DANS LE DÉSERT, POUR ÊTRE TENTÉ PAR LE DIABLE.

Le « désert » symbolique n'est pas le désert réel (Jean-Baptiste, par exemple, n'a pas prêché dans le désert où il n'y a personne pour entendre, ni de Jourdain pour baptiser). Le désert symbolique est le monde désertique des banalisés. La signification est identique au symbole « Enfer sur terre ». L'esprit (le « Père-Esprit »), sa propre surconscience, l'amène dans le monde désertique des banalisés afin d'éprouver sa résistance aux tentations au lieu de demeurer dans l'isolement de sa béatitude. (Ce sens sort plus clairement encore chez Luc : « JÉSUS REMPLI DU SAINT-ESPRIT fut conduit PAR L'ESPRIT dans le désert. »)

Matthieu IV/2 : APRÈS AVOIR JEÛNÉ QUARANTE JOURS ET QUARANTE NUITS, IL EUT FAIM.

Le chiffre « quatre » est symbole de la vie sur terre exposée aux tentations. Après avoir longtemps (quarante jours et nuits) résisté aux tentations (symboliquement jeûné), il eut faim. Le jour est symbole de lucidité et de vaillance, la nuit symbolise l'obnubilation, le danger de la perte de lucidité combative, ce qui indique que durant le long séjour de jeûne, il eut des hésitations (nuits). Elles se précisent, le tentateur s'approche.

IV/3 : LE TENTATEUR S'ÉTANT APPROCHÉ, LUI DIT : SI TU ES FILS DE DIEU, ORDONNE QUE CES PIERRES DEVIENNENT PAIN.

Les pierres sont symboles des désirs de banalisation; le pain est symbole de la nourriture de l'esprit : d'où le symbole messianique « Je suis le pain de la vie. Celui qui me mange » — qui se nourrit de la parole et de l'exemple — « entrera dans le royaume. » Or, la parole et l'exemple du « Fils de Dieu », du « Messager envoyé » ont un sens précis : la promesse que tout homme qui résistera à la vanité du monde, aux fausses promesses du tentateur, vivra dans le royaume de la joie. La fausse promesse dont Jésus est tenté dans son for intérieur (symboliquement exprimée par la tentation du diable) a — psychologiquement comprise — la portée d'un compromis : Jésus est frôlé par l'idée qu'il demeurera Fils de Dieu et Messager de l'Esprit, même s'il essaie de rassembler le peuple en se résignant à jouer passagèrement le « Messie selon la chair » (offrir les pierres à la place du pain) pour pouvoir finalement mieux assumer sa mission véritable. Il parvient à repousser la tentation. Mais elle se répète insidieusement et de plus en plus clairement une deuxième et troisième fois.

Verset 4. — JÉSUS RÉPONDIT : IL EST ÉCRIT : L'HOMME NE VIVRA PAS DE PAIN SEULEMENT, MAIS DE TOUTE PAROLE QUI SORT DE LA BOUCHE DE DIEU.

Dans sa propre délibération, il s'oppose au compromis tentateur en se rappelant que l'immuable vérité ne tolère pas de demi-mesure. Pour que l'homme vive (au lieu de mourir d'âme), il lui faut la vérité qui « sort de la bouche de de Dieu » : la vérité dictée par la surconscience, affranchie de toute fausse justification mensongère.

Verset 5. — LE DIABLE LE TRANSPORTA DANS LA VILLE SAINTE, LE PLAÇA SUR LE HAUT DU TEMPLE, ET LUI DIT :

SI TU ES FILS DE DIEU, JETTE-TOI EN BAS ; CAR IL EST ÉCRIT : IL DONNERA DES ORDRES A SES ANGES A TON SUJET ; ET ILS TE PORTERONT SUR LES MAINS, DE PEUR QUE TON PIED NE HEURTE SUR UNE PIERRE.

Ayant à l'aide de l'arme de l'esprit (valorisation juste opposée aux fausses promesses) repoussé la tentation, il se sent en état d'élévation (au haut du temple). Mais au lieu d'être pleine acceptation, l'élévation n'est encore qu'une bonne intention sous-tendue d'angoisse devant les conséquences de sa réalisation. Cette seconde tentation est, malgré la différence des images, identique à la précédente, à une nuance près. Le temple de Jérusalem est symbole de l'alliance avec « l'Éternel » (alliance, synonyme d'harmonie ; l'Éternel est la personnification de l'éternelle vérité surconsciemment immanente : la loi d'harmonie, suprême promesse de joie). Tant qu'il n'est pas en alliance, qu'il n'est pas lié à l'éternelle vérité par tous ses motifs sublimés formant le caractère, tant aussi il n'est pas « Fils de Dieu » ; tant qu'il est dans l'angoisse, il ne peut être messager de joie. Ce n'est pas le diable qui le place réellement en haut du temple, c'est lui-même qui tente de se mettre à la hauteur de sa tâche. Mais puisque le diable l'y place symboliquement, ce n'est qu'une tentation diabolique : une tâche exaltée. L'élévation exaltée est cause de la chute (symbole de banalisation). Mais se « jeter en bas » c'est carrément abandonner le projet de la plus haute élévation. C'est une aggravation comparée à la première tentation. Pourtant la teneur de la signification demeure inchangée. A nouveau, il espère que la chute ne sera que passagère. Les anges (symboles des valorisations justes) viendront durant la période de chute à son secours. Dieu (son élan persistant) « leur donnera des ordres et ils le porteront sur les mains » (symbole de l'activité) « de peur que son pied » (symbole de l'âme et de sa démarche dans la vie) « ne se heurte contre une pierre » (ne soit définitivement atteinte par la chute banale).

Verset 6. — JÉSUS LUI DIT : IL EST AUSSI ÉCRIT : TU NE TENTERAS POINT LE SEIGNEUR, TON DIEU.

La tentation du diable est une tentative de tromper la surconscience (Dieu). Dans la délibération introspective, Jésus parvient à voir clairement l'absurdité de croire, qu'étant une fois pour toutes « Fils de Dieu », il pourrait se laisser tomber sans en subir de dommage. C'est alors que du fond de son subconscient remonte — clairement exprimé par les images de l'ultime tentation — le motif le plus profondément caché de ses hésitations, motif qui n'est point exclusivement l'angoisse devant le sort du Messager de Dieu ; le diable est symbole de l'EXALTATION IMAGINA-TIVE qui « chuchote » dans l'intrapsychique ses promesses sans bornes, cause principale de sa puissance séductrice quasi illimitée, faisant de lui le Prince devant lequel le monde se prosterne. Aussi, fils de l'homme, fils d'Adam, Jésus ne vaincra pas sans avoir subi le dernier assaut, déjà annoncé par la proposition « se jeter en bas ». Elle renaît. Mais cette fois sans l'espoir vain que les anges viendraient à son secours s'il se jetait délibérément en bas, s'il renonçait définitivement à être Fils et Messager de Dieu. En acceptant d'être Messie selon la chair, pourquoi serait-il impossible de vaincre les Romains et, qui sait, l'Empire romain, tâche somme toute plus facile que de vaincre Satan ?

Versets 8-9. — LE DIABLE LE TRANSPORTA ENCORE SUR UNE MONTAGNE TRÈS ÉLEVÉE, LUI MONTRA TOUS LES ROYAUMES DU MONDE ET LEUR GLOIRE, ET LUI DIT : JE TE DONNERAI TOUTES CES CHOSES, SI TU TE PROSTERNES ET M'ADORES.

La montagne très élevée d'où l'on voit tous les royaumes du monde et la promesse de les posséder — de les conquérir — à l'aide du diable est le comble de l'élévation imaginative poussée à l'absurde. La signification sous-jacente est diamétralement opposée à la précédente élévation imaginative où « le diable place Jésus à la hauteur du temple ». L'image de la montagne très élevée (plus élevée que le temple) exprime — on ne peut plus clairement — l'intention de renoncer à la « gloire de Dieu » pour la gloire du monde. Se prosterner, adorer le diable (les tentations subconscientes), c'est tuer l'esprit, mourir de l'âme, c'est s'affranchir perversement de toute hésitation. (L'image n'est pas sans rappeler la tentation d'élévation pseudo-sublime qui décide de la chute de Bellérophon.) Sans nul doute, aucun autre homme ne s'est trouvé devant l'immensité d'un problème dont les tentatives de solution dévoilent clairement les sommets et les abîmes de l'âme humaine, vaniteusement tentée de prendre les sommets pour des abîmes et les abîmes pour des sommets. Dans son introspection délibérante, Jésus ose aller jusqu'au bout de l'approfondissement libérateur. D'étape en étape victorieuse, bien que toujours à nouveau en danger de rechute, son élan combatif est armé pour repousser l'assaut final, où du fin-fond du subconscient, remonte — enfin démasquée — la séduction obscure dans toute son horreur et son absurdité. Délibérément envisagée, elle devient vincible (miroir de vérité de Persée).

Verset 10. — JÉSUS LUI DIT : RETIRE-TOI, SATAN ! CAR IL EST ÉCRIT : TU ADORERAS LE SEIGNEUR, TON DIEU, ET TU LE SERVIRAS LUI SEUL.

En termes psychologiques : retire-toi, toi-même, des promesses absurdes et de l'angoisse exaltée du subconscient et n'écoute que les promesses de la surconscience. C'est la pleine acceptation de sa mission et de son sort prévu. Ayant vaincu en lui-même l'égocentrisme de la vanité, il est en droit d'apporter au monde le message de joie : elle est vincible.

Verset 11. — ALORS LE DIABLE LE LAISSA. ET VOICI, DES ANGES VINRENT AUPRÈS DE JÉSUS ET LE SERVAIENT.

Alors l'angoisse le quitte. Toutes ses énergies redevenues positives (les anges) sont, grâce à l'introspection élucidante, à son service et renforcent la combativité de son élan : plutôt mourir de corps que de mourir de l'âme.

La signification sous-jacente du mythe de la tentation résume la vérité essentielle, sens universel commun à toutes les mythologies.

On comprendrait mal le mythe de la tentation — comme d'ailleurs la symbolique en général — si l'on ne tenait pas compte qu'ici comme toujours s'ajoute à la personnification des motifs et à la spatialisation des images, la TEMPORALISATION qui condense en une seule rencontre les conflits de la délibération, en réalité étendus sur une longue période d'hésitation. Très souvent, le récit fabuleux résume la vie entière du héros (symbole de l'humanité), figurant ainsi par la victoire ou la défaite, l'une ou l'autre des constellations typiques du conflit entre les motivations surconscientes et subconscientes, caractéristique de l'âme humaine.

Il s'ensuit le principe fondamental du déchiffrement :

le sens caché, le noyau une fois dégagé, la façade fabuleuse n'est plus que l'écorce à rejeter, afin d'éviter que les images, qui ont tendance à persister parce que concrètes et visuelles, ne se mêlent d'une façon confusionnelle à la compréhension du sens psychologique.

Dans le mythe chrétien où le héros combattant est Jésus, cette tendance de l'image à persister concerne tout spécialement l'image symbolique « Fils de Dieu et Dieu en personne descendu des Cieux ».

Psychologiquement comprise, la tentation de Jésus est un cas spécial de l'universalité du conflit intrapsychique entre la loi surconsciente d'harmonie réjouissante et la loi subconsciente des disharmonies angoissantes : vérité essentielle, noyau commun à tous les mythes et à toutes les mythologies. Le mythe de la tentation porte la loi universelle au niveau d'intensité et d'exemplarité humainement le plus émouvant. Il démontre toute la puissance séductrice des tentations vaniteuses, mais aussi toute la puissance victorieuse de l'élan surconscient immanent à la nature humaine. L'élan à force inégalable, quasi surhumain et idéalement directif, reste incompris sans le déchiffrement psychologique. L'émotion se dégrade en sentimentalisme (doux Jésus), si l'on fait de l'homme combatif un être surnaturel (par mécompréhension du « comme si » mythique). L'émotion devient, bien au contraire, plus saisissante encore du fait que l'Évangile selon Luc donne à entendre que la lutte contre les tentations n'est point définitivement apaisée : « APRÈS L'AVOIR TENTÉ DE TOUTES CES MANIÈRES, LE DIABLE S'ÉLOIGNE DE LUI JUSQU'A UN MOMENT FAVORABLE » (Luc IV, 13).

L'apparence d'une contradiction entre les récits de Matthieu et de Luc disparaît en tenant compte du fait que la temporalisation mythique est en droit de condenser la victoire finale en une seule et unique rencontre, bien qu'elle soit en vérité l'apogée de toute une vie consacrée à la lutte essentielle. L'angoisse a toujours à nouveau assailli l'homme Jésus (Mont des Oliviers ; la plainte sur la croix : « Pourquoi m'as-tu abandonné ? »). Il se sent abandonné de sa propre force de résistance. Mais au moment de l'agonie éclate la victoire finale par le cri de l'acceptation, cri qui n'est point adressé à un Dieu transcendant, mais qu'il adresse à lui-même : « Pardonne-leur, ils ne savent pas ce qu'ils font! » Ecce Homo.

De la confrontation de l'histoire de Jésus avec le mythe de Persée ressortent clairement les deux étapes de la victoire essentielle : l'auto-purification (lutte contre Méduse et Satan) et l'annonce de la victoire possible : message de joie (lutte contre le règne de la banalisation dans le monde : tête de Méduse dans la main de Persée ; victoire de Jésus sur le « Prince du monde »). Ni la victoire sur soi, ni la victoire sur le monde n'est définitive : elles impliquent l'incessante combativité de l'élan.

Dans l'image mythique du combat contre la vanité innée en chacun et qui, par là, est la vanité du monde, se trouvent condensées toutes les vérités psychologiques de l'existence humaine. L'universelle vérité psychologique concerne la délibération intime : sa justesse ou sa morbidité. Sa justesse, sens immanent et valeur de la vie, consiste à combattre et à vaincre la séduction vaniteuse et ses conséquences morbides, afin d'accéder — grâce à l'élan surconscient — à l'harmonie et sa joie, ce qui ne peut se faire que par voie de spiritualisation-sublimation des désirs par lesquels l'homme reste lié à l'ambiance. La spiritualisation consiste en la formulation de jugements de valeur justes (exempts de vanité) dont il s'ensuit la formation sublimative du caractère, l'élimination des ressentiments, et, partant, le lien sensé à l'ambiance et, surtout, à l'ambiance sociale.

La séduction perverse transforme les sollicitations de l'ambiance en tentations exaltées et angoissées — en intentions malsaines — motifs d'actions perverses. L'esprit insuffisamment combatif en arrive à être asservi aux perversions. Il se dégrade en faux valorisateur, en faux justificateur des fausses valorisations. L'homme dégradé, sourd à l'appel de la surconscience, se croit vaniteusement juste tout en agissant de manière injuste. L'esprit déchu est, en termes mythiques, le démon qui habite l'homme, qui l'agite, et qui finit par « tuer » la combativité essentielle. Il est le principe du mal, le séducteur Satan. — Psychologiquement parlant, la fonction intime faussement séductrice est l'EXALTATION IMAGINATIVE. Elle renforce la séductibilité innée au point de la rendre pathogène et ambivalente. Exaltée vers l'esprit, l'imagination perverse surcharge d'angoisse coupable les désirs matériels et sexuels et en vient à les inhiber maladivement. Banalement exaltée vers la matière, l'imagination survalorise les sollicitations sexuelles et matérielles au point de voir dans leur exclusive satisfaction l'unique sens et valeur de la vie. Sous ses deux formes ambivalentes (moralisme-amoralisme), la séductibilité imaginative — maladie de l'esprit valorisant — est principe de démoralisation. Elle démoralise l'élan, elle inhibe l'élan combatif, elle l'étouffe, elle le « tue ».

Le vainqueur mythique est « Fils de l'Esprit » unique en un sens parce qu'il incarne dans la chair-soma et jusque dans ses activités, l'éternelle vérité, l'immuable sens directif. Renaissant à l'éternelle vérité, il fait de sa psyché « la demeure du Père ». Le Père « vit en lui » et lui dicte surconsciemment ses intentions et ses actes (ses œuvres). Sanctifié par la force immanente du Père avec lequel il fait un, il est affranchi aussi bien des séductions du monde que de ses menaces. L'âme imperturbable est libérée d'angoisse devant la vie et la mort. Vainqueur de l'égocentrisme vaniteux et coupable, il supporte l'adversité du monde sans plainte sentimentale et sans rancœur accusatrice. Il s'aime essentiellement et il aime le moi essentiel de l'autre (et non pas le fantôme vaniteux). Son amour se manifeste combativement par le message de joie qui incite les autres à combattre en eux-mêmes l'ennemi essentiel, la banale tentation vaniteuse, la séductibilité perverse. (Cette vérité universelle se trouve proposée également, en dehors de la symbolique, par les paroles de Bouddha et de Lao-Tzeu.)

6. LES ASPECTS DIVERS DE L'UNIVERSALITÉ DE LA SYMBOLIQUE (HISTORIQUE, PSYCHOLOGIQUE ET COSMIQUE)

1. L'UNIVERSALITÉ HISTORIQUE : la pré-science mythique de l'ensemble du fonctionnement délibérant constitue le fondement de toutes les cultures.

2. L'UNIVERSALITÉ PSYCHOLOGIQUE : la pré-science de l'ensemble du fonctionnement délibérant s'exprime par la

figuration détaillée de l'incessante transformation du sublime en pervers et du pervers en sublime (élévations et chutes) et de la prévoyance surconsciente des tenants (motifs) et des aboutissants (actions). La figuration préconsciente de la diversité des constellations motivantes fondée sur les lois d'harmonie et de disharmonie apparaît clairement dans la mythologie grecque où elle est illustrée par la multitude des héros et de leurs aventures. Aucune autre mythologie n'est à cet égard aussi riche en enseignements (1).

Le monothéisme, condensant toutes les valeurs positives ou négatives en un combat entre un seul héros et son adversaire Satan, fait ainsi ressortir le mieux possible le thème essentiel : CHUTE ET ÉLÉVATION. La spécification paraît moins détaillée. Elle est pourtant tout au long des textes exprimée par les paroles de Jésus, notamment par les nombreuses paraboles.

3. L'UNIVERSALITÉ COSMIQUE : la surdimension spatialisante (Ciel-Terre-Enfer) des élévations et des chutes de l'âme crée des images communes au polythéisme et au monothéisme. Le rêve mythique invente des LIEUX FABULEUX, tout aussi réellement inexistants que les personnages fabuleux mi-animal, mi-homme ou mi-homme, mi-dieu. La surdimension (Ciel-Terre-Enfer) est conforme à la spatialisation linguistique des instances psychiques : surconscient, conscient, subconscient. Elle permet, en outre, à la symbolique d'inclure dans sa vision universelle les conditions cosmiques de l'existence terrestre.

Les concepts linguistiques « élévation et chute » sont eux-mêmes des spatialisations. Toute la terminologie psychologique, qu'elle soit conceptuelle ou symbolique, est une spatialisation à signification sous-jacente. Nul n'ignore que le concept « élévation », en tant que terme psychologique, a pour sens l'intensification sublimative de l'élan, tout comme il est clair, sans explication préalable, que le terme « chute » en tant que vocable psychologique signifie la perte d'intensité de l'élévation. Ce qui ici est encore plus important, c'est que non seulement le concept mais même le

---

(1) Voir *Le Symbolisme dans la Mythologie grecque*. Petite Bibliothèque Payot, 3e édition, 1970.

symbole « chute » (chute d'Adam) est, sans qu'il soit besoin de l'expliquer, compris selon son sens psychologique. La compréhension reste cependant vague tant que l'existence des instances extra-conscientes est ignorée. La vérité évidente est que le psychisme n'a pas de dimension spatiale. Il est dynamisme fonctionnel. Les instances ne sont pas spatialement superposées. L'image linguistique de leur superposition figure les divers modes du fonctionnement psychique (logique et illogique : conscient et extraconscient). LE SUBCONSCIENT N'EST AUTRE QUE LA SURCONSCIENCE VANITEUSEMENT AVEUGLÉE. Les intentions motivantes sensées ou insensées étant le produit d'une incessante valorisation juste ou fausse des désirs (spirituels, matériels et sexuels), le vacillement entre lucidité d'esprit (élévation) et aveuglement vaniteux (chute) s'opère au niveau de la délibération intime (tant qu'elle n'est pas lucidement contrôlée) constamment et instantanément (sans parcours d'une distance spatiale). Ciel et Enfer étant le symbole mythique des valorisations harmonisantes de la surconscience et des valorisations disharmonisantes du subconscient, il est clair que la distance cosmique par laquelle les mythologies figurent la joie de l'harmonisation (montée au Ciel) et les affres de la disharmonisation (descente ou chute aux Enfers) ne sont que des images soulignant l'importance vitale des valorisations qui — sensées ou insensées — décident de la valeur et du sens de la vie de chaque homme.

Cette compréhension d'importance essentielle ramène la surdimension cosmique (Ciel-Terre-Enfer) des élévations et des chutes de l'âme à leur réel sens psychologique. Le fait psychologique est que la loi d'harmonie présidant à la vie humaine n'est qu'un cas spécial de l'harmonie de l'Univers cosmique, vérité incontestable qui confère à L'UNIVERSALITÉ DU LANGAGE SYMBOLIQUE un aspect nouveau et sans aucun doute significativement le plus profond.

Quel est l'homme qui face à l'harmonie cosmique, en contemplant le ciel étoilé, n'aurait pas senti s'éveiller en lui l'émotion devant l'insondable mystère de l'existence et l'effroi devant le caractère éphémère de la vie humaine ? L'appel à l'incorporation harmonieuse de l'homme dans l'harmonie universelle est le thème central de toutes les mythologies parce que rien ne réveille autant dans l'âme humaine le sentiment d'élévation, et rien — si ce n'est la pensée de la mort — ne fait autant sentir comme chute de l'élan, l'exaltation vaine des tentations et des soucis de la vie quotidienne.

Cependant, en dehors de l'émotion profonde mais fugace inspirée par la contemplation du ciel nocturne, l'harmonie et le rythme cosmique règnent infailliblement sur toutes les conditions de l'existence. La vie est réglée par l'alternance jour-nuit. Ce rythme dû à l'ambiance cosmique est en vérité bien plus essentiel pour l'organisation de la vie humaine que les sollicitations accidentelles provenant de l'ambiance terrestre et de l'ambiance sociale. Le débordement par les soucis quotidiens incline l'âme à ne plus s'émouvoir de la régularité gratuitement assurée de l'influence cosmique. Ne faudrait-il pas mentionner également la sur-intellectualisation et son contre-pôle, les pseudo-explications métaphysiques, nuisibles à l'émotion devant le mystère de l'existence?

Dès l'origine de l'ère mythique, les évolutions des astres ont inspiré la symbolique. Soleil et lune ont été personnifiés. Leur apparition et leur disparition furent interprétées comme une lutte sans cesse répétée. Jour et nuit sont devenus symboles de la lumière et des ténèbres dans l'âme humaine. La symbolique, en personnifiant les astres, a créé une multitude de divinités solaires et lunaires figuratives des qualités positives et négatives du psychisme. Les divinités de la nuit, en raison de la lueur magique et envoûtante de la lune, symboliseront finalement la séductibilité psychique : l'exaltation imaginative et son égocentrisme vaniteux. (La sagesse linguistique, à son tour, désigne l'égarement imaginatif par les locutions « être dans la lune », « être lunatique ».) Afin de mieux exprimer le thème central « élévation et chute », les divinités lunaires sont finalement déplacées dans la région sous-terrestre et deviennent des divinités infernales.

Les images cosmiques évoluent finalement vers un sens de plus en plus spirituel. L'éclair, attribut de Zeus-Esprit, symbolise, dans son sens positif, les pensées éclaircissantes, les valorisations harmonisantes ; dans son sens négatif, la foudre, le foudroiement, le terrassement, châtiment immanent aux fausses valorisations banalisantes. Tous les éléments (feu, eau, air, terre) participent à cette transformation en un sens psychologique, positif ou négatif, symbolisant l'élévation ou la chute de l'âme. Le symbolisme DU FEU dans ses sens positif et négatif a déjà été mentionné. L'EAU qui tombe du ciel — la pluie — devient symbole de purification ou, inversement, symbole de châtiment (déluge). Les nuages deviennent symbole de fécondation spirituelle (incarnation de l'esprit saint dans la chair, dans la matière-soma), ou négativement, l'obscurcissement du soleil (pensée élucidante) par les pensées nébuleuses de l'exaltation imaginative. L'AIR, l'élévation dans les airs : les ailes des anges, de Pégase, symboles des forces spiritualisantes et sublimantes, sont dans leur sens négatif, les ailes de chauve-souris, attribut de Satan (pseudo-élévation imaginative, tâches exaltées multiples). LE VENT, symbole du souffle divin (l'élan), exprime négativement : « les tempêtes de l'âme », les chutes dans les ruminations de la rage d'impuissance, les ressentiments haineux ou plaintifs, les projets de revanche de la vanité. La sagesse du langage ne stigmatise-t-elle pas par la locution « c'est du vent » le vide des projets vaniteux. LA TERRE, lieu de la vie humaine, devient « Terra Mater », symbole des désirs terrestres et de leur satisfaction sensée ; dans son sens négatif, elle symbolise l'exaltation des désirs terrestres provoquant tantôt leur refoulement coupable (enfer sous-terrestre : subconscient), tantôt leur déchaînement sans scrupule (chute banale : enfer de la vie sur terre).

Le symbolisme des quatre éléments est d'une richesse inépuisable. Les quelques exemples ici cités n'en donnent qu'un aperçu, pourtant suffisant pour entrevoir leur sens universel, constituant l'arrière-fond de la symbolique de toutes les mythologies jusqu'aux textes bibliques (mythes de la chute d'Adam et de la résurrection, synonyme d'élévation ; mythes de la descente aux Enfers et de la montée au Ciel, mythe de la descente de Dieu sous la forme de son Fils, et bien d'autres symboles). La surdimension spatiale des montées et des descentes, des élévations et des chutes, que les images à dimension cosmique introduisent dans la symbolique, a pour sens précis le rappel à la vérité émouvante trop facilement oubliée : les conditions de la vie sur le globe terrestre dépendent en premier lieu de l'ambiance cosmique.

Ce rappel n'est pas sans soulever un problème des plus inattendus : le problème touchant l'universalité du langage symbolique. Le rapport entre l'ambiance cosmique et la vie sur le globe terrestre n'est qu'une infime partie des conditions d'existence et de vie sur les innombrables planètes existant dans chacune des innombrables galaxies. Rien n'est sans doute plus invraisemblable et plus vaniteux que de supposer que seule notre planète soit habitable. De l'atome à l'univers cosmique, sur tout règnent les lois de l'existence temporelle : l'harmonie et la disharmonie. L'une, loi d'apparition, d'organisation, de composition ; l'autre, loi de disparition, de désorganisation, de décomposition.

En supposant que des êtres vivants — quel que soit leur aspect morphologique inimaginable pour nous — existent sur d'autres planètes, ne faut-il pas admettre qu'ils sont tous exposés à l'usure du temps ? Qu'ils sont — du plus primitif jusqu'au plus hautement organisé — dépendants du phénomène psychique de satisfaction et d'insatisfaction ? Que le repos dans l'harmonie des sentiments est périodiquement dérangé par le réveil des appétences qui les animent ? Que l'exigence biologique de leur vie — pareille à celle de notre vie — est de se nourrir pour subsister, de se propager pour la survie de l'espèce et d'évoluer en cas de défaveur de l'ambiance menaçant l'espèce de disparition ? Que l'évolution doit les conduire vers toujours plus de lucidité prévoyante, meilleur moyen d'adaptation ? Que la lucidité — l'esprit préconscient qui les rend aptes à vivre — organise en premier lieu la capacité d'orientation dans l'espace : les organes perceptifs (sans doute très différents des nôtres) ? Que l'évolution les conduit vers l'orientation dans le temps au moyen d'une mémoire liant le passé au présent et à l'avenir, condition de prévision consciente, moyen indispensable d'adaptation de plus en plus lucide sans laquelle la vie, privée d'élan évolutif et menacée des défaveurs ambiantes, ne saurait subsister ?

Certes, tout ce que l'esprit humain peut penser ou imaginer quant à la vie extra-terrestre, reste analogie anthropomorphe. Mais l'analogie n'est ici nullement spéculation métaphysique, car elle ne dépasse pas les bornes de l'existence. La matière étant la même à travers tout l'univers, comment l'esprit pourrait-il être d'une autre nature sur d'autres planètes? Le nœud de toutes les erreurs est la fausse interprétation du rapport esprit-matière par le spiritualisme et le matérialisme. L'erreur est ici de faire de l'esprit une entité, un substantif, une substance, au lieu de comprendre que le terme ne désigne absolument rien d'autre que la fonction organisatrice, indiscutablement manifeste dans l'harmonie de l'univers. Il est sans aucun doute plus conséquent d'admettre que matière et esprit, l'une quantité extensive, l'autre qualité intensive, sont universellement complémentaires. Quantité et qualité, extension et intention ne s'excluent nullement, bien au contraire, leur interpénétration est condition d'existence. L'esprit préconscient organise, harmonise l'univers matériel. Au niveau de la vie, l'interpénétration constitue l'organisme psycho-somatique, produit évolutif de l'intensité esprit — de la tension esprit — intériorisée dans la matière-soma. (La tension de l'esprit, en s'incarnant dans la chair, devient évolutivement l'intention qui anime le soma : la sagesse linguistique et la sagesse mythique se complètent.)

Puisque l'esprit pré-conscient, organisateur, harmonisateur de la matière, devient manifestement sur notre planète de plus en plus conscient, comment n'évoluerait-il pas également sur d'autres planètes vers la lucidité consciente? (Quelle que soit la diversité des morphologies et même des capacités de réflexion, elles restent toutes analogiquement liées à notre organisation somatique et à notre intellect, du fait que l'universelle loi d'harmonie préside autant à l'organisation somatique qu'à l'organisation de la pensée.)

Rien ne peut exister en état de disharmonie vitalement insatisfaisante, sauf le psychisme devenu conscient, encore lui faut-il masquer son auto-insatisfaction coupable par la pseudo-satisfaction vaniteuse. Le propre de la vie consciente est la diversification des appétences biologiques (nutrition, propagation) en une multitude de désirs souvent contradictoires, disharmonieux (mythe de la chute d'Adam), qui, projetés dans l'avenir — du fait de la capacité imaginative de prévision —, deviennent projets, motifs d'actions futures.

C'est pourquoi l'impératif d'auto-harmonisation est la loi éthique, présidant à la vie devenue consciente (mythe de la résurrection). L'universelle vérité — chute et élévation —, thème commun à toutes les mythologies, dépasserait-elle les conditions de la vie terrestre? Explosion symbolique de la surconscience humaine, serait-elle universelle dans le sens le plus vaste et le plus profond : vérité sur l'univers?

Face à l'harmonie de l'univers — qui inclut peut-être des formes de vie plus évoluées que la nôtre — « l'enfer sur terre », nos croyances et nos pseudo-sciences de la vie, nos idéologies, nos querelles d'opinions et la vanité de nos discussions ne représentent-elles pas un délire collectif, dû à l'incompréhension de la vérité éthique restée symboliquement cachée dans nos mythologies?

DEUXIÈME PARTIE

1 LA GENÈSE
MYTHE DE LA CHUTE

I. INTRODUCTION AU DÉCHIFFREMENT DU TEXTE

La symbolique, connaissance intuitive du fonctionnement psychique, répond à la question que se pose l'homme : « que dois-je faire de ma vie ? » C'est le problème éthique : de sa solution dépend la satisfaction ou l'insatisfaction vitale.

Mais avant de pouvoir résoudre ce problème, il lui faut répondre à l'interrogation ultime concernant l'origine du monde et de la vie, car seule la foi dans l'organisation légale du monde et de l'existence, seule la certitude que monde et vie ne sont ni incohérents ni dus au hasard, peuvent réveiller en l'homme l'élan de s'associer à cette organisation légale, c'est-à-dire de découvrir et d'élaborer le sens de la vie, sa direction évolutive dont dépendra sa valeur. Le problème épistémologique et le problème éthique, dont il a été longuement parlé dans la première partie de cet ouvrage, sont indissolublement liés. De la solution du premier résulte la solution du second.

C'est pourquoi les mythes de tous les peuples débutent par le récit de la création du monde et de la vie, la cosmogonie.

C'est une nécessité pour l'esprit humain à la recherche d'une explication sur le mystère des origines de prolonger jusqu'au commencement de l'existence la dualité dont il est le siège et d'imaginer la dualité comme « expulsée de l'unité » qui devient ainsi la cause mystérieuse de l'apparition duelle.

Le retour à l'unité est, au niveau de l'apparition, l'harmonie. L'apparition est impensable sans la dualité entre un monde intérieur et un monde extérieur, entre psyché et monde. Mais elle est également impensable sans une réunion harmonieuse toujours de nouveau à rétablir entre monde intérieur et monde extérieur, sans laquelle la vie serait impossible.

Ces constatations sont des évidences. Elles sont pour la pensée la base de sa certitude, elles ouvrent la possibilité de répondre au problème éthique : la recherche de l'harmonie, unité dans la multiplicité, est le sens évolutif à donner à la vie.

Les cosmogonies, comme les théogonies, sont des allégories, elles ne peuvent avoir la précision que le langage symbolique atteindra lorsqu'il parlera des lois présidant au dynamisme intrapsychique harmonisant ou disharmonisant, phénomène, lui, introspectivement observable. Elles évoquent ce qui n'a jamais été observé, ce qui ne pourra jamais être relaté, même en science puisque la physique, en ce qui concerne l'origine du monde, ne peut émettre que des hypothèses, lesquelles évoluent avec le temps mais n'en restent pas moins hypothèses. Quel que soit donc le progrès de la science physique, ce dont elle parlera restera toujours, même en tenant compte de l'évolution de ses découvertes, une vision anthropomorphe, laissant entier le mystère des origines.

La cosmogonie ne peut elle-même être autre chose qu'une description anthropomorphe des étapes successives de l'apparition du monde et de l'existence, description dont la signification sous-jacente est :

1º La constatation du mystère des origines que le mythe nomme Dieu (le terme Dieu n'implique effectivement pas une explication, mais une émotion).

2º L'expression de la dualité du monde, principe de l'apparition.

3º Le développement de l'incarnation progressive de l'esprit organisateur jusqu'à l'avènement de l'être pensant.

Ces trois thèmes essentiels sont développés dans toute cosmogonie comme dans toute théogonie. Comme il est actuellement établi, le premier chapitre de la Genèse a été écrit plusieurs centaines d'années après la rédaction des deuxième et troisième chapitres. Il est d'autre part généralement admis que ses sources orales remontent à des temps très anciens. Quoi qu'il en soit, le premier chapitre répond à la nécessité d'établir une cosmogonie, ce qui, psychologiquement traduit, signifie une épistémologie qui seule permet de donner au problème éthique, abordé dans les deuxième et troisième chapitres, sa véritable dimension.

Le premier chapitre de la Genèse relate donc la création du monde et de la vie, considérée comme explication des origines. Les cinq premiers versets constituent le fondement épistémologique : la constatation du mystère et des modalités duelles de l'apparition. Les versets 6 à 10 établissent le cadre spatio-temporel dans lequel la vie va se déployer ; son développement est relaté du verset 11 au verset 31. Il s'agit d'abord de la vie végétale, puis animale, puis humaine. Cette explication, tout à fait globale, sera reprise ultérieurement.

Le deuxième et le troisième chapitres abordent la biogenèse de l'être pensant, la biogenèse des fonctions psychiques et avec elle le problème éthique ; l'homme accède au conscient, mais la fonction consciente n'étant pas totalement assumée, l'homme demeure sous la direction du surconscient, survivance de l'instinct au niveau humain ; par le refus plus ou moins constant de ce guide intérieur qu'est le surconscient, se crée le subconscient : l'ensemble de ce que l'être humain ne veut pas savoir de lui-même. Ces fonctions psychiques — conscient, surconscient, subconscient — sont toutes trois issues de l'inconscient animal, qui règle encore chez l'homme les fonctions végétatives.

L'homme est ainsi mis devant la nécessité de choisir entre l'appel du surconscient, l'appel à l'harmonie des désirs et la séduction disharmonisante du subconscient, qui n'est autre que la vanité aveuglante.

C'est là non seulement le thème des deuxième et troisième chapitres de la Genèse, développés ultérieurement, mais le thème de l'Ancien et du Nouveau Testament, et c'est le thème de toutes les mythologies, car en vérité le seul problème devant lequel s'est trouvé et se trouvera toujours l'homme, demeure le problème de la mort et de la vie de son âme. L'homme peut « mourir de l'âme », mais il peut ressusciter durant le temps de son existence terrestre.

Dans les mythes de tous les peuples, l'homme symbolise l'esprit, la femme symbolise les désirs terrestres, chacun de ces symboles pouvant être, selon ses attributs, positif ou négatif ; c'est le couple fondamental esprit-matière.

Le mythe d'Adam (deuxième et troisième chapitres de la Genèse), comme du reste le mythe de Prométhée, occupent une place à part, quoiqu'en liaison analogique avec l'ensemble de tous les autres mythes. Ils représentent la genèse de l'homme, la biogenèse du fonctionnement psychique, l'homme à une étape décisive de son évolution, lorsque l'intellect par l'importance de son développement commence à s'opposer à l'esprit. Les personnages du mythe d'Adam figurent les rapports détaillés des diverses fonctions psychiques entre elles : Dieu symbolise l'élan évolutif de l'homme, la justice immanente qui préside au fonctionnement psychique, la légalité du fonctionnement psychique, expressions équivalentes et fondamentalement liées entre elles. Rappelons ici que dans la Genèse du monde (premier chapitre), Dieu symbolise l'acte créateur, organisateur. Or l'organisateur du monde, expression symbolique, devient au niveau humain l'organisateur du fonctionnement psychique, de sa légalité, de sa réalité psychologique. Il est symbolisé par Dieu Juge.

Adam symbolise l'intellect de plus en plus soumis à la séduction imaginative et ayant oublié au cours de sa maturation l'appel de l'esprit auquel il était pourtant primitivement lié (« Dieu souffle un souffle de vie et il devient un homme vivant »). Ève symbolise l'imagination exaltative sur les désirs terrestres et le serpent, la vanité principielle. Tous ces symboles trouveront ultérieurement leur signification psychologique détaillée.

Précisons encore qu'Adam représente, comme dans tous les mythes, l'homme exposé au choix : il est le héros conforme à tous les héros mythiques, appelé par les dieux et confronté aux monstres et aux démons qu'il doit combattre. Cette signification s'insère dans la signification précédemment donnée dans laquelle Adam est symbole de l'intellect, car c'est le propre de l'homme devenu conscient, en réalité miconscient, d'hésiter entre le travail de l'esprit et l'attrait excessif de la matière, l'attrait des jouissances matérielles et sexuelles, hésitation due aux nouvelles possibilités que lui offre l'intellect (1). Ce n'est que lorsqu'il assume son rôle de valorisateur des désirs matériels et sexuels que l'homme symbolise l'esprit positif, fécondateur de la matière.

Toujours est-il que le rapport fondamental esprit-matière (homme-femme), et toutes ses implications, se trouve, dans le mythe d'Adam et dans le mythe de Prométhée, expliqué en images avec une telle précision que, d'une part, plusieurs personnages sont nécessaires pour exprimer tous les aspects du fonctionnement psychique et que, d'autre part, un même personnage peut recouvrir, selon le dynamisme du mythe, deux significations antithétiques quoique inhérentes l'une et l'autre au fonctionnement psychique, par exemple la femme, symbole des désirs terrestres exaltés, ou symbole des désirs terrestres purifiés.

Il est fondamental de savoir que ce travail de traduction psychologique, fait à partir du texte d'Émile Osty, aurait pu tout aussi bien être fait à partir d'autres versions. Les incertitudes touchant le texte lui-même, les variantes d'un texte à l'autre ne peuvent constituer une véritable difficulté pour la compréhension psychologique de ces documents. Les erreurs de traduction à partir de l'hébreu qui se sont inévitablement glissées au cours des siècles, n'ont pu détruire le contenu mythique de ces textes.

La compréhension préalable du fonctionnement psychique utilisée comme base méthodique de la traduction psychologique permet avec certitude de s'orienter dans les difficultés dues à la façade de l'histoire. En un mot, derrière la façade plus ou moins bien restituée du texte hébreu, la signification psychologique demeure, car c'est elle qui a initialement dicté l'histoire symbolique.

Les études linguistiques, les rapprochements de textes, l'aspect historique de ces documents, les différentes époques où ils ont été écrits, leurs remaniements à travers le temps, pour intéressant qu'il soit de les connaître, ne sont pas l'ob-

(1) Dans la terminologie de la Psychologie de la Motivation, l'intellect signifie la capacité propre à l'homme d'agir sur le monde extérieur, de l'adapter à ses besoins. Il est à distinguer de l'esprit, capacité de s'orienter essentiellement dans le monde intérieur et face au sens de la vie.

L'intellectualisation est donc une étape évolutive portant en elle-même des possibilités d'involution lorsque l'homme dominé par son intellect ne se réfère pas au sens de la vie. (Cela sera développé au cours de la traduction des chapitres II et III de la Genèse.)

jet de l'étude proposée ici. Seul le contenu psychologique de ces textes mythiques est abordé dans cet ouvrage.

Avant d'aborder la traduction verset par verset, il est nécessaire de préciser la distinction entre la façade de l'histoire que l'on peut appeler le plan de la réalité et le sens psychologique profond sous-jacent à cette façade, appelé le plan symbolique (1). Certains versets (par exemple, chapitre II, versets 17 et 21 ; chapitre III, verset 1), de par leur illogisme même, ne sont compréhensibles qu'une fois leur façade symbolique traduite en fonctionnement psychique. Mais certains autres versets (par exemple chapitre II, verset 24 ; chapitre III, versets 16, 17, 19) ont une apparence logique, conforme à la réalité et semblent de ce fait n'avoir aucune signification symbolique et devoir ainsi échapper à la traduction psychologique. Il n'en est rien. Aussi bien dans le rêve que dans le mythe, l'un et l'autre expressions oniriques de la vie essentielle de l'homme, l'imagination créatrice utilise les éléments de la réalité, tels que les donne la réalité, lorsqu'ils sont propres ainsi à figurer les méandres du calcul de satisfaction.

Même lorsque l'imagination créatrice fabule, elle le fait à partir des éléments de la réalité ; le centaure est une image formée à partir de l'homme et du cheval. Il n'est pas nécessaire que l'image soit une fabulation pour que l'on soit en droit de la considérer comme une image symbolique. Mais toute image symbolique doit être traduisible d'une façon cohérente en langage psychologique et s'insérer harmonieusement dans l'ensemble analogique des symboles traduits.

Cependant, lorsque le plan de la réalité s'impose comme une évidence (par exemple « Tu enfanteras dans la douleur »), il est plus difficile encore de se libérer des images pour en comprendre la signification psychologique. On a, depuis toujours, considéré Adam et Ève comme le couple homme-femme. Ils ne symbolisent que des fonctions psychiques propres à chaque représentant de l'espèce humaine. En ce sens, éléments fondamentaux du fonctionnement psychique,

(1) La pré-connaissance linguistique (plan linguistique) formée à partir de l'intuition du fonctionnement psychique ne peut malheureusement pas être exploitée ici dans toute sa profondeur, puisque cette étude n'est pas faite sur le texte hébreu.

ils sont bien les ancêtres de l'humanité actuelle et la source du conflit de l'âme humaine. Ceci sera développé ultérieurement.

L'erreur du dogmatisme n'est autre que la compréhension littérale de toutes les données symboliques (« création du ciel et de la terre » — « création de l'homme » — « infériorité de la femme », etc.). Cette incompréhension est soutenue justement par l'apparente logique, conforme à la réalité de ces données à sens symbolique sous-jacent. « La lettre tue, seul l'esprit vivifie », comme le dit l'apôtre Paul.

2. DÉCHIFFREMENT DU SYMBOLISME DANS LA GENÈSE

CHAPITRE I

Verset 1 :
— « Au commencement Dieu créa le ciel et la terre. » —

Comme il a été longuement expliqué dans la première partie de cet ouvrage, lorsque l'esprit humain cherche à penser « le commencement », il se trouve devant l'impossibilité de comprendre d'où viennent le monde et la vie. La cause de ce monde créé reste mystérieuse, indéfinissable, car seul ce qui est fini, existant dans le spatio-temporel, est définissable. Cependant penser « le commencement » est une nécessité pour l'esprit humain qui cherche à tout effet une cause et qui lie toute durée à un commencement. L'esprit humain obligé de nommer l'inexplicable, le nomme Dieu ; en le nommant, il l'anthropomorphise. Ne pouvant rien expliquer, mais cherchant à apaiser l'angoisse devant la question : « D'où viennent le monde et la vie ? », le mythe répond : « C'est comme si un Dieu réel en était la cause » : le monde est l'effet légal de cette cause. Cela permet alors à l'esprit de se référer au « commencement » et de calmer le vertige d'effroi devant la durée dont le commencement lui échappe ; car l'acte créateur originel et le terme Dieu, expressions PUREMENT SYMBOLIQUES, traduisent une seule et même chose : le mystère des origines ; ce mystère se manifeste néanmoins sous la forme légale de l'apparition du monde et de la vie. Le symbole « Dieu » inclut ainsi la légalité harmonieuse de l'apparition. L'organisation légale implique la manifestation duelle des deux pôles fondamentaux inhérents à tout ce qui existe : esprit et matière. (Le terme esprit ne signifie rien d'autre que le principe organisateur de la matière, à quelque niveau que ce soit.) Ces deux principes, le principe spirituel et le principe matériel, sont symbolisés par les éléments ciel et terre, car « au commencement », rien ne peut exister, si ce n'est en potentialité ce qui permettra au monde et à la vie d'apparaître : l'esprit organisateur et la matière à organiser ; ces deux modalités sont distinguées par l'analyse, mais l'une n'existe pas sans l'autre, leur complémentarité forme la vie.

Ce premier verset est une vision synthétique de ce qui sera développé dans les versets suivants : le mystère (symboliquement Dieu) d'où émane la dualité (symbolisée par le ciel et la terre), principe de toute apparition. Cette apparition sera le cosmos en son entier, le géocentrisme apparent du mythe n'étant lui-même qu'un symbole. Il est frappant de constater que dans la langue hébraïque le terme « univers » est formé à l'aide de l'union des deux mots ciel et terre (1). Cela implique que l'intuition surconsciente à l'œuvre dans la formation du langage, a su depuis toujours que l'apparition est duelle et ne peut exister sans la manifestation de deux principes opposés et complémentaires, le principe spirituel et le principe matériel.

L'analogie avec la théogonie grecque s'impose (2) : « au début était le chaos, l'Abîme », image qui exprime l'effroi, alors que le mythe judaïque met l'accent d'importance sur la foi en la légalité : le mystère appelé symboliquement Dieu. Cependant ces symboles restent analogiquement liés parce que l'un comme l'autre évoquent le mystère des origines, et sont capables l'un comme l'autre d'éveiller l'émotion.

En ce qui concerne l'apparition, le mythe grec met l'accent d'importance sur la dualité conflictuelle de tout ce qui existe, serait-ce au niveau le plus élémentaire. C'est la révolte de Gaea contre Ouranos, de la matière contre l'esprit, bien avant l'apparition de l'être humain. L'esprit humain, à la recherche d'une explication sur les origines de la vie, prolonge ainsi jusqu'au commencement du monde la dis-

---

(1) La même remarque s'applique à la langue chinoise.
(2) *Le Symbolisme dans la Mythologie grecque.* Petite Bibliothèque Payot, 3ᵉ éd., 1970.

corde intérieure qui le scinde, discorde entre désirs matériels et désirs spirituels (1). Il reste à noter cependant qu'Éros (2), première de toutes les divinités, symbolise dans le mythe grec la force vitale encore indifférenciée, incluant esprit et matière.

Le mythe judaïque, lui, insiste dans ce premier chapitre sur l'harmonie établie entre le créateur et la création. — « Et Dieu vit que cela était bon » —, phrase qui rythme, comme on le verra, chaque manifestation créatrice. Le conflit esprit-matière n'apparaît qu'avec Adam, symbole de l'humanité en révolte contre la loi d'harmonie. Qu'on ne prenne pas pour contradictoires des visions qui rendent compte des divers aspects fondamentaux de l'existence, et qui sont en fait complémentaires. La dualité est principe de différenciation, l'harmonie est principe de ré-unification. La dualité n'aboutirait qu'à la désorganisation si elle n'était, toujours à nouveau, surmontée par l'harmonie. L'harmonie, parce que toujours de nouveau menacée par la dualité, peut se reconstituer à des niveaux toujours plus élevés, ce qui caractérise le phénomène évolutif. L'un comme l'autre sont conditions de l'existence de l'univers et de la vie.

Verset 2 :
— « Or la terre était un chaos, et il y avait des ténèbres au-dessus de l'Abîme » —

Le thème précédent se développe.

L'Abîme auquel se réfère, comme nous l'avons vu, la théogonie grecque, symbolise l'insondable mystère de l'apparition. Ténèbres et Abîme sont des termes propres à exprimer la désorientation de l'esprit lorsqu'il veut penser les origines du monde et de la vie. A la recherche d'une explication, l'esprit humain se heurte aux « ténèbres ». Aucune lumière, d'où qu'elle vienne, ne peut l'éclairer quand il s'agit d'aborder ce problème.

La terre, symbole de la matière, l'élément tangible par excellence, est vide de tout contenu, chaos, quand on cherche à la penser, « au commencement », hors de la fonction qu'elle représente dans notre optique. L'esprit ne peut se

(1) Voir *Le Symbolisme dans la Mythologie grecque*.
(2) A ne pas confondre avec Éros, fils d'Aphrodite, divinité qui préside à la sexualité, aussi bien sous sa forme banalisée que sublimée.

former aucune idée de ce qu'elle fut, si ce n'est une idée anthropomorphe (hypothèses de la physique) qui implique que c'est « comme si » un œil humain s'était trouvé là au moment de sa formation. Étant symbole de la matière, ou plutôt de la désorientation de l'esprit qui cherche à imaginer la matière non organisée (ce qui est impossible), elle ne représente pas dans ce verset ce qu'elle sera au verset 9, lorsque le « sec » apparaîtra, lorsqu'il s'agira alors de « notre » terre.

Verset 2 :
— « et l'esprit de Dieu planait au-dessus des eaux. » —

Pourtant, à côté de cet Abîme, à côté de ce mystère impénétrable, se manifeste l'apparition sous ses deux modalités, esprit et matière ; c'est le principe spirituel et le principe matériel, dans leur potentialité : l'esprit de Dieu, symbole de l'esprit organisateur manifeste dans toute la nature, se prépare à différencier la matière, à organiser le cosmos.

« Les eaux », d'où sont vraisemblablement sortis les premiers germes de vie, sont propres à symboliser analogiquement l'existence en puissance. Vu sous cet angle, tout est eau, tout est encore informe, mais tout est fécondation possible. On sait quelle importance revêt pour l'agriculteur l'eau fécondatrice, en particulier dans les pays du Proche-Orient où est né le mythe judaïque.

Ainsi l'imagination mythique cherche à exprimer, par les termes « chaos », « ténèbres », « abîme », le vertige d'effroi qui la saisit, lorsqu'elle évoque la création du monde et, d'autre part, elle cherche à exprimer sa foi dans le monde qui entre en apparition, qui s'organise en quelque sorte sous ses yeux grâce à la puissance évocatrice de l'esprit humain.

Ainsi, dans ce second verset, mystère et apparition sont évoqués côte à côte car ils sont effectivement inséparables ; ils sont les deux aspects d'un même phénomène : le mystère n'est pas une entité, il n'existe que pour l'esprit humain ; le mystère n'est que l'aspect mystérieux de l'apparition. Formulé différemment, le premier verset du Prologue de l'Évangile de Jean, traduit dans cet ouvrage, exprime exactement la même vérité : « Au commencement était le Verbe, et le Verbe était en Dieu et le Verbe était Dieu. »

Verset 3 :
— « Dieu dit : Que la lumière soit! Et la lumière fut. » —

La parole de Dieu, symboliquement comprise, est créatrice, elle crée l'univers. Aucune durée ne s'écoule entre la volonté créatrice et sa réalisation. C'est là une image métaphysique formée par analogie de contraste avec la vie de l'homme qui se déploie dans le spatio-temporel et dont chaque désir implique, pour pouvoir trouver sa satisfaction, une attente plus ou moins longue. La parole de Dieu (symbole) est donc à la fois sa volonté créatrice et la réalisation de cette volonté : le monde manifeste, l'apparition, le « Verbe ». Ainsi la « lumière » qui se manifeste par la « parole de Dieu » symbolise l'apparition, l'univers visible. Elle s'oppose aux « ténèbres » dont la signification a été donnée au verset précédent. Le monde manifeste est pour l'esprit de l'homme la lumière. Là, il peut poursuivre jusque dans les moindres détails les manifestations de la mystérieuse légalité organisatrice. Elle se dévoile à lui, en quelque sorte, dès qu'il abandonne la prétention de vouloir connaître la « cause » de l'existence du monde. L'apparition devient la lumière parce que le seul moyen qu'a l'homme d'éprouver émotivement l'aspect mystérieux de l'existence, est de contempler l'organisation légale qui régit tout ce qui existe, de s'étonner et de s'émerveiller devant elle. Au niveau de la délibération intime, la lumière est symbole du surconscient et les ténèbres, symbole du subconscient. Analogiquement à ce qui précède, il devient clair que l'homme se plonge dans les ténèbres du subconscient, s'il veut expliquer le mystère, ou s'il veut l'éliminer ; en un mot, s'il refuse d'accepter les limites de la compétence de son esprit. Par contre, il s'ouvre à la lumière surconsciente s'il découvre la manifestation légale de l'univers et accepte d'assumer cette légalité, de vivre selon le désir essentiel d'harmonisation, d'assumer la poussée évolutive à l'œuvre dès les origines.

Verset 4 :
— « Dieu vit que la lumière était bonne, et Dieu sépara la lumière des ténèbres. » —

Symboliquement, Dieu approuve sa création, mais c'est en fait l'homme créateur des mythes qui imagine l'approbation de Dieu. Elle symbolise donc sa propre approbation, lorsque, ému devant la création, il en saisit la légalité. De ce fait l'esprit humain, auquel se dévoile l'aspect mystérieux de l'apparition, distingue clairement (sépare) la lumière des ténèbres, l'explicable (les modalités de l'apparition) de l'inexplicable (le mystère de l'apparition).

Verset 5 :
— « Dieu appela la lumière ' jour ', et les ténèbres, il les appela ' nuit '. »

Les termes lumière et jour, ténèbres et nuit sont plus ou moins synonymes. Mais lumière et ténèbres sont ici, comme on vient de l'expliquer, des symboles métaphysiques, ils n'impliquent pas l'écoulement temporel qu'impliquent pour l'homme le jour et la nuit. Jour et nuit symbolisent le rythme nécessaire au déploiement de l'apparition : le conflit duel au niveau de l'existence, le conflit entre l'organisation et la désorganisation, l'apparition et la disparition, imposé par l'écoulement temporel, l'apparition se manifestant dans la temporalité. « Jour et nuit » symbolisent, au niveau proprement humain, le conflit entre le bien et le mal, le conflit moral qui apparaîtra avec l'homme aussitôt que le mythe, sortant du thème de la création de l'univers, entrera dans le thème éthique : la tâche de l'homme durant la vie, car le jour apporte la lumière, symbole de lucidité et la nuit apporte l'obscurité, symbole de désorientation, d'obnubilation affective.

Verset 5 (fin) *:*
— « Il y eut un soir, il y eut un matin : premier jour. » —

Chaque jour de la création est le symbole d'une étape évolutive ; l'illogisme apparent d'un soir suivi d'un matin, (on comprendrait très bien s'il était dit : il y eut un matin et il y eut un soir) exprime ainsi que chaque époque se termine, pour s'ouvrir sur une nouvelle promesse, un nouveau pas évolutif, un jour nouveau, symbole du renouveau de l'espoir.

Cette phrase aura chaque fois la même signification et sa traduction ne sera pas répétée.

Verset 6 :
— « Dieu dit : ' Qu'il y ait un firmament entre les eaux et qu'il sépare les eaux d'avec les eaux '. » —

L'ensemble des eaux est, comme nous l'avons vu au verset 2, la potentialité de l'ensemble du cosmos et de la vie. Selon la vision orientale de l'époque, le firmament est une coupole solide élevée au-dessus de la terre. Cette coupole, cette paroi, permet de repousser les eaux, l'océan céleste, et donne la possibilité à l'espace d'apparaître. Ainsi, avec la temporalité (verset 5), l'espace, l'étendue, se crée : la perception à distance, la perception de l'espace est le produit d'une étape évolutive imposée par la nécessité d'élucider de mieux en mieux les obstacles à la satisfaction. Elle permet de différencier, d'ordonnancer les divers éléments de l'apparition, les objets à saisir et les objets à fuir (1). La temporalité et l'espace sont imaginés comme mis en place avant l'apparition de la vie, comme nécessaires afin que puisse apparaître la vie.

C'est à nouveau une vision anthropomorphe : celle d'un cadre spatio-temporel pré-existant dans lequel serait installée la vie. Mais faire de ce cadre spatio-temporel une réalité est mécomprendre complètement le véritable phénomène vital par lequel psyché-soma et ambiance suivent une même ascension évolutive (2). En fait, toute organisation psychosomatique crée avec elle son espace-temps. La perception d'un espace ne peut se faire sans les organes de perception ni sans la capacité psychique d'interpréter les perceptions. Ce cadre spatio-temporel, qui est propre à l'homme, n'existe que pour lui ; ce qu'il en a existé sans l'homme — ce qu'il fut — reste mystère pour l'homme.

Mais le procédé symbolique par lequel le mythe imagine un cadre pré-existant à la vie est une nécessité explicative, destinée à calmer l'angoisse, car ce cadre pré-existant serait l'effet dont Dieu serait la cause. La référence à Dieu-symbole « cause créatrice » est un acte de foi envers l'organisation légale du monde extérieur et du monde intérieur. Elle apaise l'angoisse devant le mystère.

Verset 7 :
— « Dieu fit le firmament et il sépara les eaux qui sont au-dessous du firmament d'avec les eaux qui sont au-dessus du firmament. » —

---

(1) *La Peur et l'Angoisse.* Petite Bibliothèque Payot, 1973 (3ᵉ éd.).
(2) *Op. cit.*

Après l'évocation du cosmos, la mise en place du cadre spatio-temporel permet au mythe de se concentrer sur la planète Terre ; car la question éthique que se pose l'homme : « Que dois-je faire de ma vie ? » ne pourra se résoudre qu'en fonction des données de sa vie terrestre.

Les eaux d'en bas donneront naissance aux océans, et les eaux d'en haut aux nuages.

C'est déjà la promesse de la fertilisation, de la fécondation future, le cycle qui s'établira entre les océans et les nuages, le dynamisme qui liera ciel et terre permettant le travail de l'agriculteur. Cette liaison réelle est le symbole de la liaison fondamentale entre esprit et matière, le symbole de la fécondation de la matière par l'esprit, préoccupation constante du mythe, fécondation qui deviendra au niveau humain, la spiritualisation-sublimation des désirs matériels.

Verset 8 :
— « Dieu appela le firmament ' ciel '. Il y eut un soir, il y eut un matin : deuxième jour. » —

Ainsi apparaissent dans leur réalité et non plus seulement dans leur potentialité (verset 1) les deux éléments fondamentaux : le ciel (verset ci-dessus) et la terre (verset suivant).

Versets 9 et 10 :
— « Dieu dit : ' Que les eaux de dessous le ciel s'amassent en un seul lieu et qu'apparaisse ce qui est sec. ' Il en fut ainsi : ce qui était sec Dieu l'appela ' terre ', et l'amas des eaux, il l'appela ' mers '. Dieu vit que cela était bon. » —

De même que dans la mythologie grecque, les grands cataclysmes géologiques — symbolisés par les Cyclopes, Hécatonchires, Titans — ont modelé la terre, et permis à la croûte terrestre de se former (la préparant ainsi à devenir la mère nourricière de la vie), de même ici, s'organisent, grâce au Verbe de Dieu, terre et mers : possibilités réelles de vie et de développement évolutif de la vie.

« Et Dieu vit que cela était bon » (verset 10). Cela a déjà été traduit à l'occasion du verset 4.

Verset 11 :
— « Dieu dit : ' Que la terre produise de la verdure, de l'herbe portant semence, des arbres fruitiers donnant, selon

leur espèce, des fruits qui ont en eux leur semence, sur la terre. ' Il en fut ainsi. » —

Verset 12 :
— « La terre fit sortir de la verdure, de l'herbe portant semence selon son espèce, et des arbres donnant des fruits qui ont en eux leur semence, selon leur espèce. Dieu vit que cela était bon. » —

Le verset 11 exprime l'intention créatrice, le verset 12 la réalisation de l'intention divine, symbole de l'intentionnalité mystérieuse. Avec la formation de la terre apparaît la possibilité de vie, la prégnance en sa forme initiale, la végétation et ses moyens biologiques de reproduction, la semence. Des arbres fruitiers et de leur signification symbolique, il sera parlé en détail dans le deuxième chapitre. Ces versets, vision descriptive de la fécondité de la terre, contiennent déjà la reconnaissance de l'homme envers la terre nourricière.

Verset 13 :
— « Il y eut un soir, il y eut un matin : troisième jour. » —

Le verset 13 a déjà trouvé sa traduction.

Verset 14 :
— « Dieu dit : ' Qu'il y ait des luminaires au firmament du ciel pour séparer le jour de la nuit '; qu'ils servent de signes pour les époques, les jours et les années. » —

Verset 15 :
— « et qu'ils servent de luminaires dans le firmament du ciel pour éclairer la terre. ' Il en fut ainsi. » —

Verset 16 :
— « Dieu fit les deux grands luminaires, le grand luminaire pour présider au jour, le petit luminaire pour présider à la nuit, et aussi les étoiles. » —

Verset 17 et 18 :
— « Dieu les plaça au firmament du ciel pour éclairer la terre, pour présider au jour et à la nuit, et pour séparer la lumière des ténèbres. Dieu vit que cela était bon. » —

Verset 19 :
— « Il y eut un soir, il y eut un matin : quatrième jour. » —

On s'attendrait à ce qu'une cosmogonie se réfère aux astres avant de se référer à la végétation. Il n'en est rien et c'est psychologiquement explicable. Le mythe apparaît à l'époque des agriculteurs. C'est à partir de la culture de la terre que l'agriculteur lève les yeux vers le ciel, cherchant à comprendre l'influence déterminante des astres, surtout soleil et lune, sur son travail, sur l'organisation de sa vie. La lumière dont il est parlé à partir de la création des luminaires est donc la lumière réelle ; ceci confirme, s'il en était besoin, que la lumière à laquelle fait allusion le verset 3 n'est pas la lumière des astres mais, comme il a été traduit, le symbole de l'apparition. Les astres ne sont plus des divinités comme le proposait la vision des mythes polythéistes, mais sont créés par la divinité pour servir l'homme. C'est une évolution de la pensée mythique. Dans l'apparition, tout est duel, la vie et la mort, le jour et la nuit, le bien et le mal : lumière et ténèbres resteront analogiquement utilisées par le mythe judéo-chrétien pour symboliser l'harmonie surconsciente et la disharmonie subconsciente dans l'âme humaine. Plus précisément encore, l'analogie soleil-lumière-divinité est implicite dans l'expression symbolique de Jésus : « Je suis la Lumière du monde. »

Les étoiles, symbole des idéaux-guides, conduiront l'homme dans sa recherche de satisfaction ; elles symboliseront les valeurs de satisfaction les plus élevées : la vérité, la beauté, la bonté. Seuls les éléments du monde extérieur et avant tout les éléments fondamentaux qui l'entourent et dont dépend sa vie, eau, air, terre, feu, lumière, soleil lune, fournissaient à l'homme les matériaux sur lesquels pouvait s'exercer la vision explicative et analogique de son esprit. Il a donc projeté implicitement sur ces éléments fondamentaux nécessaires, de toute évidence, à la description allégorique de la création du monde, le contenu moral qu'ils acquerront ultérieurement lorsque le mythe abordera le problème éthique.

Versets 20, 21, 22, 23 :
— « Dieu dit : ' Que les eaux pullulent d'un pullulement d'êtres vivants, et que des oiseaux volent au-dessus de la terre à la surface du firmament du ciel '. Dieu créa les grands monstres marins et tous les êtres vivants qui se meuvent et dont les eaux pullulent, selon leur espèce, et toute la gent ailée, selon son espèce. Dieu vit que cela était bon. Dieu les bénit en disant : ' Fructifiez et multipliez-vous, remplis-

sez les eaux dans les mers, et que les oiseaux se multiplient sur la terre. ' Il y eut un soir, il y eut un matin : cinquième jour. »

Avec ces versets, la vie elle-même apparaît. D'abord la vie dans les eaux et dans les airs. Puis le développement de cette vie. C'est ce que le mythe appelle symboliquement le déploiement du verbe à travers l'évolution. C'est, psychologiquement parlant, L'INCARNATION PROGRESSIVE DE L'ESPRIT DANS LA MATIÈRE : l'esprit organisateur, en créant des espèces de plus en plus hautement évoluées, manifeste et dévoile son intentionnalité mystérieuse, la finalité de la vie elle-même dans sa recherche de satisfaction harmonieuse.

Versets 24, 25, 26 :
— « Dieu dit : ' Que la terre fasse sortir des êtres vivants selon leur espèce : bestiaux, reptiles, bêtes sauvages, selon leur espèce. ' Il en fut ainsi : Dieu fit les bêtes sauvages, selon leur espèce, les bestiaux, selon leur espèce, et tous les reptiles du sol selon leur espèce. Dieu vit que cela était bon.
Dieu dit : ' Faisons l'homme à notre image, selon notre ressemblance, et qu'il domine sur les poissons de la mer, sur les oiseaux du ciel, sur les bestiaux, sur toutes les bêtes sauvages et sur tous les reptiles qui rampent sur la terre. ' » —

Ces versets seront étudiés en plusieurs étapes.
Au verset 24, c'est la terre elle-même qui est peuplée, et c'est sur terre que va se déployer la véritable aventure de la vie : l'aventure humaine.

Les poissons, les oiseaux, les bêtes sauvages, les reptiles (versets 20 à 25), ne sont pas ici des symboles à signification éthique, puisque ce premier chapitre n'aborde pas le problème éthique, la tâche de l'homme durant la vie. Ils ne demandent donc pas une traduction en détail, mais la traduction globale de leur signification biogénétique, l'incarnation progressive de l'esprit dans la matière.

La phrase : « Il y eut un soir et il y eut un matin », qui a jusqu'ici ponctué chaque étape évolutive, n'est pas introduite entre l'annonce de l'apparition des animaux et celle de l'homme. Quelle peut en être la raison ? Quoiqu'une nouvelle étape évolutive se soit, de toute évidence, manifestée avec l'apparition de l'homme, le mythe tient à souligner la liaison biologique qui unit l'homme à l'animal. L'homme est ainsi l'animal pensant. L'animal comme l'homme est la manifestation apparente de la mystérieuse intentionnalité à l'œuvre dans toute la nature ; ainsi le pas évolutif qui les sépare ne supprime pas pour autant le pont évolutif qui les unit : si l'homme a perdu la sûreté instinctive de l'animal, il reste cependant soumis à la loi organisatrice de toute vie, la loi d'harmonie. Il ne pourra vivre d'une façon satisfaisante que s'il retrouve à un niveau plus évolué l'accès à l'harmonie, il est donc, par cette nécessité biologique de recherche de la satisfaction, lié plus profondément qu'il n'en est séparé, à tout ce qui le précède dans l'évolution.

Verset 26 :
— « Dieu dit : ' Faisons l'homme à notre image, selon notre ressemblance, et qu'il domine sur les poissons de la mer, sur les oiseaux du ciel, sur les bestiaux, sur toutes les bêtes sauvages et sur tous les reptiles qui rampent sur la terre. ' » —

L'homme est créé à l'image de Dieu ; un développement est nécessaire pour expliquer ce symbole. L'intentionnalité mystérieuse qui traverse la nature se manifeste au niveau humain d'une façon *consciente*, elle n'est plus instinctivement incarnée dans le soma, comme chez l'animal ; elle se diversifie dans les intentions multiples qui animent l'homme. L'homme éprouve donc, d'une façon intime, l'intentionnalité. Il est le seul parmi tous les êtres vivants à pouvoir la manifester par ses pensées, par ses sentiments, par ses paroles. Dans la mesure où il peut s'émouvoir devant cette intentionnalité qui l'entoure de toutes parts et qu'il nomme Dieu, et s'émouvoir ainsi devant sa propre intentionnalité, il se sent directement animé par Dieu, par la mystérieuse intentionnalité créatrice. Les intentions conscientes qu'il porte en lui sont devenues l'expression la plus évoluée qu'il connaisse de l'intentionnalité de la nature, qu'il symbolise par Dieu. En cela, il se sent proche de Dieu, créé à sa ressemblance.

L'inversion est d'autre part un procédé fréquent du symbolisme. C'est en vérité l'homme qui crée Dieu à son image, il en fait l'être pensant et volitif qu'il est lui-même. Cela signifie, analogiquement à ce qui vient d'être développé : l'apparition la plus évoluée parmi les êtres vivants, l'homme, doué d'intentions conscientes, est l'organisation la plus adéquate pour rendre compte de la mystérieuse capacité organisatrice de la nature, symbolisée par Dieu.

— «... et qu'il domine sur les poissons de la mer, sur les oiseaux du ciel, sur les bestiaux, sur toutes les bêtes sauvages et sur tous les reptiles qui rampent sur la terre. » —

L'homme est effectivement le maître de la nature. Il n'est plus passivement dépendant de l'ambiance comme l'est l'animal. Par l'accès à la mémoire consciente, il porte le monde entier, en lui, sous forme d'images. La prévision imaginative des possibilités futures de satisfaction s'accompagnera d'une prévision intellectuelle des obstacles à la satisfaction et des moyens de surmonter ces obstacles. Vivant dans un temps à trois dimensions où passé et futur sont liés par la mémoire consciente, il peut tirer de ses échecs ou de ses réussites passés, une expérience qu'il utilisera dans l'avenir, devenant ainsi de plus en plus apte à élaborer la maîtrise du monde extérieur. C'est ainsi qu'il « domine sur les poissons de la mer, etc. ».

Verset 27 :
— « Dieu créa l'homme à son image, à l'image de Dieu il le créa ; mâle et femelle il les créa. » —

C'est donc la création de l'homme en tant qu'espèce biologique, mâle et femelle, incorporé au sens évolutif de la vie. Animal encore pour ainsi dire innocent, intégré à la tribu de chasseurs et de bergers dont il fait intimement partie, il est encore plus ou moins soumis aux conditions offertes par la nature.

Cependant, ainsi que le mythe le fait remarquer, la création des animaux se fait « selon leur espèce », la création de l'espèce pensante sous forme d'homme et de femme. Au niveau humain, l'esprit n'est plus incarné dans la matière comme il l'est au niveau animal sous forme d'instinct. Les modalités esprit et matière que symbolise le couple homme-femme se différencient l'une de l'autre.

La création d'Adam et Ève au deuxième chapitre développera cette différenciation avec toutes ses conséquences, ainsi qu'il sera montré.

Verset 28 :
— « Dieu les bénit... » —

L'homme est ainsi approuvé, « béni » par Dieu. Psychologiquement compris, l'homme encore innocent vit sous la loi de Dieu, en accord avec la loi d'harmonie, la loi de la vie. C'est par la transgression de cette loi que l'homme connaît le malheur et la souffrance pathologique, ainsi qu'il sera démontré par la traduction du chapitre suivant.

Verset 28 :
— « Dieu les bénit et Dieu leur dit : ' Fructifiez et multipliez-vous, remplissez la terre et soumettez-la ; dominez sur les poissons de la mer, sur les oiseaux du ciel et sur tout être vivant qui rampe sur la terre. ' » —

Ce verset, identique dans sa deuxième partie au verset 26, a déjà trouvé sa traduction.

Versets 29 et 30 :
— « Dieu dit : ' Voici que je vous donne toute herbe portant semence à la surface de toute la terre, et tout arbre qui a en lui fruit d'arbre portant semence ; cela vous servira de nourriture. Et à toute bête sauvage, à tout oiseau du ciel, et à tout ce qui rampe sur la terre et qui a en lui âme vivante, (je donne) toute herbe verte en nourriture. ' Il en fut ainsi. » —

En réalité, il n'existe dans toute la nature aucune herbe qui ne porte sa semence, c'est la condition de sa reproduction. Mais il est stipulé qu'à l'homme seul est donnée l'herbe portant semence, car seul l'homme est capable de cultiver la terre et de l'ensemencer. A l'animal échoit l'herbe verte, la productivité de la terre donnée gratuitement, image symbolique de la dépendance de l'animal à l'égard de l'ambiance, situation très différente de celle dans laquelle l'homme va se trouver, en devenant l'agriculteur. L'accent mis sur le don exclusif de la semence, indique déjà en puissance son devenir évolutif et sa future maîtrise sur tout ce qui vit sur terre.

Verset 31 :
— « Dieu vit tout ce qu'il avait fait, et voici que cela était très bon. Il y eut un soir, il y eut un matin : sixième jour. » —

Ce n'est plus seulement « bon », mais « très bon ».
Au dernier jour de la création, Dieu approuve complètement son œuvre. L'homme, ému par le mystère de l'apparition du monde et de la vie, approuve complètement l'orga-

nisation de l'univers ; car il sait surconsciemment que la disharmonie du monde dans lequel il vit, la disharmonie sociale, est engendrée par la disharmonie psychique de chacun et dont chacun est responsable. Si l'homme est capable de se mettre en accord avec les lois de l'univers, tant extérieur qu'intérieur, il ne peut que s'émerveiller de l'harmonie universelle.

Le monde apparaît avec son inhérente dualité, les espèces peuplent les eaux, les airs et la terre et se multiplient, elles ont abouti par évolution successive à l'homme, animal pensant.

CHAPITRE II

Verset 1 :
— « Ainsi furent achevés le ciel et la terre, et toute leur armée. » —

Verset 2 :
— « Dieu acheva, le septième jour, le travail qu'il avait fait ; et il chôma, le septième jour, après tout le travail qu'il avait fait. » —

La création s'est accomplie en sept jours, chiffre sacré incluant le trois, chiffre de l'esprit, et le quatre, chiffre de la matière, c'est l'union du principe spirituel et du principe matériel, l'incarnation progressive de l'esprit dans l'apparition, le Verbe. C'est alors que Dieu se repose. Avec l'apparition de l'homme, la destinée est transmise du « créateur » à la créature. Psychologiquement exprimé, c'est la créature qui désormais répondra de la création : elle devra l'assumer non plus inconsciemment et instinctivement comme l'animal, mais consciente d'elle-même, responsable de la voie évolutive à parcourir.

Verset 3 :
— « Dieu bénit le septième jour et le sanctifia, parce qu'en ce (jour) Dieu avait chômé, après tout le travail qu'il avait fait en créant. » —

Comme on l'a déjà dit, c'est l'approbation émue de l'homme face à la création. Guidé par son surconscient (Dieu en lui), il bénit la création dont il fait partie car il sait, devant la mystérieuse pré-adaptation qui lie toute espèce à l'ambiance spécifique qu'elle perçoit, que ce monde est tel qu'il peut y trouver sa satisfaction. Seule, la multiplication de ses exigences peut le rendre incapable d'aboutir à la satisfaction, à l'émerveillement et à l'adoration de cet univers extérieur et de cet univers intérieur, légalement ordonnés.

Nul ne peut transgresser la loi. Elle a présidé, symboliquement parlant, à la création du monde, elle préside d'une manière manifeste à la vie et à son évolution, sous forme de justice immanente. DIEU-CRÉATEUR CÈDE LA PLACE A DIEU-JUGE : ce sera le thème des deuxième et troisième chapitres.

Verset 4a :
— « Voici les origines des cieux et de la terre quand ils furent créés. » —

Le verset 4 résume l'ensemble du premier chapitre, la création du ciel et de la terre, la manifestation du « Verbe de Dieu ».

Versets 4b et 5 :
— « Lorsque l'Éternel Dieu fit une terre et des cieux, aucun arbuste des champs n'était encore sur la terre, et aucune herbe des champs ne germait encore : car l'Éternel Dieu n'avait pas fait pleuvoir sur la terre, et il n'y avait point d'homme pour cultiver le sol. » —

De toute évidence, la terre était habitée avant la création des mythes (époques des cultures animistes) ; cependant, pour le mythe non plus épistémologique et cosmogonique (1ᵉʳ chapitre), mais pour le mythe de la biogenèse de l'esprit conscient, la terre n'avait pas encore germé, la pluie n'était pas encore tombée, c'est-à-dire la terre n'était pas considérée comme véritablement féconde tant que n'était pas entreprise cette nouvelle aventure de la vie humaine, développée tout au long des chapitres suivants, tout au long de l'Ancien et du Nouveau Testament, l'intellectualisation (1) et ses dangers, que devra surmonter la spiritualisation progressive.

Verset 6 :
— « Mais un flot montait de la terre et arrosait toute la surface du sol. » —

La terre se prépare à devenir non seulement fécondable mais cultivable car, au verset suivant, l'être pensant et ici

(1) Voir définition p. 127.

plus spécifiquement l'agriculteur, créateur des mythes, **va** apparaître.

Dans le chapitre I, dira-t-on, l'homme et la femme étaient déjà créés, et avec eux, l'environnement nécessaire à la vie. Mais ils sont, dans ce premier chapitre, symboliques pour l'espèce humaine, sans distinction des différentes étapes franchies à l'intérieur même de l'évolution humaine.

Cette seconde naissance, l'hominisation (verset 7), est, comme nous le verrons, l'histoire spécifique de l'homme intellectualisé ; c'est une étape évolutive ; c'est en quelque sorte une nouvelle naissance à la vie. (D'autres naissances et d'autres renaissances attendent l'homme futur.) C'est alors que commence l'époque mythique, lorsque l'homme, abandonnant les pérégrinations de la vie de chasseur ou de berger, devient sédentaire. Tant que l'homme est chasseur ou berger (cultures animistes), il est dans une très grande mesure protégé, de par les conditions très précaires de sa vie, contre la multiplication excessive de ses désirs. C'est l'agriculteur sédentaire qui va se trouver dans une situation très différente : par la culture de la terre, il multipliera les ressources naturelles du sol, il deviendra riche, des cités puissantes seront créées, suscitant l'avidité des voisins ; la dispute pour les biens matériels commence, elle n'a pas encore cessé.

Verset 7 :
— « Yahvé Dieu façonna l'homme, poussière tirée du sol, il insuffla dans ses narines une haleine de vie, et l'homme devint un être vivant. » —

L'homme est ici un terme générique, il inclut homme et femme au moment de leur accès à une nouvelle étape évolutive. L'homme est formé de la poussière du sol, de la terre. La terre est symbole des désirs terrestres, des désirs matériels et sexuels. L'homme est naturellement porté à rechercher la satisfaction de ses désirs matériels et sexuels, bases élémentaires de survie pour l'individu et pour l'espèce.

Mais il est en même temps la créature animée par le « souffle de Dieu », par l'esprit créateur, qui, au niveau humain, se manifeste par le désir essentiel de conserver l'organisation harmonieuse dont il est dépositaire. Il est ainsi enfant de l'esprit, tout en étant né de la terre. L'analogie avec le mythe de Prométhée s'impose (1). Dans le mythe grec, l'être humain, l'être devenu conscient, apparaît sous le règne de Zeus, symbole de l'idéal de l'esprit : l'esprit valorisateur des désirs et explicateur du monde. Mythiquement exprimé, Zeus, l'esprit de lucidité, de spiritualisation-sublimation, crée l'homme : autrement dit, par nécessité évolutive, l'homme poursuit l'ascension de la nature entière vers toujours plus de lucidité, atteignant ainsi la capacité de spiritualiser et de sublimer ses désirs.

Mais l'homme est en même temps formé de terre boueuse par le Titan-Prométhée, symbole de l'intellect révolté contre la loi et l'esprit. Ces deux naissances expriment clairement, comme le fait le mythe judaïque, les deux possibilités devant lesquelles se trouve l'homme : écouter sa nature divine, l'appel de l'esprit, ou écouter sa nature terrestre, l'appel à la multiplication des désirs, dont l'intellect est l'agent (2).

La dualité fondamentale entre esprit et matière se trouve ainsi, au niveau humain, mise en évidence. L'esprit n'étant plus incarné sous forme d'instinct, le désir essentiel — le désir de l'esprit harmonisateur — et les désirs terrestres peuvent se contrecarrer. Le sens de la vie de l'homme est d'assumer la nouvelle étape évolutive, d'assumer consciemment l'incarnation de l'esprit dans la matière, la réconciliation de la matière et de l'esprit. Dans le mythe grec, Zeus et Prométhée, l'esprit et l'intellect révolté de l'homme, se réconcilient, l'intellect devient alors le serviteur de l'esprit. Prométhée est divinisé.

Dans le cycle judéo-chrétien, il faut attendre le mythe chrétien, aboutissement du mythe judaïque, pour que Jésus, fils de l'homme ET DEVENU SYMBOLIQUEMENT FILS DE DIEU, apporte le message de salut, la réconciliation possible pour chacun et au niveau de chacun, de sa nature terrestre et de son désir essentiel, symboliquement le divin dans l'homme.

Une fois de plus, donc, les deux mythes disent exactement la même chose, sous des façades différentes.

Verset 8 :
— « Yahvé Dieu planta un jardin en Éden, à l'orient, et il y mit l'homme qu'il avait façonné. » —

(1) *Le Symbolisme dans la Mythologie grecque.* Petite Bibliothèque Payot, 3ᵉ éd., 1970.
(2) Voir note p. 127.

Le jardin d'Éden est géographiquement la contrée située entre le Tigre et l'Euphrate, le berceau fertile où a commencé l'histoire du peuple hébreu. Symboliquement, l'Éden est le Paradis Terrestre, le lieu où l'homme, encore innocent, vit dans le paradis animal, libre du tourment de la culpabilité (âge d'or des mythes polythéistes). De longues étapes évolutives sont à franchir entre le moment où l'homme innocent, animal parmi les animaux, vit dans « le jardin d'Éden », et le moment où peu à peu il s'intellectualise, maîtrisant ainsi le monde extérieur.

Le récit mythique ne rend pas compte des milliers d'années qui, sur le plan de la réalité, furent nécessaires à cette évolution. Le récit mythique procède par condensation temporelle et par concentration du problème posé. C'est là une difficulté fondamentale dans la compréhension du mythe.

La suite du chapitre permettra d'expliquer avec plus de précision le symbole « paradis animal ».

Verset 9 :
— « Yahvé Dieu fit pousser du sol toute sorte d'arbres désirables à voir et bons à manger, ainsi que l'arbre de vie au milieu du jardin et l'arbre de la connaissance du bien et du mal. » —

Les promesses de la terre, baies et fruits, symbole des désirs terrestres justifiés, furent offertes à l'homme ; mais voilà qu'apparaissent, analogiques aux deux naissances de l'homme, précédemment expliquées, deux sources de nourriture, différenciées par la nouvelle étape évolutive qui se prépare. L'arbre de vie symbolise la force productive essentielle, la capacité évolutive que l'homme puise dans les profondeurs biologiques du besoin de satisfaction. Ce qui a permis, non seulement à l'humanité, mais encore à toute organisation quelle qu'elle soit, de subsister, c'est le désir inhérent à tout ce qui existe de vaincre les défaveurs de l'ambiance afin de pouvoir survivre, ce qui implique la capacité et la nécessité d'évoluer (1). L'arbre de vie enfonce ses racines dans la terre, symbole des désirs biologiques élémentaires (nutrition et propagation) et s'élance vers le ciel, figurant ainsi la poussée de l'ascension évolutive franchie d'étape en étape par les diverses espèces jusqu'à l'hominisation.

(1) *La Peur et l'Angoisse.* Petite Bibliothèque Payot, 3ᵉ éd., 1973.

A côté de cet arbre pousse, dans le jardin d'Éden, l'arbre de la connaissance du bien et du mal. Il symbolise l'étape de la vie devenue consciente. L'accès au conscient est la possibilité pour l'homme de multiplier ses désirs, car par la mémoire consciente, le monde entier est introduit dans le psychisme humain sous forme d'images. Les images sous-tendues par des promesses de satisfaction sont les désirs. L'enchaînement, sous forme d'images, des désirs qui hantent la psyché, constitue la capacité imaginative, exploratrice des diverses possibilités qu'offre le monde extérieur. Lorsque l'imagination introduit dans sa recherche de satisfaction les obstacles de la réalité extérieure pouvant faire échec à ces désirs et élabore les moyens pratiques de les surmonter, elle devient intellect (1).

L'homme ne vit plus comme l'animal dans l'ici et le maintenant, il sait qu'il est le même qui a vécu hier et qui vivra demain. Il projette donc ses expériences passées dans l'avenir, il les utilise à son profit, parvenant ainsi à maîtriser les défaveurs de l'ambiance par la prévoyance intellectuelle. L'intellect est donc la capacité d'agir sur le monde extérieur, de le modifier, de le maîtriser, permettant ainsi une organisation du monde que ne connaît pas l'animal soumis à l'ambiance. Chaque étape de la maîtrise du monde extérieur est la source de nouvelles possibilités de satisfaction, donc de nouveaux désirs. La multiplication des désirs au niveau humain est un immense pas évolutif, à condition que les désirs restent sous le contrôle de l'esprit harmonisateur, à condition qu'ils n'entraînent pas celui qui les vit dans une dispersion de son énergie vitale, et finalement dans une incapacité à trouver la satisfaction, car plus les désirs se multiplient, plus ils se contrecarrent, plus il est difficile, voire impossible, de les satisfaire tous, et plus grande sera l'insatisfaction, sanction de cette dispersion.

L'animal, lui, ne peut tomber hors de la satisfaction, si ce n'est dans l'insatisfaction naturelle inhérente à tout ce qui existe, cependant très différente de l'insatisfaction pathologique que peut se créer l'homme par la multiplication excessive de ses désirs. C'est ainsi que l'étape évolutive de l'intel-

---

(1) *Psychologie de la Motivation*. Presses Universitaires de France, Collection de Philosophie Contemporaine, 3ᵉ éd., 1969. Petite Bibliothèque Payot, 1970.

lectualisation, qui différencie l'homme de l'animal, est l'accès à la connaissance du bien et du mal : l'accès au conscient lié à l'intellectualisation est un bien, car il accroît d'une façon considérable les possibilités de satisfaction, mais l'intellectualisation peut, par ses excès mêmes, devenir le mal par excellence, la source de souffrances pathologiques, involution de la vie et non plus évolution.

Un développement plus ample est nécessaire : à la multiplication excessive des désirs, danger d'insatisfaction vitale, s'oppose le désir essentiel d'harmonisation. (L'harmonie est vécue sous forme de désir au niveau humain, mais elle manifeste son pouvoir organisateur au niveau prévital et préhumain, comme il a déjà été expliqué.) Le désir essentiel, exigence d'harmonie, cherche à rétablir l'intégrité de l'individu menacée par la multiplication excessive des désirs. Il se manifeste par le sentiment de culpabilité, avertissement surconscient de la faute vitale. L'individu, sous l'emprise de l'excès de ses désirs, peut refouler le sentiment de culpabilité, pour rétablir une pseudo-harmonie qui n'est que maladie de l'esprit, allant de la nervosité à la névrose et jusqu'à la psychose. L'individu peut aller plus loin encore, jusqu'à tuer l'instance inculpante, le désir essentiel lui-même, toujours dans la même vaine illusion de rétablir l'harmonie ; il aboutit ainsi à la banalisation, la mort de son esprit valorisateur et de tout sentiment d'humanité. Privé de l'instance inculpante, il se permet sans scrupule la satisfaction de ses désirs matériels et sexuels les plus exaltés, devenant ainsi l'ennemi de tous, et en particulier de ceux qui, eux-mêmes banalisés, cherchent à se satisfaire en usant des mêmes procédés. Le châtiment en est non seulement la destruction des âmes, mais la mort de la culture et la décadence de la société.

A partir de cette compréhension du mal que se fait l'homme en multipliant excessivement ses désirs, on peut entrevoir mieux encore le bien qu'il lui est possible de se faire. Ce bien est : la spiritualisation-sublimation des désirs exaltés, autrement dit la dissolution des désirs exaltés à partir d'un travail réflexif de valorisation élucidante conduisant à une réconciliation avec les conditions limitatives de la vie (l'exaltation des désirs étant un refus des limitations imposées par les lois de la nature). Par la spiritualisation-sublimation, l'homme retrouve son intégrité harmonieuse, il peut satisfaire ses désirs matériels et sexuels non exaltés, il aboutit à la satisfaction. Ainsi le bien que l'homme peut se faire n'est pas seulement l'accès à l'intellectualisation positive, mais la possibilité de retrouver l'harmonie à une étape évolutive supérieure, seul véritable espoir de l'humanité.

Cependant, le mythe d'Adam met en évidence avant tout l'accès à la connaissance du mal, la chute de l'homme dans la banalisation. Alors que le mythe chrétien, lui, apportera le message de joie : le bien qu'il est possible à l'homme de se faire par la renaissance de l'âme à l'harmonie, par la résurrection de la mort de l'âme.

Versets 10, 11, 12, 13, 14 :
— « Un fleuve sortait d'Éden pour arroser le jardin et de là se divisait pour former quatre bras. Le nom du premier est Pichôn ; c'est lui qui contourne tout le pays de Hawila, où il y a de l'or, et l'or de ce pays est bon ; là se trouvent le bdellium et la pierre d'onyx. Le nom du deuxième fleuve est Guihôn ; c'est lui qui contourne tout le pays de Kouch. Le nom du troisième fleuve est Tigre ; c'est lui qui coule à l'orient d'Assour. Le quatrième fleuve, c'est l'Euphrate. » —

Il est difficile de se représenter selon la description donnée la situation du fleuve et de ses quatre bras par rapport au « Jardin » ; est-ce dès l'entrée dans le « Jardin », ou est-ce à sa sortie que le fleuve, prometteur de fécondité, se divise en quatre bras ? Or, sur le plan symbolique, le quatre est le chiffre de la terre, de la terra-mater et ce jardin fécondé par le fleuve, lui-même divisé en quatre, assume bien la signification de la terra-mater, mère nourricière offrant à l'homme les fruits de « toutes sortes d'arbres désirables à voir, et bons à manger ».

De plus, le pays de Hawila où se trouvent l'or et les gemmes (bdellium, pierre la plus précieuse du monde antique, et onyx), symboles de spiritualisation et de sublimation, est certainement symboliquement inclus dans le « Jardin d'Éden » ; leur présence stipule qu'à la conquête de la terre rendue possible par le développement de l'intellect, se trouve associé l'indispensable travail de spiritualisation-sublimation.

Versets 15, 16, 17 :
— « Yahvé Dieu prit l'homme et l'installa dans le jardin d'Éden pour le cultiver et pour le garder. Et Yahvé Dieu

donna cet ordre à l'homme : ' De tous les arbres du jardin tu peux manger, mais de l'arbre de la connaissance du bien et du mal, tu n'en mangeras pas ; car le jour où tu en mangeras, tu mourras sûrement. ' » —

Rappelons une fois de plus qu'il s'agit de l'être humain, femme et homme.

Ainsi parle à l'être humain son propre surconscient : si tu veux, homme que tu es devenu, rester dans le paradis animal et « manger de tous les fruits des arbres du jardin », c'est-à-dire, en termes psychologiques, jouir de tout ce qu'il t'offre comme satisfaction, assouvir dans la paix du cœur tes désirs biologiques matériels et sexuels (la vie dans le jardin d'Éden), alors ne tombe pas dans l'intellectualisation excessive, car tu mourras. C'est Dieu, son propre surconscient, qui avertit l'homme des dangers devant lesquels il va se trouver. De toute évidence, le mythe ne fait pas allusion à la mort corporelle, phénomène inéluctable de l'apparition auquel l'homme comme l'animal demeure soumis, mais à la mort de l'âme, à la mort de l'élan d'harmonisation à laquelle le conduira nécessairement la multiplication insensée des désirs, l'oubli des véritables conditions de la satisfaction.

La vie est organisation harmonieuse, la mort est désorganisation, disharmonie. De la première cellule aux espèces animales les plus évoluées, l'être vivant ne peut survivre que d'une façon harmonieuse (lien harmonieux entre psyché, soma et ambiance (1)). Seul l'être humain peut survivre somatiquement en état de disharmonie psychique, de mort relative du désir essentiel d'harmonisation pouvant aller jusqu'à sa destruction quasi totale. L'homme, croyant ainsi pouvoir transgresser l'immuable loi d'harmonie qui s'impose à toute vie, tombe dans la banalisation, la mort de l'âme, juste châtiment de sa disharmonie psychique.

C'est pourquoi, dès les plus primitives cultures animistes, la proposition de « mourir de corps plutôt que de mourir de l'âme » s'impose comme le seul sens à donner à la vie. Seule la compréhension de l'éthique véritable amplement développée dans la première partie de cet ouvrage, permet

---

(1) *La Peur et l'Angoisse*. Petite Bibliothèque Payot, 3ᵉ éd., 1973.

de mesurer la perte de satisfaction impliquée dans l'expression symbolique « mort de l'âme ».

Verset 18 :
— « Yahvé Dieu dit : ' Il n'est pas bon que l'homme soit seul ; je veux lui faire une aide qui lui soit assortie. ' » —

Nous verrons ultérieurement ce que signifie cette « aide semblable à lui ». « Il n'est pas bon que l'homme soit seul » : il ne serait pas bon que l'être humain restât limité à l'intellectualisation, capacité qui, même positive, est trop restrictive pour sa vie essentielle. L'intellectualisation sans la référence au sens de la vie, porte en elle la mort de l'âme ; mais la nature entière aspire à vivre harmonieusement, aussi l'étape de l'intellectualisation, insuffisante pour la satisfaction essentielle, sera-t-elle surmontée évolutivement. Pour cela, il faut que l'homme aille jusqu'aux conséquences ultimes et donc perverses de l'intellectualisation à l'aide de ce nouvel élément psychique symbolisé par sa compagne, afin que de la souffrance engendrée par les excès naisse la force essentielle capable de les surmonter. Cela sera développé aux versets 21 et 22.

Versets 19 et 20 :
— « Yahvé Dieu façonna du sol toutes les bêtes des champs et tous les oiseaux du ciel, et il les amena à l'homme pour voir comment il les appellerait : le nom que l'homme donnerait à tout être vivant serait son nom. L'homme appela de leur nom tous les bestiaux, les oiseaux du ciel et toutes les bêtes des champs ; mais pour l'homme il ne trouva pas d'aide qui lui fût assortie. » —

Rappelons ici que dans le premier chapitre les animaux sont créés avant l'homme puisque cette vision rend compte de l'incarnation progressive de l'esprit dans la matière au cours de l'évolution. Dans la perspective du deuxième chapitre, ils acquièrent une signification par rapport à l'homme ; ils sont donc imaginés comme apparaissant après la création de l'homme.

Les animaux, comme leur nom l'indique, sont mystérieusement animés. Mais ils ne sont pas conscients de leur organisation ; en ce sens, ils ne sont pas animés par « le souffle créateur » au même titre que l'homme. C'est dans cette acception que le mythe précise qu'ils « sont formés de la terre ». Guidés par leur instinct, dans la recherche de la satisfaction, ils ne sont pas concernés par la question fondamentale qui se pose à l'homme : « quelle est mon origine et que dois-je faire de ma vie ? » Pour l'animal, le mystère de son organisation ne se pose pas, « Dieu » n'existe pas. Symboliquement exprimé dans les versets 19 et 20 : Dieu transmet à l'homme tout pouvoir sur l'animal. Une relation étroite s'établit entre l'agriculteur et l'animal, il n'est alors question que « des animaux des champs » et « des oiseaux du ciel » susceptibles d'endommager les récoltes, et du « bétail » domestiqué par l'homme. Cependant, aucune « aide » fondamentale ne peut lui être apportée par un niveau évolutif inférieur au sien.

Versets 21 et 22 :
— « Alors Yahvé Dieu fit tomber une torpeur sur l'homme, qui s'endormit. Il prit une de ses côtes et referma la chair à sa place. Yahvé Dieu bâtit en femme la côte qu'il avait prise de l'homme, et il l'amena à l'homme. » —

L'homme est encore dans l'innocence de la vie paradisiaque. L'interdit de goûter à l'arbre de la connaissance lui a été donné mais il ne l'a pas encore transgressé. (Comme déjà dit, des étapes évolutives constituées de milliers d'années furent nécessaires pour aboutir à cette « transgression » signifiant l'intellectualisation excessive.)

La plupart des traductions soulignent le sommeil léthargique ou torpeur qui s'empare de l'homme. Sans entrer en polémique avec la façon courante de traduire ces versets, il faut souligner l'importance de cette forme de sommeil pour la compréhension de la traduction psychologique de ce verset. Rien de symboliquement positif ne peut sortir d'un état de torpeur, puisque la torpeur est symbole de l'endormissement de la lucidité, de l'obnubilation de la prévoyance. Elle est déterminée légalement (« Dieu » étant symbole de la légalité du fonctionnement psychique) par l'apparition de la femme, non pas la femme réelle, qui est biologiquement l'égale de l'homme, et qui est, comme lui, responsable de sa destinée essentielle, mais de la femme symbolique négative : les désirs terrestres dans une acception ici très précise, les désirs terrestres prêts à s'exalter imaginativement. En effet, issue de l'homme (« côte »), et donc structure même de l'être pensant en voie d'intellectualisation, apparaît l'imagination exaltative sur les désirs terrestres. L'être pensant, comme il a été expliqué, a la capacité d'introduire dans son psychisme le monde entier sous forme d'images. L'intellect se forme à partir de l'imagination, fonction fondamentale du psychisme humain. Mais à son tour, l'imagination exaltative s'amplifiera à partir des moyens de satisfaction que l'intellect a déployés.

Car la tentation perverse de jouer avec les promesses de satisfaction les plus insensées est évidemment la conséquence de l'intellectualisation par laquelle l'homme se rend maître de la nature. Il se sent alors imaginativement omnipotent, croyant ainsi pouvoir réaliser le moindre de ses désirs. La femme tirée de la structure d'Adam, qui deviendra Ève la tentatrice, est L'IMAGINATION SUSCEPTIBLE DE SE PERVERTIR. Elle ne caractérise donc PAS PLUS LA FEMME QUE L'HOMME, ELLE EST L'IMAGINATION EXALTATIVE DE CHAQUE MEMBRE DE CETTE ESPÈCE PENSANTE.

L'imagination exaltée, pour dangereuse qu'elle soit, est une nécessité de l'étape mi-consciente. C'est la souffrance, sous la forme de l'angoisse coupable qui en résultera, qui imposera à l'homme, insuffisamment lucide, de surmonter évolutivement cet état de mi-conscience, niveau actuellement atteint par l'espèce ; aucun pas évolutif ne s'accomplit sans qu'il se soit imposé par la souffrance à surmonter. En ce sens, Ève est la compagne qui cheminera aux côtés de l'homme intellectualisé, guetté à chaque instant par les séductions de l'imagination. Leurs enfants se multiplieront ; hommes égarés dans les vaines promesses de l'imagination exaltée et dans les réalisations trop souvent insensées de l'intellect, ils oublieront « l'appel de l'esprit », mais la souffrance pathologique qui en résultera leur rappellera la nécessité de se référer au désir essentiel d'harmonisation.

L'imagination exaltative, Ève, deviendra donc l'aide nécessaire à la poursuite de l'évolution.

Verset 23 :
— « L'homme dit : ' Celle-ci, cette fois, est l'os de mes os et la chair de ma chair ; celle-ci sera appelée femme, car c'est d'un homme qu'elle a été prise, celle-ci ! ' » —

En hébreu, le mot femme « 'Ichchâh » est formé à partir du mot homme « 'Ich », ils ont une même racine linguistique. Le mythe exprime ainsi la liaison biogénétique qui existe entre l'intellect et l'imagination exaltative ; il utilise pour l'exprimer le plan de la réalité, la liaison qui existe entre l'époux et l'épouse. Pour mieux comprendre cette relation entre l'intellect et l'imagination exaltée, il faut savoir à quel point l'être conscient se perd, à chaque instant de sa délibération, dans une rêvasserie les yeux ouverts qui enchaîne inlassablement les désirs exaltés matériels, sexuels et pseudo-spirituels ; cet état d'absence d'esprit par lequel se poursuit le rêve intérieur est l'état plus ou moins constant de l'homme qui, de ce fait, demeure un être mi-conscient. L'intellect dans ce cas n'est plus « serviteur de l'esprit », mais régresse vers l'imagination exaltée. Intellect et imagination exaltée ne se distinguent plus l'un de l'autre, l'imagination exaltée structure perversement l'intellect (« os de mes os »).

La pleine conscience, la pleine connaissance de ce qui motive l'homme est encore à acquérir, nouveau pas évolutif dans la poursuite de la lucidité.

Verset 24 :
— « C'est pourquoi l'homme quitte son père et sa mère et s'attache à sa femme, et ils deviennent une seule chair. » —

Sur le plan de la réalité, ceci est une évidence. Attirons l'attention sur le fait que la tentation est grande de trouver le plan de la réalité suffisamment parlant, pour croire que le plan symbolique n'existe pas ; or il existe dans ce verset et dans tous ceux qui vont suivre, en particulier chapitre III, versets 16, 17, 19. Pour comprendre le plan symbolique, quelques explications préalables sont nécessaires. L'être humain, comme toute manifestation de vie, est expression du couple fondamental esprit et matière. Il est à la fois fils de l'esprit et de la matière. Ses parents mythiques, ceux qui l'ont engendré sur le plan essentiel, sont donc l'esprit et la matière, symbolisés par le père, l'esprit fécondateur, et la mère, les désirs terrestres fécondables. Parce que l'intellect est inévitablement lié à la possibilité d'exaltation imaginative, l'homme quittera son père mythique, l'esprit, l'appel à l'harmonie, et par voie de conséquence, il quittera aussi sa mère mythique, les désirs terrestres sous leur forme sensée, pour s'attacher aux vaines promesses de son imagination exaltée, plus séduisantes à première vue, que le travail d'harmonisation. Il s'attachera malheureusement à cette fausse promesse de satisfaction. Excessivement liés à la chair, aux plaisirs charnels, l'intellect (Adam) et l'imagination exaltative (Ève) finiront par oublier la référence à l'esprit. « Ils deviennent une seule chair » : intellect et imagination exaltée s'uniront perversement.

Verset 25 :
— « Or tous deux étaient nus, l'homme et sa femme, et ils n'en avaient pas honte. » —

Avec la femme symbolique perverse, avec la possibilité d'exalter l'imagination, le danger qui menace la vie humaine a fait son apparition. Tout est préparé, mais la chute dans l'exaltation des désirs n'est pas encore accompli. L'homme est encore innocent comme l'animal. Il est nu, il peut se voir nu, c'est-à-dire psychologiquement, tel qu'il est, il n'a pas honte de lui-même, il ne connaît pas encore la culpabilité parce qu'il n'est pas encore tombé dans l'erreur vitale, l'exaltation des désirs.

CHAPITRE III

Verset 1 :
— « Le serpent était la plus rusée de toutes les bêtes des champs que Yahvé Dieu avait faites. Il dit à la femme : ' Alors, Dieu a dit : Vous ne mangerez d'aucun arbre du jardin ? ' » —

Le serpent est un symbole mythique, il représente donc lui aussi, comme Dieu, comme Adam, comme Ève, une fonction psychique. Il est sur le plan de la réalité l'animal qui rampe sur la terre, difficilement saisissable, se faufilant entre les herbes, et dont la morsure est mortelle.

Transposé sur le plan psychologique, il symbolise donc une fonction psychique sans élévation, plus ou moins consciemment insaisissable, dont la morsure est mortelle non pour la vie du corps, mais pour la vie de l'âme. Cette fonction psychique est la vanité, ce terme étant employé dans son sens le plus fort : le vain, le vide de toute réelle promesse de satisfaction, paré pourtant de toute la séduction des satisfactions faciles. Séduction imaginative de croire pouvoir tout être et tout avoir, la vanité est l'élément disharmonisant de la vie psychique, car elle exalte au-delà de toute possibilité réelle, de toute réalisabilité, aussi bien le désir essentiel, l'élan qui devient alors tâche exaltée de perfection, que les désirs matériels et sexuels qui deviennent obsession de jouissance. Ces propositions, irréalisables en elles-mêmes et contradictoires entre elles, scindent l'intentionnalité psychique en deux pôles ambivalents — exaltation vers l'esprit, exaltation vers les désirs terrestres. La conséquence immédiate est la culpabilité exaltée, le remords qui tenaille l'âme, qui la mord, expression de l'angoisse coupable devant l'erreur vitale qu'est la prétention à l'absolu (la morsure du serpent).

Le serpent est donc le symbole de la vanité coupable, de l'imagination exaltée à l'égard de soi-même et de ses désirs, le principe justificateur de l'exaltation imaginative, le principe du mal, « le prince du monde », comme le formule le Nouveau Testament. Il est le monstre que le héros doit combattre.

SEULE LA CONNAISSANCE PRÉALABLE DU FONCTIONNEMENT PSYCHIQUE, LA CONNAISSANCE PRÉALABLE DU RAPPORT AMBIVALENT ENTRE VANITÉ ET CULPABILITÉ EXALTÉE a pu permettre de comprendre le symbole « serpent », bassesse de l'esprit dont les vaines prétentions conduisent au tourment coupable et à la mort des véritables sentiments. Dans le mythe grec, la tête de Méduse, du monstre intérieur combattu par le héros vainqueur Persée, est hideusement parée d'une chevelure faite de serpents. Méduse apparaît comme le symbole de la perversion spirituelle, la vanité de l'esprit.

Comme le précise le mythe judaïque, le « serpent était le plus rusé des animaux des champs que Yahvé Dieu avait faits ». La vanité, l'esprit perverti, emploie effectivement toutes les subtilités des fausses justifications pour arriver à ses fins, ses fausses promesses de satisfaction.

La légalité du fonctionnement psychique (symbolisée par Dieu) inclut la dualité au niveau humain du principe d'harmonie, le désir essentiel et du principe de disharmonie, la vanité coupable. Le principe de disharmonie est cependant lui aussi soumis à la loi de l'harmonie, inclus dans l'harmonie, car tout élément disharmonieux, quel qu'il soit, se décompose en deux pôles contradictoires selon une loi très précise, la loi d'ambivalence (1) ; la vanité devient culpabilité exaltée ; l'exaltation vers l'esprit produit l'inhibition de l'esprit. En un mot, tout désir exalté (serait-il le désir de la vérité) est par définition irréalisable, c'est-à-dire inhibé. La sanction inhibitive qui frappe toute forme d'exaltation est un aspect de la légalité inhérente à tout ce qui existe.

« Il (le serpent) dit à la femme : « Dieu a-t-il réellement dit : ' Vous ne mangerez d'aucun arbre du jardin ? ' »

La femme Ève, symbole de l'imagination exaltative naissante, se pose donc (par l'entremise du serpent, de sa propre tentation vaniteuse) la question insidieuse : existe-t-il quelque chose qui me soit défendu, ne puis-je me permettre tout ce que je veux, ne puis-je pas multiplier mes désirs à l'infini ? Puisque je suis devenue capable de mobiliser les moyens pour me satisfaire, pourquoi me laisserai-je interdire quoi que ce soit ? C'est la tentation vaniteuse de la révolte de l'intellect contre la loi de l'harmonie. Elle est symbolisée dans le mythe grec par la révolte de Prométhée contre Zeus. Prométhée apporte à sa créature formée de terre et de boue le feu dérobé à la sphère olympienne ; le feu perd ainsi sa signification positive. L'intellect alors privé de sa référence à l'idéal évolutif est réduit, à cause de cela même, à n'être qu'une forme pervertie de l'esprit, un moyen de satisfaction des désirs exaltés.

Versets 2 et 3 :
— « La femme dit au serpent : ' Nous pouvons manger du fruit des arbres du jardin, mais du fruit de l'arbre qui est au milieu du jardin, Dieu a dit : Vous n'en mangerez pas et vous n'y toucherez pas ; sinon, vous mourrez. ' » —

Nous goûtons, il est vrai, les satisfactions matérielles et sexuelles offertes par la vie ; cela nous est permis, mais nous sommes limités par la loi de la nature elle-même, par la légalité (Dieu dans le mythe). Nous ne pouvons exalter

---

(1) *Psychologie de la Motivation.* Presses Universitaires de France. Collection de Philosophie Contemporaine, 3ᵉ éd., 1969. Petite Bibliothèque Payot, 1ʳᵉ éd., 1970.

nos désirs, goûter au fruit de l'arbre qui est au milieu du jardin, sans risque de voir mourir en nous l'esprit harmonisateur, notre propre capacité de nous limiter. Et si nous mourons d'esprit, nous quittons la voie évolutive.

Versets 4 et 5 :
— « Le serpent dit à la femme : ' Pas du tout ! vous ne mourrez pas ; mais Dieu sait que le jour où vous en mangerez, vos yeux se dessilleront et vous serez comme des dieux, connaissant le bien et le mal. ' » —

La vanité est fausse justificatrice. Elle nie le fait incontestable de la mort progressive du désir essentiel, de l'élan animant, la « mort de l'âme ». Elle pousse l'homme à se prendre pour l'idéal. Plus il en est éloigné, plus il croit en être la réalisation. Ne te laisse rien défendre, murmure la vanité principielle, justificatrice des désirs, à l'imagination exaltative de l'homme ; au contraire, refuse la limitation, et tu seras l'égal de Dieu, tu connaîtras tous les aspects du bien et du mal, tu seras maître du bien et du mal. Or, en vérité, connaître réellement le bien et le mal, serait connaître les conséquences du bien que l'homme se fait à lui-même en s'harmonisant et les conséquences du mal qu'il se fait en se disharmonisant. De cette véritable connaissance résulterait l'acceptation de la loi de l'harmonie et non la révolte. L'homme deviendrait alors non pas l'égal de « Dieu », mais une manifestation de « Dieu », c'est-à-dire une manifestation de l'harmonie. Comme l'est devenu l'homme Jésus, ainsi qu'il l'a lui-même exprimé dans le Nouveau Testament : « je fais un avec le Père », ce qui signifie : je suis l'expression vivante de la loi d'harmonie.

Verset 6 :
— « La femme vit que l'arbre était bon à manger, qu'il était agréable aux yeux, et qu'il était, cet arbre, désirable pour acquérir l'intelligence. Elle prit de son fruit et mangea, elle en donna aussi à son mari qui était avec elle, et il mangea. » —

La tentation s'infiltre dans l'imagination, elle aveugle l'intellect, lui fait perdre sa prévoyance : l'intellect, Adam, goûte lui aussi au fruit défendu, c'est-à-dire à la séduction des fausses promesses de satisfaction.

L'exaltation imaginative ne développe pas l'intelligence

mais hypertrophie l'intellect, car l'intellect excité par l'imagination exaltée se met à son service et déploie des trésors d'ingéniosité pour satisfaire la multiplicité des désirs. Ce danger de l'imagination exaltative sur les désirs terrestres est symboliquement exprimé, dans le mythe grec, par la figure de Pandore. Elle est le fléau envoyé par Zeus (symbole de la légalité du fonctionnement psychique) aux hommes oublieux de l'appel de l'esprit. Elle épouse Épiméthée, l'intellect qui a perdu sa prévoyance et qui subit la séduction de l'imagination exaltée. Épiméthée est le frère de Prométhée, l'intellect prévoyant. Il est donc Prométhée lui-même, privé de sa véritable fonction, en régression vers l'aveuglement affectif. Pandore lui apporte en cadeau de noces un coffret, symbole du subconscient, d'où s'échappent tous les vices. L'imagination exaltée, paresse de l'esprit, est effectivement productrice de tous les vices. Le couple Épiméthée-Pandore est analogique au couple Adam et Ève lorsqu'est accomplie la « chute » (1).

Ainsi apparaît la coulpe vaniteuse, le péché originel de la nature humaine : le refoulement de la coulpe vitale.

La coulpe vitale, l'insuffisance inhérente à tout ce qui existe, est une condition de la vie même, et le moteur évolutif n'est autre que l'exigence vitale de surmonter l'insuffisance, source de souffrance. Par contre, la coulpe vaniteuse, négation de cette insuffisance, est l'entrée dans la souffrance individuelle et pathologique ; malgré son insuffisance, l'homme se veut et se croit semblable à Dieu, c'est-à-dire réalisation de l'idéal ; il pénètre par là dans la stagnation involutive, il oublie l'appel de l'esprit qui est avant tout connaissance et acceptation de ses limites ; il se révolte, à partir des horizons que lui ouvrent l'intellectualisation et la maîtrise du monde extérieur, contre la loi d'harmonie — contre la nécessité biologique de limiter ses désirs (2).

Verset 7 :
— « Alors se dessillèrent leurs yeux, à tous deux, et ils connurent qu'ils étaient nus ; et cousant des feuilles de figuier, ils se firent des pagnes. » —

---

(1) *Le Symbolisme dans la Mythologie grecque*, Payot.
(2) *Psychologie de la Motivation*, Payot.

Après que l'homme se soit laissé tenter par l'imagination exaltée, la culpabilité commence à se réveiller, processus psychologique conséquent à toute exaltation. La culpabilité essentielle est une manifestation surconsciente avertissant l'homme de la perte de satisfaction qu'il se prépare en exaltant ses désirs. Elle est une pré-connaissance du but évolutif, de l'harmonisation des désirs, elle est une orientation intuitive vers le sens de la vie ; tout homme porte en lui le sentiment avertisseur de sa faute vitale. Sans ce sentiment surconscient, persistance de l'instinctivité, la vie humaine ne serait même pas possible. L'énergie vitale se dilapiderait dans une multiplicité de désirs dont la succession ininterrompue ruinerait l'organisation psycho-somatique. Pourtant la culpabilité essentielle, directive et non constitutive, est le plus souvent refoulée, sans que pour autant son appel lancinant ne se taise. Dans ce verset, les yeux de l'homme s'ouvrent à l'erreur commise, mais il ne s'ensuit pas l'aveu libérateur, la compréhension de la faute, seulement la honte et le refoulement de la faute pour échapper à la honte. L'animal n'a pas honte de ses désirs qui sont des besoins vitaux, ils lui sont imposés sans transgression possible par la nature, par la loi de la vie ; l'homme qui a exalté ses désirs en a honte, la honte est la culpabilité refoulée, projetée sur les autres, la faute que l'on ne veut pas s'avouer mais que l'on imagine connue de tous.

Symboliquement dit, l'homme coupable masque sa nudité avec des feuilles de figuier. Ce qu'il cache, c'est le phallus, symbole de la puissance créatrice, de la force créatrice de l'esprit. Sa puissance créatrice l'a trahi, sa capacité de distinguer le bien du mal a été faussée ; elle est entachée de l'erreur vitale, c'est pourquoi il la cache, il la refoule. Par voie de conséquence, ce qu'il cache en même temps, c'est sa préoccupation excessive des satisfactions matérielles et sexuelles, la séduction qu'elles exercent sur lui, due précisément à l'impuissance de la force de l'esprit. Il la cache avec les feuilles du figuier. Le figuier est un symbole identique au pommier du mythe grec. Il symbolise les désirs terrestres. L'intellect et l'imagination exaltés, personnifiés par Adam et Ève, cachent, justifient leur impuissance d'esprit et leur chute dans l'exaltation des désirs. Selon la loi du fonctionnement psychique, pour refouler l'appel de l'esprit et faire taire l'insatisfaction coupable, l'homme se complaît dans les satisfactions accidentelles (symbolisées par le figuier) qui semblent le justifier de sa défaillance essentielle, ou de manière ambivalente, il refoule l'attrait pour les jouissances (cache le sexe) et croit ainsi assumer le désir essentiel (1). Ce n'est là que pseudo-vie d'esprit. Dans l'un et l'autre cas, la honte demeure.

Verset 8 :
— « Ils entendirent le bruit (des pas) de Yahvé Dieu qui se promenait dans le jardin, à la brise du jour, et ils se cachèrent, l'homme et sa femme, de devant Yavhé Dieu, parmi les arbres du jardin. » —

Dans l'état intérieur d'obscurcissement, de perte de lucidité, dans lequel l'erreur vitale a plongé l'homme, il entend en lui-même la voix essentielle, le divin en lui, l'appel à l'harmonisation, le regret de l'innocence perdue. Mais à nouveau, la honte de ce qu'il a fait le rend incapable d'assumer sa faute. Il se cache devant « Dieu », il refoule l'appel de la vérité, il refoule l'avertissement de la culpabilité essentielle.

Versets 9 et 10 :
— « Yahvé Dieu appela l'homme et lui dit : ' Où es-tu ? ' Il dit : ' J'ai entendu le bruit (de tes pas) dans le jardin et j'ai eu peur parce que je suis nu, et je me suis caché.' » —

Le dialogue avec Dieu est symbole de la délibération intérieure d'Adam. Ces versets répètent, sous la forme d'un dialogue, ce qui est déjà explicité dans le verset 8. L'appel de Dieu : « Où es-tu ? » (où en es-tu ?) résonne en l'homme.

Verset 11 :
— « Il dit : ' Qui t'a appris que tu étais nu ? Aurais-tu mangé de l'arbre dont je t'avais ordonné de ne pas manger ? ' » —

L'intention surconsciente fait connaître à l'homme sa nudité, sa honte. Il en sait la raison, puisqu'il se pose à lui-même la question révélatrice. L'appel se poursuit, inculpateur, indice que la culpabilité même refoulée se manifeste, signe que le désir essentiel n'est pas mort.

---

(1) *Psychologie de la Motivation.* Presses Universitaires de France, 3ᵉ éd., 1969. Petite Bibliothèque Payot, 1ʳᵉ éd., 1970.

Verset 12 :
— « L'homme dit : ' C'est la femme que tu as placée près de moi qui m'a donné de l'arbre, et j'ai mangé. ' » —

Ce qui signifie : Je me suis laissé entraîner, moi, Adam, intellect oublieux de l'esprit, par l'exaltation imaginative, symbolisée par Ève, la tentatrice.

Verset 13 :
— « Yahvé Dieu dit à la femme : ' Qu'as-tu fait là! ' La femme dit : ' C'est le serpent qui m'a dupée, et j'ai mangé. ' » —

L'exaltation imaginative, l'enchaînement prometteur des images séductrices, est la manifestation même de la vanité, de la survalorisation de soi-même et de ses désirs, vain principe de la recherche de satisfaction, tromperie dont l'homme est la dupe.

Ces versets 12 et 13 apportent une indication complémentaire sur le fonctionnement psychique : ils montrent la projection de la faute sur les autres ; l'accusation accompagnée de la plainte sentimentale sur soi-même est un des moyens du refoulement de la faute.

Le but de la projection est de fuir sa responsabilité en accusant l'autre, mais avec cette fuite, tout espoir de surmonter l'erreur est perdu. La seule issue est au contraire l'aveu de la faute. Le dialogue avec Dieu, avec la culpabilité essentielle qui tente de remettre l'homme révolté, Adam, dans la voie de la vérité, n'aboutit cependant pas au défoulement de la faute, mais au contraire au refoulement, à la négation de la faute, puisqu'il aboutit à la projection de la faute sur le serpent, sur la vanité.

Il est vrai que la vanité est responsable des errements de l'homme, la vanité est son danger majeur, elle est toute son insuffisante lucidité sur le sens de la vie et donc la source de ses égarements. Elle est l'effroi de l'homme devant lui-même et devant ses abîmes, elle est l'effroi devant la vie accusée d'être privée de sens. Il s'agit d'en assumer les conséquences, d'apprendre à discerner le mal que l'homme se fait par sa propre vanité, seul espoir d'avoir le courage de résister à ses promesses mensongères au lieu de se disculper par le fait qu'elle est la racine du mal, que c'est ainsi, qu'il n'y a rien à faire, et plus encore de prétendre qu'elle est le sens même de la vie.

Verset 14 :
— « Yahvé Dieu dit au serpent : ' Parce que tu as fait cela, maudit sois-tu entre tous les bestiaux et toutes les bêtes des champs ! Sur ton ventre tu marcheras et poussière tu mangeras tous les jours de ta vie. ' » —

Ici commence justement l'énumération des maux que l'homme se prépare, conséquence de sa chute dans les séductions de l'exaltation imaginative. Dieu est le symbole de l'immuable légalité qui préside non seulement à l'organisation du monde extérieur, mais à l'organisation du monde intérieur, au fonctionnement psychique. Il est la justice immanente, l'inéluctable sanction imposée par la vie elle-même, dont la finalité est la recherche de la satisfaction et qui, par cela même, châtie toute erreur faussement justifiée de cette recherche.

Le verdict de Dieu (psychologiquement traduit : la justice immanente) stipule que la pseudo-élévation séduisante de la vanité est la plus plate des bassesses (« tu marcheras sur ton ventre »). Elle se prend pour l'idéal même, mais elle n'est qu'égocentrisme forcené et amour exalté des jouissances. Celui qui est en proie à la vanité « se nourrit de la poussière » de la terre, des désirs terrestres non harmonisés, devenus contradictoires, producteurs de tous les ressentiments, des rancœurs, des besoins de triomphe, de la haine qui dresse l'homme contre l'homme, et cela au fil des jours, sous l'emprise d'un encerclement magique.

Verset 15 :
— « Je mettrai de l'inimitié entre toi et la femme, entre ta descendance et sa descendance : celle-ci te visera à la tête, et toi, tu la viseras au talon. » —

Le conflit entrera dans l'âme humaine ; irréconciliable conflit qui met aux prises l'exaltation imaginative sur les désirs terrestres, la soumission aux jouissances (Ève), et l'exaltation imaginative sur soi-même, la vanité de se prendre pour l'idéal (serpent) ; irréconciliable conflit entre l'exaltation vers la matière et l'exaltation vers l'esprit, conflit propre à l'espèce humaine et qui se poursuivra de génération en génération. Ces deux tensions exaltatives, tout en étant contradictoires, ambivalentes, se soutiennent pourtant mutuellement. L'exaltation des désirs est justifiée par la vanité, qui est l'amour exalté de soi-même, la survalorisation de soi-même. A l'être idéal que l'homme croit être, rien ne doit être refusé.

« Celle-ci te visera à la tête, et toi, tu la viseras au talon. » Vous vous blesserez mutuellement, chaque pôle exaltatif s'opposant au pôle ambivalent.

Cependant, déjà s'esquisse la solution positive du conflit. Notons ici que la richesse de la symbolique comme moyen d'expression est telle que la façade de l'histoire, tout en gardant son apparence logique, permet d'exprimer non seulement le châtiment, conséquence du conflit intérieur, mais encore l'espoir qu'apporte nécessairement la souffrance engendrée par le châtiment.

Mais avant de poursuivre, un nouveau développement est indispensable à la compréhension des versets 15 et 16.

L'homme est mythiquement dans sa signification positive symbole de l'esprit, car il est plus porté que la femme à l'intellectualisation théorique et à la spiritualisation, c'est-à-dire à rechercher les causes des phénomènes et les lois qui les régissent. La femme est symbole des désirs terrestres, base biologique sur laquelle s'exerce cette capacité de l'esprit; elle est plus biologiquement liée à la nature, plus attentive aux exigences biologiques de la vie qu'au monde des idées; elle devient dans sa signification positive le symbole des désirs terrestres purifiés de leur affect, de leur impatience, le symbole de la sublimation, complément nécessaire de la spiritualisation. Cela n'implique donc aucune supériorité de l'homme sur la femme, ni de l'esprit sur les désirs terrestres. Les désirs terrestres peuvent se sublimer. Or, dire que l'esprit s'incarne, ou que la matière se spiritualise, est dire une seule et même chose et montrer ainsi l'indissoluble union esprit-matière dans le processus positif de l'évolution.

Reprenons alors la fin du verset 15 : « Celle-ci te visera à la tête et tu la viseras au talon. »

La femme, non plus dans son sens négatif de l'exaltation imaginative des désirs terrestres (Ève), mais dans son sens positif des désirs terrestres dans leur force harmonieuse et sublimative, aura raison de la vanité. « Celle-ci te visera à la tête », la tête est symbole des valorisations d'esprit : la tête écrasée du serpent symbolise donc les valorisations du faux esprit, de la vanité, vaincues. Matière et Esprit se réconcilieront évolutivement, les désirs terrestres abandonneront la vanité pour revenir à l'esprit et à l'harmonie, même si incessamment la vanité dans sa virulence ne cesse d'attaquer l'homme : « tu la viseras au talon ». Dans le talon réside la force du pied, symbole de l'âme. L'âme sera souvent atteinte par la vanité, mais toujours de nouveau, elle aura la force percutante d'attaquer la vanité. Cette signification s'impose d'autant plus qu'elle permet de comprendre une image qui, pour être tardivement apparue, n'en reste pas moins véridiquement inscrite dans le fonctionnement psychique : celle de Marie, la Vierge, symbole de la pureté des désirs terrestres, écrasant de son talon le serpent, la vanité, la révolte de l'intellect. L'attachement sain, biologiquement profond, aux désirs terrestres, symbolisé par Marie, implique leur purification et conduit à la capacité d'en jouir sublimement, parce que seuls les désirs qui ne sont pas exaltés échappent à l'inhibition (loi d'harmonie).

Seule l'attitude combative de la purification saura vaincre les fausses promesses de la vanité car seul le véritable travail intra-psychique d'harmonisation permet d'aboutir à l'épanouissement des désirs matériels et sexuels. Les jouissances exaltées de la banalisation matérielle et sexuelle ne sont qu'une caricature de la vie, une platitude, une perte d'intensité due à la perte de l'esprit valorisateur, seul capable de donner à la vie sa valeur de satisfaction.

Verset 16 :
— « A la femme il dit : ' Je multiplierai ta peine et tes grossesses, c'est dans la peine que tu enfanteras tes fils ; vers ton mari (se portera) ton désir et lui dominera sur toi. ' » —

Tout cela apparaît sur le plan de la réalité comme une malédiction de la femme. En vérité, il s'agit toujours de la psyché humaine, et de ses conflits. La psyché humaine, en état d'exaltation, est grosse de désirs. Les désirs exaltés sont contradictoires, et inassouvissables, la psyché n'est alors productive que d'insatisfaction, de « peine » : inhibition moralisante ou exhibition amoralisante dans la réalisation des désirs, conséquences légales de leur exaltation, « fils » symboliques du psychisme perverti, telle est la souffrance pathologique.

« Vers ton mari se portera ton désir, et lui dominera sur toi. » La femme, en tant qu'elle symbolise ici l'exaltation imaginative des désirs terrestres, restera cependant liée à l'esprit, symbolisé par l'homme, serait-ce sous la forme de la culpabilité, et l'esprit, malgré ses égarements momentanés, sera vainqueur de l'exaltation imaginative, « dominera » si ce n'est dans chaque individu, du moins de manière évolutive. Il poursuivra inlassablement sa fonction, qui est d'organiser et d'harmoniser les désirs terrestres. C'est la dissolution du péché originel.

De même que la malédiction du serpent (verset 15) s'ouvre cependant sur l'espoir de triompher évolutivement de la vanité, de même la malédiction de la femme (verset 16) s'ouvre sur l'espoir de la réconciliation entre esprit et matière.

Ces derniers versets, dont le sens profond et symbolique a été mécompris à travers les siècles, ne sont certainement pas étrangers à l'infériorisation de la femme dans notre culture. La vanité de l'homme a utilisé à son profit la justification triomphante que lui offrait la dogmatisation du mythe ; la femme, répondant à la vanité triomphante par la vanité vexée, a développé dans ses rapports avec l'homme des défenses insidieuses et sournoises ; l'un et l'autre sont oublieux de leur lien fondamental, leur complémentarité essentielle et biologique.

Verset 17 :
— « Et à l'homme il dit : 'Parce que tu as écouté la voix de ta femme et que tu as mangé de l'arbre au sujet duquel je t'avais donné cet ordre : Tu n'en mangeras pas —, maudit soit le sol à cause de toi ! Dans la peine tu t'en nourriras tous les jours de ta vie.' » —

Dieu (légalité) prédit à l'homme la sanction de sa faute. Parce que tu as voulu avoir la satisfaction de tous tes désirs sans aucune limitation (tu as écouté les promesses séductrices de l'imagination exaltée sans suivre l'avertissement de ta culpabilité essentielle, « la voix de Dieu »), la terre sera maudite à cause de toi : les désirs terrestres que tu recherches avec excès deviendront source d'insatisfaction. Au lieu de la satisfaction de l'harmonie, incluant les satisfactions matérielles, sexuelles et spirituelles, tu n'auras que les satisfactions des désirs matériels et sexuels, appauvries par l'exaltation-inhibition, privées de l'intensité que seule peut leur donner, par la valorisation juste, la participation de l'esprit et du cœur ; tu resteras rivé à la terre, non seulement pour en arracher la nourriture du corps, mais pour arracher aux désirs terrestres la pauvre satisfaction que seule tu peux en tirer dans la mesure où tu trahis l'esprit.

Verset 18 :
— « Ce sont des épines et des chardons qu'il fera germer pour toi, et tu mangeras l'herbe des champs. » —

La recherche exaltée des satisfactions terrestres sera accompagnée de la piqûre de la culpabilité (épines et chardons), et ta nourriture sera pauvre, elle ne sera pas, dans la mesure où tu t'exaltes, le lait de la sublimation et le miel de la spiritualisation (dans le mythe grec, le nectar et l'ambroisie).

Verset 19 :
— « C'est à la sueur de ton visage que tu mangeras du pain jusqu'à ton retour au sol, car de lui tu as été pris. Car poussière tu es et à la poussière tu retourneras. » —

Il te sera quand même possible d'obtenir le pain de vie, si tu te disciplines et si tu travailles la terre, non seulement la terre réelle, mais la terre symbolique, les désirs terrestres, c'est-à-dire si tu assumes le travail intrapsychique. Outre le danger de multiplication des désirs favorisé par le travail sédentaire de l'agriculteur, il naît de ce travail un bénéfice essentiel certain : la nécessité de la discipline et de l'acceptation : car les conditions atmosphériques peuvent, en une journée d'orage ou de grêle, ruiner le travail de toute une année ; l'agriculteur n'a d'autre solution que d'accepter et de recommencer patiemment le travail. La force d'acceptation est l'énergie psychique à son plus haut degré d'intensité. Elle récupère l'énergie des désirs irréalisables et inharmonisables et la décharge dans des projets sensés. L'acceptation de la réalité est l'indispensable condition de l'évolution.

Ce verset, comme les deux précédents, inclut donc l'espoir de la solution. Cette solution du problème de l'homme est identiquement proposée dans le mythe de Caïn et d'Abel.

Abel est le berger. Son cœur est pur. Son offrande est agréable à Dieu. Mais il disparaît, éliminé par son frère, Caïn, l'agriculteur (la culture des bergers fait place à celle des agriculteurs). Caïn est maudit, poursuivi par la culpabilité d'avoir tué l'innocent, l'innocente culture des bergers, pour la remplacer par la préoccupation excessive des désirs de la terre. Cependant, Caïn est marqué au front par « Dieu » lui-même, pour qu'il ne lui soit pas fait de mal.

L'agriculteur, perverti par ses désirs : « Dieu ne porta pas un regard favorable sur Caïn, sur son offrande », est cependant celui qui a fait évoluer la vie humaine vers une intellectualisation d'une part positive (organisation de la vie sociale, technique et amélioration bénéfique qu'elle peut avoir pour la vie humaine), mais d'autre part négative, ce qui nécessitera le recours à la spiritualisation-sublimation, seul remède contre la disharmonie et sa souffrance ; Caïn est en ce sens le ferment évolutif parce que toute évolution ne se fait qu'au prix de la souffrance.

— « jusqu'à ton retour au sol, car de lui tu as été pris. Car poussière tu es et à la poussière tu retourneras. » —

Sur le plan de la réalité, c'est de nouveau une évidence. L'homme redevient poussière, car tout ce qui apparaît est voué à la disparition. Mais, symboliquement, ce verset signifie : de ta naissance à ta mort, toi qui as été pris de la terre, c'est-à-dire toi qui as préféré les jouissances à l'appel de l'esprit, tu resteras exposé à l'appel trop exclusif des désirs terrestres.

Verset 20 :
— « L'homme appela sa femme du nom d'Ève, parce qu'elle a été la mère de tout vivant. » —

Ève est la mère symbolique de tous les vivants. C'est à l'occasion de cette chute dans l'exaltation des désirs, constante et perverse préoccupation de l'être mi-conscient, que commence la véritable histoire de l'humanité, l'histoire de sa chute et de sa rédemption possible, la perte du repos paradisiaque (hors du tourment de la culpabilité) et la nécessité évolutive de retrouver la joie de l'harmonie, appelée dans le mythe chrétien, le ciel, dans le mythe hindou, le nirvana, dans la culture chinoise, le tao.

Si Ève est la mère de tous les vivants, c'est-à-dire si le mythe établit une relation constante entre la nouvelle étape évolutive, inséparable des dangers involutifs, et l'ensemble de l'humanité, le mythe grec l'établit de même, en imaginant que les vices échappés du coffret de Pandore se répandent sur toute la terre.

Verset 21 :
— « Yahvé Dieu fit à l'homme et à sa femme des tuniques de peau et les (en) revêtit. » —

Les habits sont le déguisement, les attitudes conventionnelles dont se revêt l'homme pour refouler sa culpabilité et justifier ses fautes. Ils sont faits de peaux de bêtes, symbole de la banalisation, de l'animalité, stade auquel régresse l'homme sous l'emprise de l'avidité de ses désirs. L'homme ayant refusé d'écouter la voix de l'esprit, retourne au stade primitif de l'animalité sans en avoir gardé l'instinctivité magistrale. Redevenir l'animal, c'est ne pas assumer la dimension de la vie consciente, l'auto-contrôle des désirs.

C'est Dieu, symbole de la légalité du fonctionnement psychique, qui revêt l'homme de peaux de bêtes. Selon l'immuable loi de l'harmonie, toute faute devant la vie est châtiée par la perte de la satisfaction. LE CHATIMENT NE S'AJOUTE PAS A LA FAUTE, LA FAUTE ET LE CHATIMENT SONT UNE SEULE ET MÊME CHOSE, ou, disons, les deux facettes du même phénomène. Le châtiment de la banalisation est la banalisation : car la banalisation est une dissolution de l'énergie vitale dans la multiplication excessive des désirs et cette perte de satisfaction essentielle est le châtiment méconnu de la banalisation. L'homme qui se banalise se prive lui-même de toutes les satisfactions de l'harmonie ; il tombe hors du sens de la vie, et c'est là son châtiment : pourrait-il en exister un plus grand ?

Verset 22 :
— « Yahvé Dieu dit : ' Voilà que l'homme est comme l'un de nous pour la connaissance du bien et du mal ! Et maintenant il ne faudrait pas qu'il avance la main et qu'il prenne aussi de l'arbre de vie, qu'il en mange et vive à jamais. ' » —

L'homme, en accédant à l'étape consciente, est devenu responsable, responsable du bien et du mal qu'il se fait à lui-même. Pour l'homme il n'est pas de plus haute spiritualité que cette connaissance (responsable) des conditions de la satisfaction. C'est la connaissance de la légalité du fonctionnement psychique. Elle est, comme on l'a déjà dit, symbolisée par Dieu. En ce sens, l'homme a la possibilité de devenir comme un Dieu ; encore faudrait-il qu'il ne transgresse pas l'avertissement surconscient de sa culpabilité essentielle, mais qu'il la rende pleinement consciente.

L'arbre de la connaissance et l'arbre de la vie ne sont pas radicalement séparés. L'arbre de la connaissance est un embranchement de l'arbre de la vie. La vie est constante évolution. L'accès à la connaissance, l'accès au conscient, est une étape évolutive, mais elle implique des dangers d'involution. Si ces dangers ne sont pas surmontés, la connaissance devenue involutive, l'intellectualisation excessive, se trouve être un obstacle à la vie essentielle, à l'harmonie.

S'il goûte au fruit néfaste de l'arbre de la connaissance, alors, de toute évidence, il n'est plus permis à l'homme de goûter à l'arbre de la vie, de vivre dans les joies de l'harmonie, de vivre dans l'éternelle vérité. Le châtiment de la mort de l'âme l'attend. C'est à cette éternelle vérité qu'en appellent les prophètes de l'Ancien Testament, cherchant à ramener à Dieu, à l'harmonie, le peuple hébreu égaré dans la danse autour du veau d'or, dans l'adoration de Baal, de Moloch, autant de symboles de la banalisation.

Le péché originel de la nature humaine, la tentation de la multiplication excessive des désirs, devra être châtié, expié, pour que l'humanité, par la souffrance qu'elle endure et dont elle est seule responsable, surmonte la tentation de l'exaltation imaginative et accède à une nouvelle étape évolutive, LA PLEINE CONSCIENCE (PAR OPPOSITION A LA MI-CONSCIENCE que l'humanité n'a pas encore dépassée), pleine conscience qui fut vécue au cours de l'histoire par quelques hommes d'une capacité exceptionnelle.

Ceux-là ont été appelés fils de Dieu — Jésus le Christ et Gottama le Bouddha — parce que Dieu, l'éternelle loi de l'harmonie, s'est incarné en eux jusqu'à leur dicter la totalité de leur activité.

Verset 23 :
— « Yahvé Dieu le renvoya du jardin d'Éden pour cultiver le sol, d'où il avait été pris. » —

L'homme a préféré la terre à l'appel de l'esprit ; il s'est chassé de la vie innocente, il s'occupe maintenant de la terre avec toutes les conséquences (énumérées plus haut) négatives, mais aussi positives, que cela implique pour lui.

Verset 24 :
— « Il chassa l'homme et posta à l'orient du jardin d'Éden les chérubins et la flamme du glaive tournoyant, pour garder le chemin de l'arbre de vie. » —

L'homme est chassé du paradis animal, comme il a été plusieurs fois expliqué. La culpabilité essentielle, symbolisée par le glaive tranchant, tournoyant (la flamme montante est symbole de l'élan), garde le chemin de l'arbre de vie. Elle protège la vie contre tout égarement essentiel, elle est gardienne de la voie évolutive qui conduit à l'harmonisation. Ainsi, l'homme a perdu le paradis de l'innocence, mais il peut trouver le paradis de la vérité dont le symbole est le ciel (le nirvana dans le mythe hindou), vérité sur lui-même et son fonctionnement psychique, vérité sur son mensonge intérieur, sur son erreur vitale, certitude de savoir, grâce au travail intrapsychique d'élucidation, le bien et le mal qu'il se fait à lui-même, certitude de trouver les moyens de surmonter le mal pour acquérir le bien, retour à l'harmonie dont la loi préside à l'existence de tous les univers.

3. LA BIOGENÈSE DES VALEURS
Racine biologique du problème éthique

Dans l'universalité du langage symbolique se trouve nécessairement inclus le problème éthique des valeurs et des non-valeurs, thème jusqu'ici représenté par le symbole « élévation-chute ». Les mythologies (en particulier le mythe judéo-chrétien) condensent le problème éthique dans le symbole « Dieu-juge instaurateur des valeurs guides ». Pour saisir la complexité de ce symbole Dieu-juge, il faut comprendre la portée psychologique des valeurs et des non-valeurs, leur immanence psychique et leur origine biogénétique.

Si le mythe de la Genèse de l'homme contient une VÉRITÉ SOUS-JACENTE SYMBOLIQUEMENT VOILÉE PAR LE COMME SI MYTHIQUE, force est d'admettre que cette vérité doit être l'histoire réelle de la biogenèse conduisant à l'apparition évolutive de l'être pensant exposé au choix ; autant dire : LA BIOGENÈSE DU CONFLIT ENTRE VALEURS ET NON-VALEURS.

La temporalisation symbolique condense en sept jours les époques évolutives à partir de la « création de l'Univers » jusqu'à l'apparition de l'homme.

Bien que la succession des époques évolutives se trouve clairement exprimée, prendre les « sept jours » symboliques pour une réalité incite à croire en une création intentionnellement accomplie en une semaine.

A cette doctrine spiritualiste s'opposent les doctrines évolutives du matérialisme qui ne voient dans l'évolution qu'un mécanisme, réduisant la mystérieuse intentionnalité évolutive de la nature à un hasard et qui négligent complètement le problème essentiel de l'origine des valeurs et des non-valeurs, préfiguré par le mythe de la Genèse. Le mythe ne peut connaître l'évolution de la morphologie somatique des êtres vivants. Ce qu'il préconnaît, ce qu'il exprime symboliquement, c'est l'évolution du psychisme conduisant de l'esprit préconscient (instinct animal) à l'éclosion de la vie consciente exposée au choix, et même au choix permanent qu'est la délibération intra-psychique, trait le plus distinctif de l'homme. La chute d'Adam symbolise le faux choix ; la tentation de confondre la valeur de la vie avec la non-valeur. La temporalisation symbolique condense le problème essentiel de la vie humaine dans l'histoire d'Adam. Elle indique cependant par le symbole « péché originel et héréditaire » que la tentation de confondre valeur et non-valeur est le propre de l'humanité entière. Le mythe de la tentation originelle ne spécifie pas dans le détail les motivations conduisant au choix erroné. Il les figure globalement par le symbole « serpent » (vanité), principe de la multitude des motivations à valeur négative.

C'est le symbole « Dieu-juge » qui abrite la spécification détaillée des motifs justes ou faux et la cause de leur salubrité ou de leur nocivité.

La valeur essentielle, universelle et partant aussi biogénétiquement profonde, est l'harmonie qui par voie d'évolution devient au niveau humain (en raison de la difficulté de surmonter délibérément la tentation vaniteuse) idéal guide, valeur éthique surconsciemment immanente : l'harmonisation des désirs, condition de joie, présidant à la vie de chaque individu. La symbolique souligne cette transformation de la valeur universelle en valeur individualisée, par le fait que Dieu-créateur, et Dieu-juge sont condensés en un seul personnage. Ceci au point que dans le symbole « Trinité » Dieu-juge n'apparaît pas nominalement. La condensation des symboles Dieu-créateur et Dieu-juge en un seul personnage est un procédé significatif parfaitement conforme aux moyens d'expression du langage symbolique. A partir de la création de l'homme, le créateur devient juge. Cette transformation du symbole Dieu-créateur en symbole Dieu-juge de l'homme faillible, montre, plus clairement encore que le symbole « sept jours de la création », que l'apparition de l'homme est le produit de la transformation évolutive de l'animalité précédemment créée.

Les valeurs-guides de l'homme, diversifiées et pourtant harmonieusement liées, sont le produit évolutif de la valeur d'harmonie commune à tout ce qui existe, de l'atome jusqu'à l'univers, et à tout ce qui existe dans l'univers, inclus les êtres vivants.

Spiritualisme théologique et matérialisme, en tant que fondement des sciences de la vie, ne sont pas seulement des spéculations métaphysiques (esprit absolu — matière absolue), ils sont également des spéculations sur l'origine des valeurs. Il serait même juste de dire que leurs métaphysiques contradictoires ne sont que les moyens théorisants de leur recherche — mal fondée — d'une solution au problème urgent des valeurs : santé et salut de la vie humaine dépendent de la compréhension de l'origine biogénétique des valeurs, qui se transforme au niveau conscient en l'immanence surconsciente des valeurs-guides.

Pour le spiritualisme les valeurs sont d'origine transcendante, pour le matérialisme les valeurs sont tout au plus des conventions sociales.

La valorisation ambiguë — l'ambivalence entre spiritualisme et matérialisme — ainsi introduite dans la sphère des valeurs est la conséquence inévitable de l'ambivalence métaphysique : esprit absolu (absolument sans matière) et matière absolue (absolument dépourvue d'esprit). L'ambiguïté est nuisible autant pour la démarche théorique de l'esprit que pour la conduite sensée de la vie pratique.

Esprit et matière sont les valeurs les plus fondamentales de l'existence.

Tout ce qui a été dit jusqu'ici culmine dans le constat que l'intentionnalité organisatrice — pour mystérieuse qu'elle soit selon son origine — possède également un aspect phénoménal manifeste à travers toute la nature. L'aspect phénoménal de l'intentionnalité se trouve inséparablement lié à la matière-soma. La matière animée, le soma vivant, témoigne par son organisation de la coexistence d'une intention organisatrice, autant dire, d'un esprit finaliste, préconscient et prévolontaire de la nature.

Le mystère commun à tout ce qui existe ne concerne donc pas seulement la préconsciente et prévolontaire intentionnalité organisatrice, mais, tout aussi bien, le soma organisé. Ce qui est à la fois mystérieux et phénoménalement manifeste, c'est l'existence d'organismes psychosomatiques, l'homme inclus. Au niveau humain, l'esprit devient conscient mais le soma reste pré-consciemment organisé, soustrait en partie au contrôle volontaire. De l'intentionnalité pré-psychique et pré-consciente de l'animal se dégage, cependant, le fonctionnement psychique humain, caractérisé par une multiplicité d'intentions devenues mi-conscientes.

L'intentionnalité organisatrice est le trait d'union entre tous les êtres vivants. Le trait distinctif entre l'homme et l'animal est L'ÉCLATEMENT DE L'INTENTIONNALITÉ EN DE MULTIPLES INTENTIONS, MOTIFS DE L'ACTIVITÉ.

A travers toute la biogenèse aboutissant à l'apparition de l'homme, l'évolution de l'intentionnalité (phénomène psychique) et l'évolution de la matière-soma vont de pair. Négliger l'étude de l'intentionnalité organisatrice et n'étudier que le soma organisé, c'est méconnaître le sens même de l'évolution.

Mais avant de poursuivre, il sera utile de chercher référence et appui dans la sagesse linguistique.

Le terme « intentionnalité » ne renferme qu'un sens global tant qu'on néglige de développer explicitement les diverses significations qui s'y trouvent impliquées.

L'intention est la « tension intérieure », l'énergie animante, l'élan vital.

L'intention, la tension intérieure cherche l'extériorisation. Il n'y a pas intention sans extension.

L'intensité psychique et l'extensité ambiante — psyché et monde — se complètent.

Le point d'intersection entre psyché et monde est le soma. Étant matière vivante, il est à la fois intensivement animé et extensivement étendu.

L'intentionnalité du soma est son appétition qui le rend dépendant des faveurs ou des défaveurs de l'ambiance. L'ambiance excite le soma et, à travers lui, l'intentionnalité qui le porte à s'extérioriser activement.

L'excitabilité et l'intentionnalité sont une seule et même chose. Si le soma n'était pas intentionné, il ne serait pas excitable. L'ambiance le laisserait indifférent (si tant est qu'il puisse exister sans ambiance).

La différenciation (psyché, soma, ambiance) et l'échange énergétique (excitation-réaction) sont originairement dus à l'intentionnalité animante et non point au monde ambiant. L'excitabilité, tout comme l'intentionnalité, possède un aspect mystérieux (l'élan animant) et un aspect phénoménal (les diverses excitations qui déclenchent les réactions).

Si l'échange énergétique (la vie) se trouve bloqué par suite de la défaveur de l'ambiance, l'être psycho-somatique meurt, ou alors il évolue en une forme mieux adaptée aux exigences ambiantes.

L'être vivant menacé de mort prématurée ne pourrait pas changer évolutivement si l'intentionnalité organisatrice ne parvenait pas à ré-organiser le soma. Mais il est vrai aussi que la forme spécifique de la réorganisation évolutive est due à la succession d'excitations défavorables provenant de l'ambiance et qui conditionnent peu à peu le processus de réadaptation somatique.

Il n'y a pas conditionnement sans conditionnabilité. LE DYNAMISME TRANSFORMATEUR DE L'ÉVOLUTION EST L'IMMA-

NENTE INTENTIONNALITÉ ANIMANTE. Les conditions ambiantes n'exercent à son égard qu'une influence déclenchante.

La surconscience et son langage symbolique connaissent les conditions de la genèse du psychisme humain. Comment les connaître — ne serait-ce que surconsciemment — sans connaître surconsciemment les conditions générales de la biogenèse, dont la genèse de l'espèce humaine n'est qu'un cas spécial?

Les considérations précédentes montrent que la sagesse linguistique renferme implicitement dans le terme « intentionnalité » sinon une connaissance détaillée du dynamisme évolutif, du moins la pré-connaissance de ses conditions les plus fondamentales. Ceci étant, il devient plus compréhensible que la sagesse mythique, à son tour, renferme une pré-science de la naissance évolutive du genre humain et de l'intime conflit de ses intentions multiples. L'apparente invraisemblance de cette hypothèse ne serait-elle pas due à nos habitudes de penser, fondées sur la contradiction des hypothèses spiritualistes et matérialistes?

L'invraisemblable en soi réside plutôt dans l'anathème qui refuse de voir dans l'intentionnalité, visiblement et incontestablement manifeste à travers toute la nature, le problème essentiel de l'existence et, par conséquent, dans les intentions multiples et contradictoires de l'homme, le problème essentiel de l'existence humaine?

Somme toute, peut-il exister une hypothèse à la fois plus naturelle et plus économique que celle fondée sur l'intentionnalité organisatrice? Elle oblige évidemment d'abandonner le préjugé — peut-être quelque peu vaniteux — que l'esprit est la propriété exclusive de l'homme.

L'économie de l'hypothèse réside précisément dans le fait qu'elle élimine de l'étude du phénomène évolutif toute spéculation métaphysique par la constatation du mystère, et qu'elle propose d'autre part d'admettre l'esprit préconscient manifestement à l'œuvre non seulement par l'organisation psycho-somatique de chaque être vivant, mais encore par la succession évolutive des espèces de plus en plus hautement organisées.

L'économie — critère de valeur scientifique — réside

de plus dans le fait que l'hypothèse dégage le plus clairement possible le trait d'union entre humanité et animalité et le trait distinctif : l'intentionnalité qui éclate au niveau humain en de multiples intentions souvent contradictoires et, par là, vitalement insensées.

L'hypothèse de l'éclatement prépare l'étude du psychisme humain dans toute sa complexité : sa structure (les instances : consciente, inconsciente et extraconsciente) et son fonctionnement (la délibération intime mi-consciente, saine ou malsaine, selon qu'elle est co-déterminée par les intentions surconscientes ou subconscientes).

L'hypothèse s'avère d'autant plus économique qu'elle permet le déchiffrement de la pré-science mythique dont les thèmes invariables sont la genèse du psychisme humain et son fonctionnement délibérant, tantôt surconsciemment sensé, tantôt subconsciemment insensé (faute originelle de la nature humaine).

C'est autour du problème de la biogenèse de l'intentionnalité humaine que devrait sciemment graviter l'effort de l'esprit explicateur. Ceci non seulement pour chercher une réponse à l'ensemble du problème évolutif (de l'unicellulaire jusqu'à l'homme) et à tous ses aspects (psyché, soma, ambiance), mais encore afin de parvenir à comprendre la réponse au problème évolutif présciemment trouvée par la sagesse mythique centrée autour de l'image « Dieu-créateur », image créée par une tentative explicative de l'esprit humain. Le problème de la biogenèse compris dans toute son ampleur s'étendrait ainsi de l'origine de la vie jusqu'à l'image « Dieu » créée par l'homme.

LE PROLOGUE
DE L'ÉVANGILE DE JEAN

Mythe de l'Incarnation

I. INTRODUCTION

Entre tous les textes du Nouveau Testament, le Prologue de l'Évangile de Jean est l'un des moins anecdotiques, l'un des plus purement symboliques. Il condense et généralise d'une manière saisissante l'histoire mythique du monde et de la vie et montre la portée à jamais exemplaire et la signification évolutive du phénomène de sanctification qui, dans le cycle culturel judéo-chrétien auquel nous appartenons, est illustré par la vie et la mort héroïque de l'homme Jésus.

Les Évangiles (littéralement : l'heureuse nouvelle) racontent la vie et rapportent les paroles de Jésus. Celui-ci a prouvé par sa vie que le « péché originel » (l'exaltation des désirs) était surmontable, que le conflit intérieur pouvait être apaisé par un renversement décisif du calcul de satisfaction envisageant consciemment la conservation à tout prix de l'harmonie intérieure, de la « vie de l'âme », serait-ce au prix de la vie du corps. L'exemple devient pour l'humanité entière source d'espoir.

Mais les Évangiles ne se bornent pas à raconter. Les évangélistes, et surtout Jean (comme aussi l'apôtre Paul) ont saisi la portée générale, et même cosmique, de l'exemple de Jésus. Ils ont compris que sa vie était la réalisation inimitable, mais directive, des possibilités latentes dans l'être humain. Aussi, avec toute leur émotion, ont-ils reconnu en Jésus le « Christ », le « Messie », le réalisateur du sens de la vie dont l'expression imagée, symbolique, forme le thème constant de l'Ancien Testament.

La Genèse parle de l'avènement de la souffrance pathologique qui apparaît avec l'être conscient ; l'Ancien Testament dans son ensemble parle de l'effort, souvent impuissant, de l'humanité (symbolisée par le peuple élu) pour demeurer dans la satisfaction essentielle (symboliquement : « l'Alliance ») et échapper à la souffrance pathologique (symboliquement : le châtiment de Yahvé).

Le nouveau Testament montre la possibilité pour l'individu de trouver l'issue vers la joie, serait-ce au milieu de la décadence d'un monde entier. Le Prologue de l'Évangile de Jean montre que cette possibilité est conforme au sens évolutif de la vie entière, dont elle éclaire le passé et préfigure l'avenir.

Ce résumé succinct du sens du Prologue indique d'emblée que l'exégèse symbolique s'oppose radicalement à l'exégèse littérale et dogmatique. Le texte du Prologue de Jean, pris à la lettre, est la source du dogme de l'Incarnation, dogme fondamental du Christianisme officiel qui prétend expliquer rationnellement les intentions de Dieu et sa nature. Or ce texte est fondamental en ce qui concerne la compréhension *symbolique* du mythe chrétien.

Selon l'exégèse littérale, Jésus n'est pas un homme, il est le Verbe, Dieu réel préexistant dès l'origine et décidant à un moment donné de prendre forme humaine.

Pour l'exégèse symbolique, le Prologue de Jean est la source du *mythe* et non du *dogme* de l'Incarnation.

Le mythe de l'Incarnation est l'explication symboliquement profonde de la vie en évolution. Il est créé par l'imagination surconsciente et véridique pour calmer l'angoisse métaphysique par la certitude que la souffrance est surmontable et que la mystérieuse intentionnalité évolutive, immanente à la vie (symboliquement : le « dessein de Dieu », le « Verbe de Dieu »), est, en soi, bénéfique et intelligible dans ses manifestations apparentes.

Selon l'exégèse symbolique, DIEU-PÈRE SYMBOLISE L'IMPÉNÉTRABLE MYSTÈRE DES ORIGINES, LE VERBE SYMBOLISE L'APPARITION MANIFESTE, ET LE FILS, L'ESPOIR ÉVOLUTIF DE

L'HUMANITÉ, significations qui seront explicitées ultérieurement.

Ainsi le Prologue de Jean n'est pas seulement la source du mythe de l'Incarnation, mais aussi du mythe de la Trinité (1). La Trinité est l'expression symboliquement profonde du sentiment religieux de l'homme devant le mystère des Origines et le mystère de la vie en évolution. Le dogmatisme, qui confond en une seule personne réelle les deux personnes symboliques : Verbe (deuxième personne) et Fils (troisième personne), rend impossible toute vraie compréhension. Le dogme se croit alors tenu d'ajouter une troisième personne : le Saint-Esprit, qui n'apparaît nulle part dans le Prologue de Jean. Par contre, la Trinité symbolique : Père, Verbe et Fils, est le thème central du Prologue. Elle est la seule véritable Trinité, dont la signification est la même que celle du mythe de l'Incarnation qu'elle résume et généralise.

Voici le texte traditionnel du Prologue de Jean :

« ¹ Au commencement était le Verbe et le Verbe était auprès de Dieu et le Verbe était Dieu. ² Il était au commencement auprès de Dieu. ³ Par lui tout a paru et sans lui rien n'a paru de ce qui est paru. ⁴ En lui était la vie et la vie était la lumière des hommes ; ⁵ et la lumière brille dans les ténèbres et les ténèbres ne l'ont pas saisie. ⁶ Il y eut un homme envoyé de Dieu, son nom était Jean. ⁷ Il vint en témoignage, pour témoigner au sujet de la lumière, afin que tous par lui fussent amenés à la foi. ⁸ Celui-là n'était pas la lumière mais il devait témoigner au sujet de la lumière. ⁹ C'était la lumière, la véritable, qui illumine tout homme en venant dans le monde.

¹⁰ Il (le Verbe) était dans le monde, et le monde par lui a paru, et le monde ne l'a pas connu. ¹¹ Il est venu chez les siens et les siens ne l'ont pas accueilli. ¹² Mais à tous ceux qui l'ont reçu, il a donné pouvoir de devenir enfants de Dieu, à ceux qui ont foi en son nom, ¹³ qui ne sont pas nés du sang ni d'un vouloir de chair, ni du vouloir d'un homme, mais de Dieu.

¹⁴ Et le Verbe est devenu chair, et il a dressé sa tente parmi nous. Et nous avons contemplé sa gloire, gloire comme celle que tient de son père un fils unique plein de grâce et de vérité.

¹⁵ Jean témoigne à son sujet et n'a cessé de crier : « C'était celui dont j'ai dit : ' Celui qui vient après moi a existé avant

---

(1) Voir pour plus de détails : *La Divinité*, Payot, ch. 3.

moi, car avant moi il était '. » ¹⁶ Car de sa plénitude nous avons reçu et grâce pour grâce. ¹⁷ Car la loi a été donnée par Moïse, la grâce et la vérité sont venues par Jésus-Christ.

¹⁸ Dieu, personne ne l'a jamais vu, le fils unique qui est dans le sein du père, celui-là l'a fait connaître. »

Le propos de cette étude n'est pas d'entrer en polémique avec le dogme. Cependant, la croyance dogmatique (nécessité historique, mais stagnation involutive dans l'histoire essentielle de la pensée) est si profondément attachée à l'interprétation superstitieuse de l'Incarnation, qu'il est nécessaire de confronter plus précisément l'interprétation dogmatique avec l'exégèse symbolique, pour dégager le sens profond du mythe de l'Incarnation.

Le point crucial est le suivant : pour le dogme, le Verbe est une divinité réellement préexistante, qui est entièrement identifiée avec Jésus. Pour l'exégèse symbolique, le Verbe est un symbole, et Jésus est un homme réel. L'affirmation centrale du Prologue : « Le Verbe est devenu chair », est pour le dogme la relation d'un fait réel, alors que pour l'exégèse symbolique, elle est une expression symbolique qui vise à montrer toute la portée de l'accomplissement de l'homme Jésus. Partant d'une prémisse fausse, qui consiste à admettre que les textes bibliques doivent être compris littéralement, l'exégèse dogmatique se voit entraînée, par déduction *logique* à partir d'un point de départ *erroné*, dans toute une série d'affirmations dont l'absurdité devient si éclatante que les théologiens eux-mêmes, ne pouvant plus la nier, prétendent en faire une preuve. « Je crois *parce que* c'est absurde. » *Credo quia absurdum*. Dans le Prologue de Jean, la mécompréhension du symbolisme « le Verbe est devenu chair » conduit à l'identification complète entre le Verbe et Jésus. Il en résulte, entre autres conséquences, une interprétation du verset 3 selon laquelle « tout a été fait » par Jésus, puisque « tout a été fait » par le Verbe. Interprétation d'autant plus difficile à écarter pour le dogme, que le verset 10 la reprend : « Le monde par lui a été fait. » *Jésus est le créateur du monde*. La conclusion logique d'une telle conception s'exprimerait dans le verset final (verset 18) qui résume la signification dogmatique du Christianisme théologique : « Dieu, personne ne l'a jamais vu, le Fils Unique qui est dans le sein du Père, celui-là l'a fait connaître. »

Ainsi, selon le dogme, avant que Jésus (qui aurait été pris à tort pour un homme par ses contemporains, à l'exception de quelques élus) n'apparût en Galilée, le monde (sans doute faut-il entendre par là le cosmos avec ses milliards de galaxies) *aurait ignoré la nature réelle de Dieu. Depuis lors, il la connaîtrait !* L'Église catholique serait dépositaire de cette révélation et la transmettrait à qui veut bien s'incorporer dans son sein par les cérémonies du baptême et de la communion.

Si les textes admettent une lecture cohérente qui élimine l'absurdité, le moins que l'on puisse dire est qu'elle mérite d'être prise en considération.

2. PROBLÈMES CONCERNANT LE TEXTE

Avant d'entrer dans le détail de l'exégèse symbolique, il nous faut maintenant, à la lumière de ce qui vient d'être dit, examiner certains points relatifs à la structure du texte.

Une lecture critique du Prologue et du premier chapitre de l'Évangile de Jean ne peut manquer de déceler l'hétérogénéité du Prologue. De toute évidence, deux éléments y coexistent, maladroitement amalgamés : d'une part un récit symbolique qui concerne Dieu, le Verbe, le Verbe devenu chair, le Fils Unique et Jésus-Christ ; d'autre part un récit anecdotique contenu dans les versets 6, 7, 8, 9 et 15 et qui contient le témoignage historique de Jean-Baptiste. La relation de ce témoignage, de cette annonce de la prédication de Jésus, constitue d'ailleurs la matière de la plus grande partie du premier chapitre, après le Prologue (versets 19 à 38).

Comme tout le propos du dogmatisme est précisément de faire du Jésus historique un personnage surnaturel en l'identifiant avec le Verbe pris pour une réalité, on peut comprendre que des prêtres zélés aient voulu introduire dans le Prologue un élément de prédiction miraculeuse, en faisant de Jean-Baptiste, précurseur historique de Jésus, l'annonciateur du miracle. Les théologiens ont donc trouvé opportun d'utiliser le témoignage de Jean-Baptiste pour renforcer la croyance en une Incarnation réelle du Verbe, lui-même réalité. Mêlant ainsi l'historique et le symbolique, cette interpolation (car c'en est une!) parvient à faire croire (à qui veut bien le croire) que l'Incarnation est un événement surnaturel, miraculeusement annoncé par un prophète réellement inspiré par Dieu en personne. Le symbolique et l'historique, ainsi confondus, acquièrent l'un par l'autre l'apparence d'une signification surnaturelle et miraculeuse.

Au verset 6 l'introduction de Jean-Baptiste : « Il y eut un homme envoyé de Dieu... », interrompt brusquement un thème général sans aucune transition et sans que rien le justifie, en dehors des justifications dogmatiques.

Cette interpolation a pour but de faire annoncer par Jean-Baptiste le « miracle » de l'Incarnation : « Et le Verbe est devenu chair... »

Non seulement le verset 6 rompt la continuité, mais celle-ci se rétablit d'elle-même si on retire du Prologue la séquence constituée par les versets 6, 7, 8 et 9.

Les versets 4 et 5 se continuent alors tout naturellement par le verset 10 :

⁴ « En *lui* était la vie et la vie était la lumière des hommes. ⁵ Et la lumière brille dans les ténèbres et les ténèbres ne l'ont point saisie. ¹⁰*Il* était dans le monde et le monde par lui a paru et le monde ne l'a pas connu. »

Il apparaît clairement que les versets 4 et 10 concernent le Verbe et non Jésus : Jésus n'est pas le créateur du monde, mais le monde est, symboliquement exprimé, la manifestation du Verbe.

Le même type de remarque vaut pour le verset 15 dont le but est de confirmer que Jésus est bien celui dont Jean-Baptiste a annoncé l'apparition surnaturelle. Comme l'interpolation précédente, ce verset 15 rompt une continuité qui se rétablit d'une manière évidente après suppression de l'interpolation. En effet, le verset 14 parle de « tous ceux qui » ont compris le message de Jésus et il se continue tout naturellement par le verset 16 :

¹⁴ « Et le Verbe est devenu chair et il a dressé sa tente parmi *nous*, et *nous* avons contemplé sa gloire, gloire comme celle que

tient de son père un fils unique *plein de grâce* et de vérité, ¹⁶ *car de sa plénitude nous* avons reçu et grâce pour grâce. »

Le Prologue retrouve ainsi sa pureté symbolique et toute son ampleur cosmique et métaphysique qui englobe le passé et l'avenir de l'évolution.

D'autre part, en replaçant les versets ainsi retirés du Prologue, à la place qui leur revient naturellement, c'est-à-dire après le verset 18, au début du récit évangélique proprement dit, on constate que le témoignage historique de Jean-Baptiste est restitué dans son intégrité.

Ce témoignage se poursuit après le verset 15 avec le récit plus anecdotique des rapports de Jean-Baptiste avec les autorités ecclésiastiques traditionnelles (versets 19 et suivants).

Sans nul doute, cette solution simple choque le respect conformiste et littéral des textes ; hypothèse suscitée par la méthode de déchiffrement du symbolisme, l'étude détaillée du texte du Prologue ne fera que la confirmer.

Voici la transcription du texte du Prologue ainsi rétabli, puis le début du récit évangélique.

Au commencement était le Verbe et le Verbe était auprès de Dieu et le Verbe était Dieu. Il était au commencement auprès de Dieu. Par lui tout a paru, et sans lui rien n'a paru de ce qui est paru.

En lui était la vie et la vie était la lumière des hommes. Et la lumière brille dans les ténèbres et les ténèbres ne l'ont point saisie. Il était dans le monde, et le monde par lui a paru et le monde ne l'a pas connu. Il est venu chez les siens et les siens ne l'ont pas accueilli. Mais à tous ceux qui l'ont reçu, il a donné pouvoir de devenir enfants de Dieu, à ceux qui ont foi en son nom, qui ne sont pas nés du sang ni d'un vouloir de chair, ni du vouloir d'un homme mais de Dieu.

Et le Verbe est devenu chair et il a dressé sa tente parmi nous. Et nous avons contemplé sa gloire, gloire comme celle que tient de son père un fils unique, plein de grâce et de vérité. Car de sa plénitude, nous avons reçu et grâce pour grâce. Car la loi a été donnée par Moïse, la grâce et la vérité sont venues par Jésus-Christ. Dieu, personne ne l'a jamais vu, le Fils Unique qui est dans le sein du Père, celui-là l'a fait connaître.

Il y eut un homme envoyé de Dieu, son nom était Jean. Il vint en témoignage, pour témoigner au sujet de la lumière, afin que tous par lui fussent amenés à la foi. Celui-là n'était pas la lumière, mais il devait témoigner au sujet de la lumière. C'était la lumière, la véritable qui illumine tout homme en venant dans le monde. Jean témoigne à son sujet et n'a cessé de crier : « C'était celui dont j'ai dit : celui qui vient après moi a existé avant moi, car avant moi, il était. » Et voici le témoignage de Jean lorsque de Jérusalem les Juifs lui envoyèrent des prêtres et des lévites l'interroger... etc.

Le Prologue comporte donc treize versets (1). On peut le diviser en trois parties.

La première partie (versets 1, 2, 3,) est métaphysique. Elle parle du mystère symboliquement appelé Dieu, et de ses rapports avec le Verbe qui symbolise l'apparition.

La deuxième partie (versets 4, 5, 10, 11, 12, 13) parle du rapport entre le Verbe et l'homme, plus ou moins capable d'être ému, d'être motivé jusque dans son activité par le sentiment du mystère. En ce sens la deuxième partie résume le sens profond de l'Ancien Testament qui est précisément la responsabilité de l'être humain face au sens de la vie à la fois mystérieux et apparent.

La troisième partie (versets 14, 16, 17, 18) du Prologue, *et elle seulement,* parle de l'homme Jésus, symboliquement appelé Fils de Dieu ou Verbe incarné, car il est justement considéré par le mythe chrétien comme l'exemple de l'accomplissement vers lequel tend, non seulement l'humanité depuis son origine, symbolisée par la naissance d'Adam, mais toute la vie en évolution symbolisée par le Verbe de Dieu. De ce fait, il est aussi appelé le Fils Unique car il préfigure l'unique espoir pour l'humanité de surmonter évolutivement la souffrance du péché adamique.

Le Prologue de Jean présente donc une signification métaphysique et une signification éthique. Sous son aspect éthique, il présente Jésus comme le héros vainqueur, celui qui a surmonté le péché d'Adam.

Plus essentielle encore est la signification métaphysique selon laquelle l'homme sanctifié est présenté comme l'apparition la plus claire, la plus condensée, la plus évoluée, de l'intentionnalité immanente à la nature, intentionnalité aussi mystérieuse dans son origine que manifeste par l'existence du monde organisé, et que le mythe nomme

(1) Pour la commodité des références la numérotation habituelle des versets sera conservée.

« Verbe de Dieu ». Dans son sens le plus profond le Prologue de Jean ne parle pas avant tout de l'homme Jésus, réalité historique, mais du Christ, qui est un symbole, et du Fils Unique qui, lui aussi, est un symbole. Le Christ est l'éternelle vérité qui s'incarne entièrement par l'accomplissement de Jésus. Le Fils Unique est l'espoir évolutif actualisé par cet accomplissement, et qui concerne l'humanité entière.

3. DÉCHIFFREMENT DES VERSETS

Versets 1 et 2 :
— « Au commencement était le Verbe et le Verbe était auprès de Dieu et le Verbe était Dieu. Il était au commencement auprès de Dieu. »

Les versets initiaux expriment sous une forme symbolique et extrêmement condensée le fondement épistémologique de la pensée humaine, la certitude fondamentale à laquelle aboutit nécessairement la pensée lorsqu'elle pousse jusqu'au bout son interrogation sur l'existence et son origine.

Il est très significatif que l'explication mythique pose comme évidence primordiale « le Verbe » et comme seconde évidence, indissolublement liée à la première, « Dieu ». Que signifie ce terme : « le Verbe » ?

« Verbum » n'est que la traduction latine du mot grec « Logos ». Au sens propre, Logos signifie : parole.

Le Logos est le Verbe ou parole de Dieu.

1° Il est la manifestation de la volonté de Dieu. Il symbolise donc le fait, évident pour l'esprit, quoique inaccessible à l'intellect, que le monde existant ne peut être conçu ni comme un effet sans cause (création ex nihilo), ni comme l'effet d'une cause connaissable (Dieu réel ou matière absolue). Il ne peut être conçu par l'homme que comme l'effet d'une cause inconnaissable nécessairement imaginée comme proportionnelle à l'immensité de l'effet ; cette cause ne peut être imaginée que d'une manière anthropomorphique, comme si tous les phénomènes existants étaient l'expression de la volonté d'un être surhumain.

Le Logos est ainsi l'entrée en apparition du mystère appelé Dieu, intention et expression de la cause mystérieuse, acte créateur et monde créé.

2° L'existence du monde est inséparable de son organisation. Le Logos est donc la légalité, la cohérence foncière du monde, fondement de la confiance en la vie (foi mythique) et l'explicabilité des phénomènes (foi scientifique). Il exprime l'évidence fondamentale que le monde est organisé selon des lois.

Dans la philosophie grecque, ce terme sert constamment à désigner l'intentionnalité immanente à la nature, l'organisation intelligible, manifeste dans ses effets mais mystérieuse dans son origine, qui sous-tend les phénomènes existants. Le terme « logos » est d'ailleurs apparenté aux termes loi, légalité, logique.

3° Enfin, l'image de la parole, d'un discours qui se déroule dans le temps, se prête à symboliser le déroulement temporel de l'évolution, mythiquement conçue comme l'explicitation progressive de l'intentionnalité divine.

Il est le monde en évolution qui porte en lui sa propre loi, son propre dynamisme, son propre élan mystérieusement animant par lequel la vie crée des formes d'harmonie toujours plus complexes et plus intenses.

Le Prologue constate qu'au « commencement », c'est-à-dire aussi loin que l'esprit humain puisse remonter dans le temporel, il rencontre le « Verbe » (ou Logos), l'existence spatio-temporelle et son organisation, en dehors de laquelle rien n'est donné, rien n'est concevable. Mais il ajoute aussitôt que le Verbe, le Logos, est « auprès de Dieu ». Si l'on comprend le symbolisme, cette démarche de l'esprit est cohérente. En effet, la première évidence pour l'esprit est celle de l'existence du monde organisé ; mais il est une seconde évidence tout aussi fondamentale (et que le rationalisme matérialiste oublie totalement), c'est *l'aspect mystérieux de l'apparition,* le fait que le monde perceptible et explicable est nécessairement conçu par l'esprit humain comme l'effet d'une cause à jamais imperceptible et inexplicable pour l'esprit humain. C'est cette deuxième évidence : la constatation du fondement mystérieux de l'existence, que l'évangéliste accole immédiatement à la première évidence de l'existence du monde organisé. Car ces deux évidences épistémologiquement profondes sont liées entre elles par le fait que le mystère a un double aspect : *l'aspect mystérieux de l'organisation* apparente (le Verbe de Dieu) et *la « cause » inconnaissable* (Dieu-Créateur). Le mystère de l'organisation est lié au mystère des Origines. Le dernier verset du Prologue conclura d'ailleurs par une nouvelle affirmation du mystère des Origines : « Dieu, personne ne l'a jamais vu » (verset 18).

Après avoir posé d'emblée la dualité fondamentale : apparition (Logos) et mystère (Dieu), après avoir indiqué que seule l'apparition, le monde organisé existe réellement (au commencement), mais qu'il ne peut être pensé en dehors du mystère de son origine (le Verbe est auprès de Dieu), l'évangéliste synthétise à nouveau cette dualité par la phrase : *et le Verbe était Dieu*.

Il faut séparer les deux notions de mystère et d'apparition, mais cette séparation comporte l'immense danger que l'on fasse du mystère une entité, une chose ou un être mystérieux.

L'expression : « le Verbe était Dieu » signifie qu'en réalité il n'existe pour la pensée humaine qu'une seule donnée qui n'est ni le mystère ni l'apparition (mythiquement exprimé, ni Dieu ni le Verbe), mais l'existence sous son double aspect : son aspect manifestement mais mystérieusement organisé (le Verbe) et son aspect à jamais incompréhensible : le mystère de son origine (Dieu).

L'apparition a donc un aspect mystérieux, et le mystère n'est pas *le mystère en soi*, mais *le mystère de l'apparition*. Cette complémentarité synthétique, correctif nécessaire de la dualité analytique, s'exprime dans la formule : « et le Verbe était Dieu ».

C'est la même vérité épistémologique qu'expriment le Prologue de Jean, la Genèse hébraïque, la Théogonie grecque, comme d'ailleurs toutes les mythologies.

Pour le primitif, le monde n'est pas perçu comme un ensemble organisé, mais comme une succession de phénomènes soumis à des changements inexplicables et effrayants. A l'époque mythique, l'effroi devant l'ambiance est déjà sublimé : le monde est surconsciemment vécu comme étant la réalisation d'une intentionnalité bénéfique.

Par le processus évolutif de la spiritualisation progressive, la notion émotivement compacte de mystère se diversifie et s'enrichit de l'évidence grandissante du *mystère de l'organisation* du cosmos (le terme « cosmos », comme le terme « monde », signifie : ordre). La contemplation, puis l'étude méthodique de la légalité mystérieuse, deviennent de plus en plus sources directes d'émotion, à condition que soit reconnu et laissé en dehors de toute tentative d'explication l'impénétrable mystère des Origines.

Verset 3 :
— « Par lui tout a paru (1) et sans lui rien n'a paru de ce qui est paru. » —

Ce verset résume la partie purement métaphysique du Prologue.

« Tout par lui a paru » signifie qu'il n'existe aucun phénomène réel ou possible, de quelque nature qu'il soit, en quelque temps ou lieu qu'il se produise, qui ne possède un aspect à jamais inexplicable (son existence même), qui ne soit relié analogiquement à l'ensemble des phénomènes, et qui ne soit inclus dans le dynamisme évolutif de l'existence entière.

« Sans lui rien n'a paru de ce qui est paru » est le corollaire de ce qui précède. Cette formulation coupe court à la spéculation métaphysique qui serait tentée de chercher vaniteusement, soit la preuve de l'existence du surnaturel, être, chose ou événement qui échapperait aux lois naturelles (spiritualisme), soit la preuve qu'il puisse exister un être, une chose ou un événement dont l'existence soit entièrement pensable et explicable sans référence au mystère. Cette dernière attitude aboutit nécessairement au matérialisme dogmatique actuellement en vogue qui, niant l'intentionnalité mystérieuse mais manifeste, se voit obligé d'introduire la pseudo-explication par le hasard, tout aussi irrecevable pour l'esprit humain que la pseudo-explication par la volonté d'un dieu réellement existant.

Ainsi il n'est pas exagéré de dire que la première partie du Prologue de Jean, dans sa brièveté saisissante et sa

---

(1) Osty, dont la traduction, bien qu'influencée par le dogmatisme, est intéressante au point de vue linguistique, fait remarquer justement (p. 2257, note 6) que dans le Prologue le verbe *être* est réservé au Logos (également à la Vie, à la Lumière, c'est-à-dire à l'essence) alors que le verbe *paraître,* ou *devenir,* concerne l'apparition, le monde existant. (Note de J. Diel)

simplicité, contient la formulation du fondement épistémologique de la pensée humaine, la base de certitude sur laquelle peut s'édifier une vision cohérente du monde et de la vie.

Verset 4 :
— « En lui était la vie et la vie était la lumière des hommes. » —

Ce verset fait la transition entre les deux premières parties du Prologue. Étant donné que le Prologue est la source du mythe de l'Incarnation, on peut dire aussi que la première partie parle de l'incarnation primordiale, ou création, ou encore apparition de la matière organisée, de l'organisation matérialisée. La deuxième partie parle de l'incarnation de l'esprit dans l'humanité sous forme du conscient réflexif et de la conscience éthique. (La troisième partie parlera de l'incarnation intégrale de l'esprit illuminateur dans *l'homme sanctifié.*)

A partir du verset 4, le Verbe, l'élan animant manifeste et mystérieux, n'est plus seulement considéré comme l'aspect mystérieux du monde en évolution. Il se spécifie comme force vitale qui « allume » la vie et finalement illumine le psychisme humain.

« En lui était la vie » fait allusion à la source mystérieuse de la vie en tant que phénomène biologique, dynamisme par lequel le monde intérieur cherche l'union toujours plus intense avec le monde extérieur (1).

Mais le Prologue ne développe pas, comme le fait la Genèse, la diversification de l'élan animant dans les innombrables espèces d'où sortira finalement l'espèce humaine ; ici, l'évangéliste aborde presque immédiatement le niveau humain de l'évolution : « la vie était la lumière des hommes ».

Ce quatrième verset établit un lien entre les trois termes : *Verbe, Vie* et *Lumière.*

Dans le mythe chrétien, le symbole « Logos », ou « Verbe », appartient exclusivement au Prologue de Jean. Par contre, « Vie » et « Lumière » sont des expressions symboliques courantes dans tous les mythes, et en particulier dans le mythe judéo-chrétien.

---

(1) *Psychologie de la Motivation,* Payot, Introduction et chap. I.

Le terme « vie », dans toute la Bible, et en particulier dans les Évangiles et dans les épîtres de Paul, est fréquemment opposé au terme « mort », comme le mot « lumière » au mot « ténèbres », ainsi qu'il apparaît au verset 5.

Il est donc indispensable d'introduire pour le terme « vie », outre le sens biologique déjà indiqué, la signification psychologique que l'on rencontre constamment dans les écrits bibliques, et qui seule peut expliquer comment la « vie » peut devenir « lumière des hommes ».

Comme la mort apparaît constamment dans les Écritures comme symbole de la mort de l'âme, de la banalisation, de même la vie apparaît constamment sous la signification de vie de l'âme, joie essentielle, activation harmonieuse des pensées et des sentiments, accord avec soi-même et avec l'ambiance, donc avec le sens de la vie.

Que le Verbe soit source de la vie dans cette acception, cela signifie que l'homme est essentiellement vivant dans la mesure où il est essentiellement animé, motivé par ce même élan qui, incarné chez l'être préconscient sous la forme de l'instinctivité, devient au niveau humain surconscient et directif. « La vie est la lumière des hommes », car le seul critère que possède l'homme de la vérité ou de l'erreur essentielle sur le sens de la vie vient de son sentiment intimement vécu d'être psychiquement « vivant », de sentir son élan en action.

L'homme est seul pour trouver la voie vers la satisfaction essentielle, vers l'harmonisation des désirs. Personne d'extérieur à lui ne lui dicte ce qu'il doit faire de sa vie pour arriver à la joie essentielle. Pourtant, ce même esprit organisateur et harmonisateur immanent qui s'exprime dans l'intentionnalité « aveugle » de la vie préconsciente s'épanouit dans la psyché humaine sous forme d'une connaissance intuitive plus que consciente, surconsciente, des conditions de la satisfaction essentielle, de l'harmonisation. La sûreté de la préhension réflexe devient certitude de la compréhension réflexive (1). Mythiquement exprimé, c'est le Verbe animateur qui devient, reflété par la psyché consciente, valorisateur, illuminateur, « lumière des hommes ».

---

(1) Voir : *Peur et Angoisse,* Payot.

Verset 5 :
— « Et la lumière brille dans les ténèbres et les ténèbres ne l'ont point saisie. » —

Ce verset résume toute la signification éthique de l'Ancien Testament. En effet, le sens profond du mythe judaïque est que l'esprit, organisateur de la matière dès l'origine, cesse au niveau humain d'être instinctif et constitutif pour devenir directif et surconscient. De ce fait, l'appel de l'esprit peut n'être plus entendu, il peut être refoulé. Il ne cesse pourtant de se manifester sous forme de la culpabilité essentielle symbolisée dans l'Ancien Testament par l'appel de Yahvé.

La lumière qui brille dans les ténèbres est la vérité qui « crie sur les places publiques », comme le dit le psalmiste. Elle est la vérité éternelle qui ne parvient pas à s'imposer car les « ténèbres » du subconscient, de l'instance refoulante, s'opposent génération après génération à l'influence élucidante du surconscient. La lumière est la lumière en l'homme, et les ténèbres sont les ténèbres en l'homme, comme l'exprime par exemple ce passage de la première épître de Jean : « Celui qui dit être dans la lumière tout en ayant de la haine pour son frère est dans les ténèbres... Les ténèbres ont aveuglé ses yeux (2/8). » Nombreux sont les passages de la Bible qui opposent la lumière de l'élucidation surconsciente aux ténèbres du refoulement qui font que l'homme, obnubilé par l'exaltation imaginative, ne parvient pas à saisir la vérité sur lui-même et sur la vie.

Ce verset est habituellement compris comme une allusion à l'incompréhension et à l'hostilité rencontrées par Jésus chez ses contemporains. Cette interprétation ne s'accorde ni, comme on l'a vu, avec la traduction du symbolisme, ni même avec l'exégèse dogmatique. Sans doute, pour le dogme, Jésus est le Verbe et la Lumière, mais c'est au verset 14 seulement qu'il est dit que le Verbe devient chair.

Ainsi avant le verset 14, il ne peut s'agir en aucun cas de la prédication de Jésus. Il s'agit donc, au verset 5, de la lumière en général, de la vérité.

Il est vrai que les versets 6, 7, 8 et 9 parlent également de la lumière. Mais c'est là justement ce qui a permis l'interpolation de ces versets dans le Prologue. On a utilisé la similitude du thème (la lumière) pour glisser ces versets à la suite du verset 5. Mais, comme on le verra (1), la lumière dont il s'agit alors est la vérité *en tant qu'elle est apportée par Jésus*, symboliquement appelé le Christ.

Il est vrai que Jésus emploie la même image parlant de lui-même : « La lumière est venue dans le monde et les hommes ont préféré les ténèbres à la lumière » (Jean, 12/46). Ici, Jésus parle de la vérité en général et de sa prédication en particulier. Cette similitude dans les images ne fait que souligner la profondeur de l'analogie qui lie l'Ancien Testament au Nouveau Testament, le mythe de Yahvé dont l'appel est partiellement entendu mais souvent rejeté (péché adamique), au mythe du Christ dont l'appel reste aussi incompris du grand nombre.

Verset 10 :
— « Il (le Verbe) était dans le monde et le monde par lui a paru et le monde ne l'a pas connu » (2) —.

Il faut prendre garde que, dans les versions qui traduisent « Logos » par « Parole », ce passage est ambigu car il se lit : « *Elle* était dans le monde, et le monde a été fait par *elle*... » Il est alors impossible de savoir s'il s'agit de la lumière, dont il était question au verset précédent, ou de la Parole. Le texte grec, lui, ne laisse subsister aucune équivoque sur le fait qu'il s'agit bien du Verbe.

La compréhension de ce verset est rendue difficile par le fait que le terme « monde » (cosmos) est pris ici successivement dans les deux significations différentes que l'on trouve constamment dans le Nouveau Testament. Le monde créé par le Verbe est l'univers, l'ensemble harmonieusement organisé de ce qui existe.

Le monde « qui ne l'a pas connu » est le monde banalisé, la société des hommes trop aveuglés par l'affectivité pour pouvoir être émus par le sentiment du mystère, par la véritable foi religieuse. C'est dans ce dernier sens que Jésus parle de son royaume « qui n'est pas de ce monde », parole généralement comprise par le dogmatisme comme la promesse d'un meilleur sort dans l'au-delà, alors que la croyance en un au-delà réel est totalement étrangère à la

---

(1) Voir p. 210 et suivantes.
(2) Nous rappelons que les versets 6, 7, 8, 9 seront commentés à la suite du verset 18.

pensée judaïque et, il faut bien le dire, inacceptable pour la pensée humaine en général, si elle se fonde sur une épistémologie cohérente.

Ce verset résume à nouveau le thème fondamental qui traverse tout l'Ancien Testament. L'intentionnalité immanente à la nature est à la fois manifeste et mystérieuse. Elle est organisation légale et évolutive du monde extérieur et du monde intérieur, donc aussi du psychisme humain où elle se manifeste sous la forme de l'éclatement de l'intentionnalité préconsciente de l'animal en intentions multiples qui restent cependant régies, comme tout ce qui existe, par la loi d'harmonie. MAIS L'HOMME, SEUL ENTRE TOUS LES ÊTRES, PEUT SURVIVRE PHYSIQUEMENT TOUT EN SUBISSANT LA DISHARMONIE PSYCHIQUE. Il peut laisser mourir en lui l'élan, le sentiment d'être mystérieusement animé. Aveuglé par l'affectivité compacte de ses désirs, il peut laisser s'éteindre en lui le sentiment religieux, l'émotion devant le mystère de l'existence de ce qu'il perçoit et de ce qu'il est. Il peut méconnaître le Verbe, l'ignorer, ignorer l'essence de la vie, le sens de la vie.

Verset 11 :
— « Il est venu chez les siens et les siens ne l'ont pas accueilli. » —

Ce verset particularise le sens du verset précédent. Tous les mythes symbolisent l'intentionnalité de la nature en l'anthropomorphisant (et il ne peut en être autrement). La « volonté » et la « sagesse » de Dieu sont imaginées par analogie avec la volonté et la sagesse de l'homme. Inversement, le mythe conçoit l'intentionnalité mi-consciente de l'homme comme un cas particulier de l'intentionnalité en général. « Dieu crée l'homme à son image ».

Sous la forme plus impersonnelle qui est celle du Prologue, c'est la même vision qui est exprimée ici. « Le Verbe vint chez les siens » signifie que l'intentionnalité diffuse dans toute la nature se spécifie, s'incarne progressivement et devient, au niveau évolutif le plus avancé, l'intentionnalité humaine diversifiée en intentions multiples. L'esprit préconsciemment organisateur devient consciemment valorisateur et explicateur. Mais le psychisme conscient (ou plutôt encore mi-conscient) de l'homme n'est pas seulement esprit, il est aussi intellect. L'esprit recherche l'orientation sensée, l'intellect l'adaptation utilitaire. L'intellect est, par lui-même, incapable de saisir l'aspect mystérieux de l'existence et de s'en émouvoir, bien qu'il soit également une fonction évoluée, mythiquement parlant, une création du Verbe. Or, le danger spécifique qui menace l'évolution de l'humanité est précisément la prédominance excessive de l'intellectualisation sur la spiritualisation. C'est le danger qui est symbolisé dans le mythe judaïque par le péché adamique, dans le mythe hellénique par le châtiment de Prométhée. C'est la même vérité qu'exprime le verset 11 du Prologue : bien que « créé » évolutivement par l'élan animant mystérieusement immanent à la nature entière, l'homme, trop intellectualisé, ne se reconnaît pas lui-même comme mystérieusement animé. Les êtres animés sont devenus conscients par l'incarnation progressive de l'esprit, du Verbe. Et pourtant « ils ne l'ont pas connu ». Ils oublient l'essentiel d'eux-mêmes.

Verset 12 :
— « Mais à tous ceux qui l'ont reçu, il a donné pouvoir de devenir enfants de Dieu. » —

« Ceux qui l'ont reçu » (le Verbe, le Logos) sont les hommes d'élan qui, à travers les siècles, ont été émus par le sentiment du mystère, symboliquement appelé Dieu, et en qui cette émotion est devenue motivante, créatrice de l'harmonie des pensées, des sentiments et des volitions. C'est la lignée des hommes essentiellement animés dont l'histoire est le thème essentiel de l'Ancien Testament.

Tous ceux-là, que l'histoire les mentionne ou non, sont les « enfants de Dieu ». Partiellement animés par l'émotion essentielle, ils sont distingués par le mythe du « Fils Unique », de l'homme sanctifié.

Qui ne voit que l'expression « enfants de Dieu » est une image et non une réalité, un symbolisme et, qui plus est, un symbolisme commun à toutes les mythologies ? S'il en est ainsi, pourquoi l'expression « Fils unique de Dieu » serait-elle d'un autre ordre et devrait-elle être comprise littéralement ? Le simple respect des textes, en dehors même de toute considération théorique, devrait imposer une traduction univoque. Ou bien le thème de la filiation divine doit être compris symboliquement, ou bien, si l'on prend à la lettre le texte du Prologue, il faut admettre que ceux qui croient à la réelle filiation divine de Jésus reçoivent eux-mêmes miraculeusement ce même privilège d'être réellement issus d'un Dieu réel.

Rien ne sert d'ajouter des preuves à ce qui est déjà prouvé. La croyance a des motifs subconsciemment obsédants ; elle plonge ses racines dans la couche magique du psychisme encore insuffisamment pénétrée, chez la plupart des hommes, par l'intellectualisation et la spiritualisation progressives. La croyance quelque peu infantile en une Providence qui s'occupe personnellement de chacun reste, chez chaque homme, l'appui le plus sûr de la croyance dogmatique.

La croyance obsédante peut bien admettre le surnaturel et en faire un dogme, l'esprit humain, qui est, dans la nature, la fonction la plus évoluée, est ainsi fait qu'il ne peut l'admettre sans que se crée ambivalemment l'angoisse du doute, qui, comme toute angoisse, cherche l'accalmie satisfaisante par la dissolution de la scission ambivalente. Et l'accalmie ne peut venir que d'une certitude fondée sur un savoir qui éliminera à la fois la croyance exaltée et le doute exalté qui est son contre-pôle ambivalent. Et d'où pourrait venir la certitude, sinon de la connaissance du fonctionnement psychique élargie jusqu'à la compréhension de sa fonction symbolisante ?

Verset 12 (suite) :
— « ... à ceux qui ont foi en son nom, » —

Le « nom de la divinité » (1) est une expression constante, aussi bien dans l'Ancien Testament que dans le Nouveau Testament (« Que ton *nom* soit sanctifié »).

« Ceux qui ont foi en son nom » (en le nom du Verbe, donc en le nom de Dieu) désigne donc, comme les « enfants de Dieu », ceux qui sont animés par la confiance essentielle en la vie et par l'émotion devant son mystère impénétrable dont ils savent se garder de faire une entité superstitieusement vénérée et implorée. Ce sont les hommes de l'ancienne

---

(1) Pour l'explication de ce terme, voir p. 55.

alliance, qui ont compris la vérité essentielle à travers le symbolisme biblique.

Verset 13 :
— « ... Qui ne sont pas nés du sang ni d'un vouloir de chair ni du vouloir d'un homme, mais de Dieu. » —

Le verset 13 caractérise à nouveau cette humanité essentielle précédemment appelée « enfants de Dieu ». C'est le symbolisme couramment utilisé par toutes les mythologies de la naissance et de la génération.

« Nés du sang et d'un vouloir de chair et du vouloir d'un homme » caractérise ici l'activité humaine en tant qu'elle est motivée par un attachement excessif aux désirs multiples. L'opposition entre les deux modes symboliques de génération se condense par la juxtaposition des expressions : *nés d'un vouloir d'homme*, et *nés de Dieu*. C'est le désir qui est engendré soit par le principe charnel, soit par le principe spirituel, comme le montre aussi cette formulation similaire : « Ce qui est né de la chair est chair et ce qui est né de l'esprit est esprit » (Jean 3/6). La double filiation de l'homme est un thème mythique fondamental. Il apparaît dans la Genèse où Adam formé de terre est animé par le souffle de Dieu. Ici, c'est moins le conflit intrapsychique de l'individu qui est envisagé, que la distinction que révèle l'histoire essentielle de l'humanité entre les hommes d'élan et la masse des êtres conventionnalisés. Les hommes d'élan, les « enfants de Dieu », ne sont pas seulement les élans exceptionnels dont parle l'Ancien Testament, les grandes figures de la Genèse ou les prophètes, mais le peuple anonyme des hommes de bon sens relativement harmonisés et capables de résister instinctivement aux tentations et aux menaces de l'ambiance, ceux-là mêmes que Jésus appellera « le sel de la terre ».

Certes, il est essentiel de ne pas prendre les images mythiques pour des réalités, mais il est très important aussi, une fois le sens dégagé, de se libérer de l'attachement persistant à la formulation imagée. Dieu n'existe pas, le Verbe n'existe pas, le commencement n'existe pas, le Christ n'est pas un personnage, l'esprit et la chair ne sont pas des entités. TOUS CES TERMES NE SONT QUE DES SYMBOLES, des « façons de parler » pour exprimer ce qui seul, essentiellement, existe : la capacité de l'homme de s'émouvoir, durant sa vie éphémère, devant l'insondable mystère de la vie et de la mort, et son danger spécifique de se laisser entièrement capter par ses désirs et ses angoisses multiples. C'est le conflit de l'être humain, symbolisé par la dualité esprit et chair.

Cette dualité conflictuelle entre esprit et chair est mécomprise, aussi bien par le dogmatisme moralisant que par l'athéisme banalisant qui y voient une invite à l'ascétisme. La chair serait coupable et la force de l'esprit résiderait dans sa capacité de supprimer les désirs : c'est l'erreur fondamentale. La fonction naturelle de l'esprit, sa seule fonction en vérité, est de maîtriser et d'organiser les désirs matériels et sexuels, les désirs de la chair, en vue de leur satisfaction harmonieuse. « Nés de Dieu, » ou « nés de l'esprit » signifie : animés par un désir essentiel assez fort pour que l'idéal d'harmonisation prédomine, dans la délibération de l'individu, sur l'attrait des désirs multiples qui, s'engendrant les uns les autres à l'infini, finissent par perdre leur point d'union, par dissoudre le moi essentiel, CE QUI EST L'ÉTAT DE BANALISATION.

« Nés du sang et d'un vouloir de chair » désigne donc la faiblesse innée de l'élan (péché originel) qui fait que l'individu est incapable de s'opposer à l'exaltation imaginative des désirs contradictoires qui envahissent sa psyché.

Dans ce texte qui montre que *l'incarnation* du Verbe, de l'esprit, dans la matière est le processus évolutif immanent à la nature, il est impossible que la scission ambivalente et ascétique entre esprit exalté et désirs matériels exaltés soit présentée comme but idéal.

Bien au contraire, la maîtrise complète des désirs terrestres par l'esprit valorisateur et harmonisateur, l'incarnation complète de l'esprit dans la chair, thème central de ce texte, se condense et se précise dans le verset suivant vers lequel converge et dans lequel culmine tout le sens du Prologue et, au-delà de celui-ci, tout le sens du Nouveau Testament.

Verset 14 :
— « Et le Verbe est devenu chair... » —

C'est maintenant, et maintenant seulement, dans cette troisième partie du Prologue que le mythe fait allusion à l'homme réel Jésus, l'homme sanctifié dont l'exemple (comme dans une autre culture l'exemple de Bouddha) a pu être assez suggestif pour inspirer à ceux qui l'avaient compris le courage de s'opposer au monde décadent de leur époque et de devenir les initiateurs d'une nouvelle culture.

Jésus est symboliquement désigné comme celui en qui le Verbe s'est incarné. L'homme sanctifié, purifié du péché adamique, celui qui n'est plus animé que par le désir essentiel, par l'émotion devant le mystère, qui a atteint la joie impérissable qu'aucun accident ne peut détruire, celui-là peut être appelé l'incarnation du sens de la vie, l'incarnation du Verbe.

L'expression mythique : le Verbe est devenu chair, possède une signification biogénétique et une signification psychologique.

— Sous son aspect biogénétique, elle signifie que l'homme sanctifié qui a su maîtriser entièrement (quoique dynamiquement) l'affect aveuglant des désirs multiples, et investir toute son énergie dans le désir essentiel, peut être considéré comme la forme la plus évoluée de l'harmonie, comme la réalisation la plus parfaite de ce que « veut » la nature ; la re-création de formes d'harmonie toujours plus complexes et plus intenses étant le sens même de l'évolution (1).

Et certes, quelle image plus achevée pouvons-nous nous faire du sens de la vie que celle de l'être humain qui a surmonté la souffrance inhérente à la vie en réalisant en lui-même l'harmonie complète des pensées, des sentiments et des volitions ? A tel point que cette organisation harmonieuse résiste, jusque dans l'agonie, à l'opposition et à la haine du monde.

— Sur le plan psychologique, l'incarnation de l'esprit est la pénétration totale de la chair, des désirs charnels par l'esprit.

En effet, l'esprit au niveau humain n'est plus seulement organisateur, il est devenu valorisateur et explicateur. L'esprit qui remplit totalement sa fonction cesse de s'évader hors de la réalité, de jouer avec l'irréalisable et l'improu-

---

(1) *La Peur et l'Angoisse*, Payot.

vable, pour devenir guide efficace de l'activité. L'esprit surconscient, lorsqu'il n'est plus obnubilé par les affects multiples, dicte à l'homme ce qu'il doit faire pour trouver la satisfaction essentielle, *il s'incarne*. Le Fils (l'homme sanctifié) obéit en tous points à son Père (l'esprit surconscient, son propre esprit) comme Jésus parlant de lui-même ne cesse de l'affirmer.

Sur l'interprétation de ce verset, et donc du mythe de la Trinité, l'exégèse dogmatique et l'exégèse symbolique s'opposent radicalement. Si l'une est juste, l'autre est fausse.

Pour *l'exégèse dogmatique*, l'espoir de l'humanité de surmonter la souffrance repose sur la bienveillance ou la malveillance d'un Dieu réel, réellement occupé à juger les hommes. A ses côtés se tiennent dès l'origine ces personnages nommés « *Verbe* » et « *Saint-Esprit* ». Lassé de poursuivre l'humanité de sa colère à cause de la désobéissance d'Adam, il envoie son Verbe, personnage réel, réellement préexistant, qui prend la forme humaine de Jésus et devient alors son Fils.

Pour *l'exégèse symbolique*, Dieu n'est pas un personnage, mais un symbole, créé surconsciemment par l'homme, pour exprimer son émotion devant l'insondable mystère de la vie et de la mort. L'espoir de l'humanité ne repose pas sur les décisions d'un être transcendant, MAIS SUR L'ÉLAN IMMANENT, LA PULSION ÉVOLUTIVE PAR LAQUELLE LA NATURE TOUT ENTIÈRE SE DÉLIVRE ELLE-MÊME DE L'INSATISFACTION ANGOISSÉE.

Au niveau humain, cette insatisfaction angoissée est conséquence de la vanité. L'élan individualisé est le combat contre la vanité et cet élan, lorsqu'il parvient, chez un individu, à l'accomplissement ultime, à la joie impérissable, devient pour l'humanité entière source d'espoir, indication de la voie évolutive, et même source de foi dans la vie entière dont le sens : surmonter l'angoisse, se manifeste le plus clairement par l'accomplissement de l'homme sanctifié.

En somme, le verset peut être compris de deux façons :
— Pour le dogme, *Jésus est le Verbe* devenu chair. Le Verbe, conçu dès les premiers versets comme un personnage réel, décide de s'enrober d'un corps de chair.

— Pour l'exégèse symbolique, Jésus est *le Verbe devenu chair*. Jésus est considéré par le mythe comme l'incarnation du sens de la vie appelé symboliquement le Verbe (1).

Verset 14 (suite) :
— « ... et il a dressé sa tente (2) parmi nous et nous avons contemplé sa gloire, gloire comme celle que tient de son père un fils unique plein de grâce et de vérité. » —

Ici apparaît le thème fondamental de la filiation divine, et plus particulièrement l'expression « fils unique » du Père, donc la troisième personne de la Trinité symbolique (deuxième personne de la Trinité dogmatique).

Or il existe de nombreux passages dans les Évangiles, chacun le sait, où l'homme Jésus est symboliquement désigné comme étant le « Fils de Dieu ». Cependant, une distinction des plus importantes s'impose entre les deux acceptions de cette image mythique, selon qu'elle est utilisée pour caractériser métaphoriquement l'homme Jésus, ou selon qu'elle est utilisée pour désigner la troisième personne de la Trinité symbolique, ce qui est le cas ici.

Dans les Évangiles, l'homme Jésus parle de lui-même comme étant « fils de Dieu », comme étant « envoyé par son Père », comme faisant la volonté de son Père et non la sienne propre. Les témoins s'adressent à lui comme au « fils de Dieu ». Dans ce contexte l'expression est métaphorique, elle a un sens éthique avant tout ; comme il a été expliqué, elle est parfaitement conforme au langage fleuri et imagé qui, de nos jours encore, est courant au Proche-Orient. Elle signifie : « Je me comporte ' comme si ' j'étais le fils de Dieu » ; « c'est le divin en moi qui motive mes actes, mes pensées et mes volitions ». Jésus est entièrement animé par le désir essentiel (fils unique) et pas seulement partiellement, comme le sont les multiples « enfants

---

(1) Sur le plan linguistique, la traduction courante : « Le Verbe *s'est fait chair* », maintenant abandonnée par nombre de traducteurs, force le sens du verbe grec qui signifie seulement : « devint » ou « est devenu ». Le verset 14 n'indique aucune intention personnelle, il parle de l'incarnation comme d'une étape évolutive. De petites erreurs de ce genre ne sont pas rares dans les traductions de la Bible. Introduites sous l'influence du dogmatisme, souvent à l'insu même du traducteur qui s'appuie sur la tradition, elles contribuent à perpétuer la croyance au détriment de la compréhension symbolique.
(2) Traduction littérale.

de Dieu » (verset 12), l'idéal étant pour ceux-ci directif, mais irréalisable dans toute sa plénitude. Jésus est la réalisation de l'idéal éthique, et c'est cela que ses contemporains (du moins un petit nombre d'entre eux) ont compris lorsqu'ils ont reconnu en lui le Fils de Dieu. Aucun d'eux ne l'a pris pour un homme-dieu engendré par miracle. Par contre, ils ont souvent mécompris la portée universelle de son message et ont vu en lui celui qui rétablirait Israël dans sa puissance temporelle.

Mais il est essentiel de tenir compte du fait que le Prologue de l'Évangile de Jean diffère des autres textes évangéliques en ce sens qu'il parle secondairement de l'homme Jésus et de son accomplissement (ce qui est le thème des autres Évangiles), mais qu'il parle avant tout du phénomène de sanctification (1) en tant qu'il s'intègre dans l'histoire évolutive de la vie tout entière. Étant la réalisation au niveau conscient de l'idéal d'harmonisation immanent à l'existence, il éclaire par là tout le sens de l'évolution.

En ce sens, l'expression « Fils unique » du Père, employée dans le Prologue, dépasse l'accomplissement solitaire de l'homme Jésus. Le Fils Unique (2), non plus dans son acception métaphorique, mais dans sa profonde signification symbolique, est l'essence de cet accomplissement ; la victoire sur la souffrance survenue par le « péché d'Adam » a été une fois réalisée, la renouveler à travers les siècles est, pour l'humanité, l'unique espoir de satisfaction.

Le mythe de l'Incarnation ne témoigne pas avant tout pour Jésus, il témoigne qu'une étape décisive de l'évolution a été franchie et qu'il en résulte un immense espoir pour tous. Plus encore : il montre que l'accomplissement de l'homme le plus évolué éclaire et fait comprendre le sens de la vie, le passé et le futur de l'évolution. Symboliquement parlant, la réalisation de l'idéal au niveau humain « révèle » dans son ensemble « le dessein de Dieu », le sens immanent à la vie dont la méconnaissance est source de désorientation (errer dans les ténèbres). C'est cette signification là plus vaste du mythe de la Trinité, que résume le dernier verset du Prologue : « Dieu, personne ne l'a jamais vu, le

---

(1) La même remarque s'applique aux épîtres de Paul.
(2) L'expression « Fils Unique » ne se rencontre (et encore très rarement) que dans l'Évangile de Jean.

Fils Unique qui est dans le sein du Père, celui-là l'a fait connaître. »

Ce que nous venons de développer est le sens le plus profond du Prologue. Il n'empêche, comme il a été dit, que ce texte tire sa raison d'être de l'exemple de l'homme Jésus, et que le personnage de Jésus y est présent à partir du verset 14.

En somme, deux distinctions fondamentales s'imposent si l'on veut saisir le sens véritable du Prologue. D'une part, il faut distinguer clairement *Jésus*, personnage historique, du *Verbe*, qui est un symbole mythique. L'affirmation centrale du Prologue : *le Verbe est devenu chair*, est *symbolique* et se rapporte à l'existence d'un homme *réel* dont elle dégage la portée évolutive. Elle n'est pas la proclamation d'un fait miraculeux. Elle ajoute au héros réel la dimension d'un héros mythique, montrant par là que la vérité qu'il incarne est celle-là même dont parlent tous les mythes et en particulier le mythe hébraïque dont procède tout le Nouveau Testament.

D'autre part, il faut distinguer l'homme Jésus du *Fils* mythique de Dieu, ou Fils Unique qui est l'espoir évolutif inclus dans l'accomplissement de Jésus. Cet accomplissement se trouve ainsi relié au sens immanent à la vie « dès le commencement » dont il apparaît comme l'aboutissement et la clarification, et il est relié à l'avenir de l'évolution dont il apparaît comme la préfiguration. Ainsi, dans la Trinité symbolique : Père, Verbe et Fils, la troisième personne n'est pas Jésus, mais le Fils symbolique, l'espoir évolutif de l'humanité préfiguré par l'accomplissement de Jésus.

Une distinction similaire s'impose entre Jésus et *Christ* (terme n'apparaissant qu'au verset 17), qui est comme le « Fils » une image symbolique. « Christ », symbole central du Nouveau Testament, est emprunté à l'Ancien Testament. Il est la traduction en langue grecque du terme hébreu « Messie », qui signifie « Oint ».

L'Oint du Seigneur ou Messie de l'Ancien Testament n'est pas un personnage présent ou à venir, mais la vérité connue surconsciemment par tout homme et qui, par nécessité évolutive, doit s'incarner et devenir motivante en l'homme, seule condition par laquelle puisse être réalisé sur terre le règne de la justice.

Le Christ du Nouveau Testament est la réalisation de l'espoir ancestral de voir s'actualiser la vérité surconsciemment connue. Jésus est symboliquement le Christ parce qu'il a accompli l'idéal dont la réalisation relative incombe à chaque homme. Mais l'existence de Jésus ne *réalise* pas, comme le veut le dogmatisme (et comme l'histoire le dément cruellement), l'espoir de l'humanité. Son accomplissement symboliquement appelé *Christ* montre la *possibilité* et donc renforce l'*espoir* que la souffrance qui règne à cause de l'avidité des désirs soit évolutivement surmontée. Jésus est le Christ mais il n'est, comme dit l'apôtre Paul, que les « prémices » de l'incarnation complète de la vérité dans l'espèce pensante. En ce sens il est le « Fils », le porteur de l'espoir. Le « Christ » est l'accomplissement éthique, le Fils est l'espoir évolutif.

Le verset 14 continue ainsi : « et il a dressé sa tente parmi nous, et nous avons contemplé sa gloire... ». La *tente* est un symbole qui apparaît assez fréquemment dans la Bible. Souvenir du nomadisme ancestral, elle est la protection, l'abri. Elle symbolise donc ce qui protège essentiellement l'homme, ses valorisations. La « tente » plantée par le Christ dans le monde est le refuge des âmes désorientées qui ont compris son message. On peut rapprocher le verset 14 de ce passage des épîtres de Paul (II Cor. 12/9) : « ... afin que la puissance du Christ *dresse sa tente* sur moi. » La tente symbolise aussi le détachement, la simplicité de la manière de vivre de Jésus.

« Et nous avons contemplé sa gloire » est interprété par le dogmatisme comme un témoignage oculaire des phénomènes surnaturels qui auraient marqué le passage sur terre de l'homme-dieu : les miracles (1), la résurrection et l'ascension réelles. La pensée, lorsqu'elle perd la sûreté méthodique qui seule permet de trancher entre le possible et

---

(1) Le terme grec *sèmeion*, traduit à tort par « miracle », veut dire simplement : « signe », et n'introduit aucune notion de surnaturel. Les « miracles » de Jésus, comme tout illogisme mythique, doivent être interprétés symboliquement. Leur étude déborderait le cadre de cet ouvrage. (Note de J. Diel.)

l'impossible, peut garder une structure pseudo-logique tout en s'égarant dans l'absurde. La base épistémologique de la pensée consiste dans la distinction entre mystère et apparition, et la règle méthodique fondamentale de la pensée scientifique consiste à n'introduire ni les modalités existantes dans le mystère, ni le mystère dans les modalités.

En accord avec le sens des versets déchiffrés jusqu'ici, la phrase signifie que les disciples de Jésus ont saisi la portée de son exemple, accomplissement par lequel il peut bien être appelé la « gloire » de l'humanité. Ils ont, plus essentiellement, contemplé la « gloire », la splendeur de la vérité universelle et fécondatrice symboliquement appelée Christ.

Le symbole « Fils Unique » a déjà trouvé sa traduction ; quant à la « grâce » (« plein de grâce et de vérité »), interprétée par le dogmatisme théologique comme don miraculeux accordé par un Dieu réel et transcendant aux êtres humains, elle est en effet le don, mais elle est le don inexplicable et immérité (gratuit) de la vie et de l'élan qui, par son propre dynamisme évolutif (psychologiquement exprimé : par la force de son calcul de satisfaction sublime), peut arriver à créer l'harmonie complète du psychisme humain, la foi en la vie, la joie de la vie.

Verset 16 :
— « Car de sa plénitude, nous avons reçu et grâce pour grâce. » (1) —

Par la suppression du verset 15, ce verset se rattache tout naturellement au verset 14.

Certes, la grâce est le don de la vie, mais ce don se perd sans la capacité de le recevoir, de le mériter. En ce sens la grâce est l'illumination de l'âme et de l'esprit, la force de l'élan capable de surmonter le tourment angoissé qui s'étend sur le passé et l'avenir. L'âme, rétrécie et aveuglée par l'affectivité égocentrique des désirs multiples, s'objective lorsque l'homme se vit comme animation mystérieuse, essai de la nature de percer vers la satisfaction essentielle. La grâce est le don de la vie reçu et accepté, la responsabilité

---

(1) Le verset 15 sera commenté après les versets 6, 7, 8 et 9 à la suite du Prologue.

pleinement assumée face au sens de la vie mystérieusement immanent.

Celui qui se vit ainsi, sans vanité coupable ni plainte accusatrice, comme entièrement animé par l'élan évolutif qui « allume » la vie préconsciente et illumine la vie consciente, celui-là est « plein de grâce et de vérité » et devient, pour les autres, exemple vivifiant, transmetteur de la grâce, source de la grâce.

Verset 17 :
— « Car la loi a été donnée par Moïse, la grâce et la vérité sont venues par Jésus-Christ. » —

Ce verset unit et oppose en même temps les significations profondes de l'Ancien Testament et du Nouveau Testament, de l'ancienne alliance et de la nouvelle alliance (1).

La vérité a toujours existé. Toujours elle a été à nouveau exprimée par les mythes de tous les peuples, sous ses deux aspects essentiels : vérité métaphysique, qui est la distinction radicale et définitive entre l'insondable mystère des Origines et l'apparition manifeste ; vérité éthique qui est l'immanent impératif d'harmonisation dont l'exécutif est la justice immanente. La vie des cultures dépend du degré de retentissement de cette vérité dans les âmes des individus. La décadence s'installe avec la désorientation croissante qui naît de l'oubli de l'essentiel.

La vérité ne peut s'incarner complètement dans les individus, il faut qu'elle soit *suggérée*. C'est le rôle de la classe sacerdotale dans les époques de floraison de la culture où la suggestion véridique, fondée sur le mythe, rencontre un écho dans l'âme des individus.

Avec la progression de l'intellectualisation, la suggestion d'abord magique, puis mythique, peut devenir formulation conceptuelle. C'est précisément le cas de la loi de Moïse. Mais la vérité, tant qu'elle n'est pas incarnée, tant qu'elle n'est pas imposée à l'individu par son propre surconscient, risque toujours de se dégrader en suggestion magique ou en impositions verbales, en moralisme que ne cessera de combattre l'amoralisme croissant.

(1) Le titre de la Bible grecque : *Kainè diathèkè*, habituellement traduit par « Nouveau Testament », peut également être traduit par « Nouvelle Alliance ».

L'homme sanctifié n'obéit pas à la loi, il obéit à son propre surconscient. Il est à lui-même sa propre loi, il incarne l'immuable loi d'harmonie qui régit tout ce qui existe.

Il ne veut pas imposer une nouvelle loi — juger le monde — mais libérer l'homme de la loi (pourtant nécessité historique) — sauver le monde. Il ne propose pas non plus aux hommes de le suivre dans le chemin de la sanctification. Il montre que chacun peut, selon ses propres forces, trouver la satisfaction essentielle si, rejetant tout précepte, il écoute l'appel de son propre surconscient, serait-il seul à le faire au milieu d'un monde désorienté. Son exemple rend caduque la loi, guide collectif d'un peuple, et apporte la « grâce et la vérité », le réveil possible en chaque psyché humaine de l'élan évolutif (Verbe et Lumière) incarné dans la nature entière, mais étouffé chez l'être humain par l'exaltation imaginative des désirs et l'angoisse inhibitive.

Verset 18 :
— « Dieu, personne ne l'a jamais vu, le Fils Unique qui est dans le sein du Père, celui-là l'a fait connaître. » —

Ainsi, le récit mythique de l'Incarnation retourne à son origine. Il réaffirme avec force le fondement mythique de toutes les cultures, plus central et plus explicite dans le mythe judéo-chrétien que dans aucun autre. Dieu est le mystère impénétrable à jamais. Il ne se manifeste que par le Verbe, l'élan évolutif, dont la manifestation la plus claire est la vérité incarnée par l'homme, le Fils Unique. Le Fils Unique n'est pas « dans le sein » du Père, comme le dit à tort la traduction française. Le terme original dit « vers » le sein du Père, c'est-à-dire « tourné vers » le sein du Père. Le Fils — « image visible du Dieu invisible », selon l'expression de l'apôtre Paul —, l'élan entièrement réalisé, motivé par l'émotion devant le mystère, est, symboliquement dit, « *tourné vers* » le mystère-Dieu.

Le Fils n'a pas fait connaître la nature réelle de Dieu, dans le sens du dogme, car rien ne peut la faire connaître (1). Qui oserait dire qu'il connaît Dieu, sans être saisi par

---

(1) Le texte original dit littéralement : le Fils Unique a été son interprète, a été l'explicateur de ses intentions.

l'absurdité blasphématoire d'une telle assertion? C'est pourtant ce qu'on veut affirmer lorsqu'on prétend que Jésus, homme-dieu, partie intégrante de la divinité, révèle la nature divine à ceux qui sont incorporés dans l'Église par la magie des cérémonies.

Combien plus profonde est la vérité mythique. Le Fils Unique, au-delà de l'exemple de l'homme Jésus, est l'espoir évolutif qui concerne l'humanité entière en tant qu'elle est l'héritière de l'unique vérité, vécue par un homme et devenue par là espoir pour tous les hommes. Par cette possibilité donnée à l'humanité de surmonter la souffrance due à l'intellectualisation, au péché adamique, « s'éclaire » le dessein de Dieu, c'est-à-dire l'avenir évolutif de l'espèce pensante, l'incarnation dans l'humanité de l'éternelle et unique vérité appelée Christ.

Ici se termine le déchiffrement du symbolisme du Prologue. Il sera suivi de la traduction du sens symbolique des premiers versets de l'Évangile proprement dit, c'est-à-dire des versets 6, 7, 8, 9 et 15 du texte traditionnel du Prologue.

Si le Prologue de l'Évangile de Jean peut être appelé une vision cosmique de l'évolution et une prévision de l'avenir essentiel de l'humanité, l'Évangile de Jean proprement dit (qui commence après le verset 18) peut être appelé un témoignage pour Jésus-Christ.

Il faut entendre par là que le dessein de l'évangéliste n'est pas tant de raconter la vie de Jésus (bien moins encore de démontrer son origine et sa destinée soi-disant surnaturelles), que de montrer que *Jésus est le Christ*, non pas réellement, mais symboliquement.

Verset 6 :
— « Il y eut un homme envoyé de Dieu, son nom était Jean. » —

L'Évangile proprement dit s'ouvre par le témoignage de Jean-Baptiste. La portée de ce témoignage de Jean-Baptiste va bien au-delà de l'anecdote historique, non pas, comme l'affirme le dogme, parce qu'il serait l'annonciateur prédestiné du miracle, mais parce qu'il symbolise et résume tout l'esprit prophétique de l'Ancien Testament, et qu'il annonce en même temps la Nouvelle Alliance, c'est-à-dire une nouvelle expression plus complète et plus universelle de l'éternelle vérité.

Verset 7 :
— « Il vint en témoignage pour témoigner au sujet de la lumière, afin que tous par lui fussent amenés à la foi. » —

Jean-Baptiste est présenté comme *témoin de la lumière.* Or la lumière, comme nous l'avons vu à propos du verset 5 (« la lumière brille dans les ténèbres et les ténèbres ne l'ont pas accueillie »), est la vérité surconsciemment connue par l'être humain, bien que le subconscient la refoule. Tous les prophètes ont été des témoins de la lumière, des hommes d'élan, lucides sur leurs propres motifs et animés du désir d'éclairer les autres, de les aider à s'arracher à la banalisation.

En tant qu'il s'inscrit dans la lignée de ceux qui, de tout temps, ont été les « témoins de la lumière », Jean-Baptiste est symboliquement *envoyé* par Dieu *pour* témoigner, *afin que* tous fussent amenés à la foi. Ces expressions apparemment finalistes servent d'appui au dogmatisme littéral pour prétendre que la vocation de Jean-Baptiste, comme celle des prophètes de l'Ancien Testament, est réellement suscitée par la volonté divine, qu'elle est un élément d'un plan divin réellement pré-établi.

Jean-Baptiste n'est pas *envoyé par Dieu afin de* témoigner pour Jésus-Christ, ni *afin de* convertir les masses. C'est son propre élan qui l'anime.

Le finalisme de l'expression est symbolique et exprime cette nécessité intérieure qui pousse Jean-Baptiste à appuyer la prédication de celui avec qui il se sent une parenté d'esprit, tout en reconnaissant et en avouant publiquement la supériorité de l'homme sanctifié. (« Je ne suis pas digne de dénouer la lanière de son soulier » Jean, 1/27.)

Ces expressions finalistes « pour que... », « afin que... » sont donc en parfait accord avec l'esprit du symbolisme mythique. La « volonté » de Dieu, le « dessein » de Dieu, sont des formulations symboliques courantes par lesquelles le mythe exprime l'intentionnalité mystérieuse et légale qui régit tous les phénomènes du monde extérieur et du monde intérieur.

Le ressurgissement périodique, dans l'histoire de l'humanité, d'hommes animés d'un élan exceptionnel s'explique sans qu'il soit besoin d'invoquer une prédestination surnaturelle. Dès l'origine de la vie, le principe moteur de l'évolution est l'insatisfaction angoissée qui cherche l'accalmie satisfaisante (1).

Les époques de décadence, comme le fut l'époque de l'Empire romain, comme l'est la nôtre, sont caractérisées par la désorientation angoissée à l'égard des valeurs éthiques, cyniquement niées ou superstitieusement hypostasiées. Cette désorientation angoissée a toujours, à travers l'histoire, suscité un renouveau de la réflexion sur le sens de la vie. La souffrance détermine la recrudescence, chez certains rares individus, de la force d'âme et d'esprit, de l'élan de dépassement par quoi ils s'opposent à la désorientation régnante en réaffirmant toujours à nouveau l'immanence des valeurs, symboliquement appelée sagesse et volonté de Dieu ou Verbe de Dieu, ou Lumière.

Psychologiquement compris donc, le phénomène du prophétisme, thème de l'Ancien Testament, condensé et résumé dans le premier chapitre de l'Évangile de Jean en la personne de Jean-Baptiste, et le phénomène de la sanctification, thème du Nouveau Testament, sont des phénomènes évolutifs qui, selon le procédé constant du langage mythique, se présentent dans la Bible « comme si » la « volonté » transcendante de « Dieu » les avait suscités.

Verset 8 :
— « Celui-là n'était pas la Lumière, mais il devait témoigner au sujet de la Lumière. » —

Comme il a été déjà expliqué, le symbole lumière a deux significations complémentaires. La lumière dont il est question au verset 5 est la vérité en général ; la lumière dont il est question à propos de Jean-Baptiste est toujours la vérité, mais elle devient aussi la vérité en tant que Jésus l'incarne et l'annonce nouvellement.

Jean-Baptiste « n'est pas la lumière » parce qu'il n'est pas le Christ : il n'est pas entièrement motivé par la vérité essentielle, la lumière. Mais s'il n'avait pas été « témoin de la lumière » en général, c'est-à-dire capable de distinguer

(1) Voir : *Peur et Angoisse*, Payot.

la vérité de l'erreur sur le plan essentiel, il n'aurait pu être le « témoin de la lumière qui vient dans le monde », de la vérité apportée par Jésus, du Christ.

Verset 9 :
— « C'était la lumière, la véritable qui illumine tout homme en venant dans le monde. » —

Cette lumière est la nouvelle formulation de la vérité, d'autant plus « illuminante » qu'elle apparaît dans « les ténèbres » d'une époque décadente. LA LUMIÈRE N'EST PAS JÉSUS, LA LUMIÈRE EST LE CHRIST, la vérité dont parle déjà l'Ancien Testament, incarnée, actualisée, devenue force active et pensée élucidante par l'accomplissement personnel de l'homme Jésus qui peut, de ce fait, être appelé symboliquement Jésus-Christ, l'homme animé par la foi en l'essence de la vie, capable d'être ému par la profondeur mystérieuse de l'existence et par son harmonie manifeste.

Certes, il est impossible de séparer radicalement l'homme vivant et son message. Jésus dit de lui-même : « Moi, lumière, je suis venu dans le monde » (Jean 12/46). Mais avant cette affirmation vient cette distinction fondamentale faite par Jésus lui-même : « Qui a foi en moi, *ce n'est pas en moi* qu'il a foi, *mais en celui qui m'a envoyé*, et qui me voit voit celui qui m'a envoyé » (Jean 12/44-45). « Celui qui m'a envoyé », comme « celui » qui a envoyé Jean-Baptiste (verset 6), est l'esprit surconscient, son élan qui l'oblige à s'harmoniser. Pour que l'homme s'harmonise, pour qu'il soit illuminé par la foi vivifiante, il faut qu'il soit libéré de l'exaltation imaginative des désirs et de leur avidité obsédante. L'éclaircissement du sens de la vie passe par l'éclaircissement par l'homme de ses propres motifs : la lucidité sur soi-même. La lumière surconsciente doit devenir éclaircissement conscient, qui s'oppose aux ténèbres du subconscient. La lumière est donc avant tout la vérité sur l'homme, la véracité de son auto-jugement, comme le montrent maints passages du Nouveau Testament :

« Tel est le jugement : la lumière est venue dans le monde et les hommes ont préféré les ténèbres à la lumière car leurs œuvres étaient mauvaises. En effet tout homme qui commet le mal déteste la lumière et ne va pas vers la lumière de peur que ses œuvres ne soient réprouvées. Mais celui qui pratique la vérité vient vers la lumière pour que soit manifesté que ses œuvres sont opérées en Dieu » (Jean 3/19-21).

C'est l'affirmation de la responsabilité solitaire de l'homme devant la loi éthique. En ce sens, comme le dit le verset 9 déjà cité : « la lumière, la véritable *illumine tout homme* en venant dans le monde ». Tout homme est concerné par le message de Jésus.

C'est ce message qui est pour l'humanité entière d'une importance fondamentale, et non le fait qu'il ait été formulé et réalisé par l'homme Jésus. L'homme historique a disparu, comme tout homme mortel, son message et son accomplissement exemplaire demeurent éternellement.

C'est l'apôtre Paul qui a le plus profondément compris que la vérité incarnée par Jésus ne concerne plus seulement le peuple symboliquement élu, mais l'humanité entière.

Verset 15 :
— « Jean témoigne à son sujet (donc au sujet de la lumière) et n'a cessé de crier : ' C'était celui dont j'ai dit : celui qui vient après moi a existé avant moi, car avant moi il était. ' » —

La traduction française qui s'efforce de rendre la nuance du texte original : « il n'a cessé de crier » souligne bien la persistance de la voix prophétique, symbolisée par Jean-Baptiste, qui s'est fait entendre à travers les âges. Celui-ci, qui se réfère à Isaïe, à la voix qui crie dans le désert (du monde banalisé), apparaît donc bien comme le dernier prophète de l'ancienne alliance en qui se résume tout le message prophétique : le témoignage pour la lumière.

La déclaration de Jean-Baptiste : « Celui qui vient après moi... etc. » sert d'appui au dogmatisme théologique pour affirmer la double nature *divine* et *humaine* *de l'homme* Jésus. « Celui qui vient après » serait l'homme-dieu Jésus-Christ, « celui qui était avant » serait le Verbe, personnage divin réellement préexistant dès le commencement.

En réalité l'exclamation de Jean-Baptiste, quelque peu énigmatique dans sa forme, s'explique si l'on prend soin de distinguer clairement le plan du symbolisme et le plan de la réalité historique, ce qui est d'ailleurs un principe méthodique valable pour le déchiffrement de tous les textes bibliques. « Celui qui vient après » Jean-Baptiste dans le temps est Jésus, dont la prédication suit celle de Jean-Baptiste.

« Celui qui a existé avant moi » est le Christ. La vérité essentielle a toujours existé. Elle est exprimée en termes symboliques par les mythes de tous les peuples. Elle a toujours existé dans l'âme des êtres humains, sous forme de la conscience éthique qui se transforme en culpabilité lorsque l'homme n'écoute pas son appel évolutif. Mais elle n'avait jamais été incarnée, vécue à ce degré par un homme, en qui elle devient unique force motivante.

« Car avant moi il était. » C'est encore du Christ qu'il s'agit, symbole et non réalité. Si la vérité *existé* dans la conscience historique de l'humanité, c'est que, essentiellement, elle *était*, elle n'est pas liée à l'accidentel, elle est la manifestation dans le psychisme humain de la loi d'harmonie qui régit mystérieusement, depuis les origines, l'interaction évolutive entre esprit organisateur et matière organisée.

Ainsi Jean-Baptiste apparaît dans l'Évangile de Jean comme l'héritier de la culture judaïque, le « Juste », selon la terminologie de l'Ancien Testament. Il est l'homme suffisamment purifié dans ses motifs pour être capable de reconnaître en Jésus, le *Christ*, l'homme libéré du « péché » adamique, le réalisateur de l'espoir séculaire de l'humanité. Jean-Baptiste annonce ainsi une nouvelle culture, culture universelle dans laquelle l'individu, libéré des formes particulières à telle ou telle religion, peut espérer, en déployant l'élan qui lui est propre, surmonter l'angoisse de désorientation.

Cet espoir, étouffé dès le début du christianisme par la mécompréhension dogmatisante, demeure pourtant, et trouve appui et confirmation dans la compréhension de la véritable signification, symboliquement voilée, du mythe de l'Incarnation.

Cet espoir dépend donc en dernier lieu, pour se déployer, de la méthode introspective capable d'étudier le psychisme jusque dans les profondeurs extraconscientes où s'élabore le langage symbolique.

3   LES ÉPÎTRES DE L'APÔTRE PAUL

Mythe de la Résurrection

Les épîtres de l'apôtre Paul étant des écrits religieux, possèdent un sens symboliquement voilé. Déjà du vivant de l'apôtre existait une tendance à interpréter faussement les épîtres. Selon le témoignage de Pierre : « ... *Comme notre bien-aimé frère Paul nous l'a aussi écrit, selon la sagesse qui lui a été donnée. C'est ce qu'il fait dans toutes ses lettres, où il parle de ces choses, dans lesquelles il y a des points difficiles à comprendre, dont les personnes ignorantes et mal affermies tordent le sens, comme celui des autres Écritures, pour leur propre ruine* » (II Pierre 3 : 15, 16).

La mécompréhension des textes symboliques, alors comme aujourd'hui, consiste à prendre la façade imagée ou métaphorique pour une réalité. Or, selon l'avertissement que formule l'apôtre lui-même : « *la lettre tue* » (donc aussi la croyance en la lettre) « *mais l'esprit est vivifiant* » (II Cor. 3 : 6). Le terme « tuer » ne saurait ici être pris à la lettre, car l'apôtre, de toute évidence, n'envisage pas la mort corporelle comme suite de l'incompréhension littérale. Il s'agit d'une métaphore de portée symboliquement profonde.

Voici donc la question primordiale qui se pose : dans quel sens la lettre peut-elle « tuer », et quel est cet esprit vivifiant, la vérité, caché dans les épîtres de l'apôtre ? Il est le même que celui qui est caché dans les écrits bibliques auxquels les épîtres se réfèrent.

Le problème s'avère d'autant plus important que le fondement religieux est le support de la culture de chaque peuple et que notre culture occidentale est fondée sur la lettre (dogmatiquement élargie) des écrits judéo-chrétiens, l'Ancien et le Nouveau Testaments. Le mythe judaïque de la Genèse raconte l'histoire de la création de l'univers et de la chute du premier homme. L'indéfinissable « cause créatrice » est figurée par Dieu-Père, et le sort de l'humanité entière est préfiguré par la désobéissance d'Adam. Le Nouveau Testament se présente comme un prolongement de ce récit. Il apporte l'histoire du pardon. La faute d'Adam est rachetée par le Christ Jésus, sauveur de l'humanité, crucifié, enseveli et ressuscité.

Le thème central des épîtres pauliniennes est la résurrection du Christ. L'apôtre lui-même constate un lien entre cette résurrection et la chute originelle : « *puisque la mort est venue par un homme, c'est aussi par un homme qu'est venue la résurrection des morts. Et comme tous meurent en Adam, de même aussi tous revivront en Christ* » (I Cor. 14 : 21, 23).

Puisque l'apôtre avertit expressément qu'il faut se méfier de la lettre, cet avertissement concerne en premier lieu le thème constant de toutes les épîtres : mort et résurrection. Ces termes renferment un sens voilé, symbolique, qui résume le sens du mythe judéo-chrétien commençant par le récit de la chute d'Adam, cause du mal, et aboutissant au mythe du Christ, restituteur du bien. Les épîtres pauliniennes parlent du « Mystère du Christ », c'est-à-dire de l'accomplissement de l'homme Jésus, qui, en rétablissant le bien, se trouve mythiquement transfiguré en messager de la volonté divine. La nature réelle de ce bien — dont le symbole est la « résurrection de la mort » — devient compréhensible par l'élucidation préalable de la nature réelle du mal et de son origine, c'est-à-dire par la compréhension du mythe de la Genèse.

Compris selon son sens caché, le mythe judaïque de la Genèse et de la chute originelle contient en germe, comme on l'a vu, tous les thèmes développés dans les deux Testaments et dans les épîtres pauliniennes, qui peuvent en être considérées comme le résumé. L'erreur vitale consiste donc à préférer les désirs terrestres à l'appel de l'esprit, à exalter aux dépens de l'esprit les désirs charnels. Expulsée du Paradis de l'animalité innocente, l'humanité ne peut trouver le salut qu'en recherchant le Paradis de l'esprit, le « Ciel », symbole de la connaissance parfaite du sens de la vie, et, par voie de conséquence, symbole de la joie, impérissable parce que libérée de la tentation par l'erreur. Adam a perdu la grâce de vivre essentiellement, de vivre dans la vérité qui — mythiquement parlant — est l'essence divine, et qui, parce que immuable, est symboliquement appelée éternelle. Adam figurant l'humanité, celle-ci, par le penchant au faux choix, par l'exaltation des désirs charnels, est — symboliquement exprimé — morte pour la vie essentielle et éternelle.

Le conflit entre esprit et chair étant le principe du mal, le principe du bien est l'accord entre esprit et chair, l'harmonie des désirs. L'esprit doit dominer mais non point supprimer la chair. « *Nous n'avons pas à combattre la chair et le sang, mais les dominations* » (Eph. 6 : 12). (Chair et sang figurent l'un, les désirs charnels, l'autre, l'instinctivité naturelle ; le terme « dominations » est employé pour les tentations perverses d'exalter les désirs qui dominent l'homme.)

Cette compréhension supprime toutes les incohérences. L'humanité n'est pas condamnée à cause de la consommation d'une pomme, mais par son propre penchant pervers dont la conséquence n'est pas la mort corporelle, mais la « mort de l'esprit » (la « mort de l'âme »). La justice de Dieu — juge mythique — est parfaite. L'apparente injustice de la sanction est, à la vérité et selon le sens caché, la justice immanente à la vie, car l'exaltation des désirs charnels — principe immanent du mal — dresse l'homme contre l'homme et les peuples contre les peuples. Elle engendre la haine. Or, la haine, non seulement d'après la vérité mythique, mais aussi selon la sagesse du langage, ruine la chance accordée qu'est la vie (la grâce) ; la haine engendre le principe même de la mé-chance (de la disgrâce), la méchanceté. Tout le sens des Écritures se résume dans l'exigence de transformer la haine en amour, la méchanceté en bienveillance (en veillance lucide du bien). Cette exigence fondamentale se trouve textuellement formulée tout au long des Écritures, car en elle se résume et se condense le sens énigmatique des symboles. Quant aux épîtres pauliniennes, elles sont toutes conçues sur un même schème : l'apôtre expose d'abord son enseignement en termes symboliques « mort et résurrection », pour y ajouter ensuite la clef de la compréhension : les exhortations à la charité qui n'est pas en premier lieu une aumône, un don matériel, mais le don de son âme vivante capable de nourrir et de vivifier l'âme d'autrui. « *Quand je distribuerais tous mes biens pour la nourriture des pauvres... si je n'ai pas la charité, cela ne sert de rien »* (I Cor. 13 : 1, 3). Conséquence du péché originel, du penchant pervers à l'exaltation des désirs, la haine ne fait que mortifier les âmes (*mors facere* : faire morte), que ce soit pris dans le sens : tuer les âmes à force de rancœur mutuelle, ou dans le sens : se mortifier par suite d'une vaine défense ascétique contre l'envahissement par la rancœur. De cette mort de l'âme, l'homme doit renaître à l'amour de la vie. Du fait que — symboliquement parlant — la vie est don gratuit de Dieu, l'homme doit — sur le plan mythique — renaître à l'amour de Dieu, à l'obéissance et à la grâce.

La résurrection de la mort (de l'âme) doit s'accomplir durant la vie. Cependant, au symbolisme « mort-résurrection » qui se rapporte au symbole Dieu-Juge, se surajoute le symbolisme d'une résurrection après la mort du corps qui, lui, se rapporte au symbole Dieu-Créateur. La vie, n'étant pas sortie du Néant, ne peut se perdre dans le Néant. Pour l'imagination mythique, la vie sortie de Dieu rentrera en Dieu. L'homme qui durant la vie ressuscite de la mort de l'âme, ressuscitera — d'après l'image mythique — en Dieu après la mort du corps. Cette réunion mythique avec Dieu conduit au symbole de l'immortalité. Se rapportant à l'image Dieu-Créateur, l'immortalité après le trépas est un symbole d'un tout autre ordre que les images qui figurent le rapport entre l'homme vivant et la divinité-juge. Ayant une signification métaphysique tout comme le symbole Dieu-Créateur, le symbole de l'immortalité demeure indéfinissable et inexplicable quant à son mode. Seules les images qui concernent la mort de l'âme et sa renaissance durant la vie sont traduisibles en langage conceptuel, du fait que ces images figurent le sens immanent de la vie, les modalités réelles d'une vie sensée ou insensée.

Afin de pénétrer mieux encore le sens des épîtres, il importe d'entrevoir non seulement l'aspect essentiel du problème vital (thème du mythe), mais encore d'esquisser la situation historique de l'époque.

Le mythe symbolise le thème essentiel ; les faits historiques en sont l'illustration réelle.

Le propre même du « péché originel » de la nature humaine étant la transmission de la sanction à travers les générations, cette transmission devient la déterminante essentielle du sort des individus et des peuples.

L'Ancien Testament, en développant le thème de l'obéissance et de la désobéissance, de la grâce et de la disgrâce, de l'alliance et de sa rupture, s'occupe en premier lieu du sort des peuples en général et particulièrement du peuple juif symboliquement élu, symbole — tout comme Adam — de l'humanité entière. Tout l'Ancien Testament est une illustration historique et une vérification du sens symboliquement exprimé par le mythe d'Adam : l'exaltation des désirs matériels entraîne la ruine de la force de l'âme. Loin d'aboutir à la réalisation de sa promesse fallacieuse, le principe du mal ne conduit même pas au bien-être matériel, mais — par lâcheté essentielle — au relâchement des mœurs et à la déchéance du peuple entier. Rebelle à l'appel de l'esprit (symboliquement parlant : la voix de l'Éternel), le peuple élu se perdant dans le sybaritisme devient incapable de se défendre contre ses ennemis, et tombe sous le joug du conquérant (symboliquement parlant : l'Éternel châtie le peuple). L'aspect collectif et sur-individuel de la chute et de sa sanction se trouve symbolisé par le mythe du Déluge, par l'histoire de la Tour de Babel (le sort de Babylone), par la destruction de Sodome, par la captivité en Égypte. Après l'Exode, le péché héréditaire de la nature humaine et sa sanction sont symbolisés à nouveau par la danse autour du veau d'or et exemplifiés par l'histoire des Rois jusqu'à la destruction de Jérusalem.

Durant toute cette histoire, les Prophètes annoncent l'avènement du Messie selon l'esprit, qui libérera le peuple de la mort de l'âme. Mais le peuple n'attend que le Messie selon les désirs de la chair, celui qui lui assurera puissance matérielle et opulence. Le joug romain a finalement exacerbé l'ancienne espérance, et le messager de l'esprit, l'homme dans lequel la vérité essentielle s'incarne — dont la chair n'accomplit que les œuvres de l'esprit, le ressuscité de la mort de l'âme —, déçoit l'attente banale passagèrement attachée à son message. Il ne lui sera point pardonné de s'être détaché de la croyance commune et il sera traité comme renégat à l'égard de la loi instaurée par Moïse. Il sera mis à mort. L'homme Jésus périt dans sa chair. Mais la vérité qui a été incarnée en lui — vérité symboliquement personnifiée et appelée « le Christ » — ressortira du tombeau. Le Christ étant un symbole, la « résurrection du Christ » est, elle aussi, de portée symbolique. Elle est d'une tout autre signification que la « résurrection durant la vie » de l'homme Jésus, et sa signification est différente également de la résurrection métaphysique dont le symbole est l'immortalité (le mythe du retour, après le trépas, dans le principe créateur). Le Christ — l'enseignement de Jésus — ressuscite au troisième jour, le jour de l'esprit selon un des plus anciens symbolismes des nombres : le jour où la vérité vécue par Jésus est comprise et vécue par d'autres hommes (dans la limite de leur force) ou par l'humanité entière. Le Christ ne peut ressusciter, la vérité ne peut revivre, qu'en se réincarnant (« *jusqu'à ce que le Christ soit formé en vous* », Gal. 4 : 19). Cette réincarnation compréhensive et active est la foi vivifiante. Mérite (sur le plan de la réalité) et grâce (sur le plan symbolique), la foi active est vivifiante, car elle ne fait point seulement renaître du tombeau l'enseignement, le Christ ; elle fait aussi renaître de la mort de l'âme l'homme dans lequel la vérité se réincarne : son âme renaît du sépulcre de la chair (désirs terrestres exaltés). C'est cette vérité, symboliquement personnifiée et appelée « le Christ », c'est l'importance de la vie et du message de Jésus qui est apparue à Saul de Tarse sur le chemin de Damas et dont la compréhension l'a ébloui au point de faire de lui l'apôtre des nations. Car en comprenant cette vérité, il s'est détaché, à l'exemple de Jésus, de la croyance morte de son enfance, de la loi instaurée par Moïse, pétrifiée en dogme et en cérémonies. La révélation de la vérité lui fit comprendre que le message du salut, « le Mystère du Christ », ne s'adresse pas exclusivement au peuple juif, mais au monde entier. Tout homme est susceptible « *d'être édifié pour être une habitation de Dieu, en Esprit* » (Éph. 2 : 22).

L'Évangile est le message de la joie parce que, en complétant l'Ancien Testament, il montre que, même au milieu du désastre des peuples, chaque homme, par sa propre force — par l'intensité de son désir essentiel —, peut, de la souffrance commune due à la mort des âmes, renaître à « Dieu », au sens de la vie et à la joie. Cette renaissance, réalisée par l'apôtre Paul à l'exemple de Jésus, a pour condition l'affranchissement à l'égard des croyances mortes : la compréhension active de la vérité, immanente à la vie mais symboliquement présentée par les mythes comme révélation transcendante.

Le sens des épîtres se concentre ainsi finalement dans la distinction entre la foi vivifiante et la croyance mortifiante (1).

« La foi » dont parle le Nouveau Testament n'est pas la croyance dans un Dieu réel, ni la croyance au miracle (2), mais la confiance ébranlée ou détruite dans les époques décadentes par l'angoisse de désorientation et le doute engendré par la multiplicité des idéologies sophistiques.

La croyance en un Dieu réel et en son intervention gratuite est mortifiante (elle tue l'élan ou elle le convulse en remords stériles, en morsure de culpabilité) parce qu'elle conduit infailliblement à l'espoir erroné d'obtenir la grâce par les moyens magiques de l'imploration verbale et de l'accomplissement cérémoniel. La véritable religiosité, l'émotion face au mystère, se meurt et à sa place fleurissent les traditions religieuses et les dogmes. La croyance, au lieu d'être — comme la foi — un phénomène vital d'importance essentielle, n'est plus alors qu'adhésion accidentelle à une institution sociale à laquelle chacun participe selon le hasard de sa naissance qui décide, dès son enfance, de son appartenance à telle ou telle communauté.

Par ses épîtres, l'apôtre a voulu obtenir que, dans les églises qu'il avait fondées, l'esprit prime la lettre, que la foi vivante ne soit pas débordée par la croyance morte en la loi ancienne dont les garants étaient les prêtres d'alors, Lévites et Pharisiens. Abandonner la croyance de l'enfance et sa compréhension littérale pour revenir à l'esprit est *folie aux yeux du monde*, car l'amour inconditionné de l'esprit n'est

(1) Le verbe « pisteuô » qui revient constamment dans le Nouveau Testament n'a jamais en grec le sens que lui donnent les traductions, de « croire à l'improuvable », de « croire aveuglément », qui s'opposerait au savoir prétendument insuffisant de la « raison raisonnante ». Ce verbe a constamment en grec la signification de « avoir confiance », « se fier à ». Le substantif grec *pistis* est exactement traduit par le latin *fides* dont dérive le mot « foi ».

Le verbe qui correspond en latin à *fides* est *fidere* « avoir confiance, et non « *credere* » qui a donné en français « croire » dont le sens est ambigu puisqu'il a deux contraires : « se méfier de... » et « savoir ». Ces inexactitudes de traduction dont on pourrait multiplier les exemples ont leur importance. Introduites par l'interprétation dogmatique, elles finissent par être utilisées comme preuves de l'erreur qui les a suscitées.

(2) Voir p. 205, note (1).

pas sans danger pour la chair, comme l'histoire le prouve par des exemples sans cesse répétés. Le Mystère du Christ — vu sous cet angle — n'est que l'exemplification parfaite de ce danger surmonté par la force de l'esprit (la défaite extérieure transformée en victoire intérieure). La folie sainte dont parle l'apôtre fut commune à tous les Prophètes jusqu'à Jésus, et c'est elle dont lui-même se sent animé. Cette folie est la foi, inspirant la force de résister au monde, à ses séductions et à ses menaces. Elle est « *gloire devant Dieu* » parce qu'en soumettant la chair à l'exigence de l'esprit, en incarnant l'esprit, la folie de la foi « glorifie », sanctifie la chair, c'est-à-dire spiritualise et sublime les désirs matériels et sexuels et réalise ainsi le sens immanent de la vie dont le symbole est Dieu. La foi active « *rend grâce à Dieu* » : elle rend à Dieu la grâce imméritée d'être appelé à la vie, en faisant de cette grâce le mérite de l'âme ardente. Dans cette conception, l'apôtre ne cesse de répéter qu'il est appelé à son ministère par la grâce de Dieu. C'est à cette grâce qu'il veut faire participer les membres de ses églises en stimulant par ses lettres leur foi et en combattant inlassablement la tendance qui déjà durant sa vie commençait à se manifester : la tendance néfaste à remplacer la foi vivante par la croyance morte en la lettre et les cérémonies.

Tout comme la lettre exprime et cache à la fois la signification sensée, le culte cérémoniel, à son tour, cache et exprime l'action sensée. Le pouvoir suggestif du culte réside dans sa capacité de réveiller le sentiment de la grâce qu'est le don de la vie : les cultes de tous les peuples contiennent la promesse symbolique de sacrifier à l'esprit l'attachement excessif aux désirs charnels. Mais la cérémonie suggestive ne demeure qu'un envoûtement magique si elle ne parvient pas à faire réaliser la promesse symbolique par une activité sensée à travers les vicissitudes de la vie journalière.

Selon l'ancienne loi et sa lettre érigée en dogme, la postérité d'Abraham est élue, chaque descendant est en état de grâce, à condition d'être circoncis. Mais selon l'esprit caché, la circoncision de la chair est une cérémonie qui symbolise la limitation des désirs charnels et leur domination par l'esprit, « la circoncision du cœur », comme le dit l'apôtre Paul. L'argumentation de l'apôtre est fondée sur la compréhension de ce symbolisme lui permettant d'inclure les peuples polythéistes dans la promesse symbolique faite à Abraham, dans l'alliance et la grâce. En fondant des églises, l'apôtre a obéi à la nécessité de rassembler les convertis en des communautés, car rien n'est plus difficile pour l'isolé que de résister à l'assaut des menaces et des tentations. Le repos dans les convictions communes stimule la force de résistance. Mais cet avantage, de nature plutôt conventionnelle, exigé par la faiblesse humaine, n'est pas sans entraîner un péril essentiel : les conventions risquent de l'emporter sur l'ardeur de la foi.

Dans les églises chrétiennes fondées par l'apôtre, la cérémonie de la circoncision — depuis longtemps vidée de son sens — fut abandonnée et remplacée par une nouvelle cérémonie : le baptême. Sur le plan symbolique, cette substitution est parfaitement justifiée, car circoncision et baptême sont identiques selon leur signification profonde. L'homme ressuscite symboliquement de la mort de l'âme par le baptême, comme il est symboliquement inclus dans la grâce par la circoncision. Tout le sens des épîtres se résume dans l'avertissement que grâce et résurrection cérémonielles demeurent sans valeur si elles ne sont pas suivies d'un effort réel de renaître à une vie sensée. S'imaginer être appelé, sans véritable résurrection durant la vie, en vertu d'une grâce magique, à une éternelle félicité qui commencerait après la mort du corps, c'est tuer l'esprit du symbolisme « mort-résurrection » et dégrader le sens des épîtres au point d'en faire un contresens complet.

La dégradation résulte de l'incompréhension du symbole « péché originel ». Car c'est bien le penchant héréditaire porté à son comble, l'amour de la chair à son degré le plus exalté, que de mettre l'espoir non pas en la vie, mais en une résurrection de la chair après la mort du corps.

L'esprit caché sous la lettre ainsi déchiffré apporte une cohérence qui engage la vie entière et son sens. Mais ce sens général formulé jusqu'ici se retrouve-t-il effectivement sous la façade des lettres pauliniennes ? Pour répondre, il est indispensable de se référer de façon plus détaillée au texte des épîtres.

« *L'affection de la chair, c'est la mort* » (Rom. 8 : 6). C'est la définition même de l'acception dans laquelle le terme « mort » est employé par l'apôtre. L'affection de la chair est l'exaltation des désirs charnels, cause de la mort de l'âme.

Cette signification symbolique : « *la mort par le péché* » traverse à partir du mythe de la Genèse tout l'Ancien Testament. Elle se retrouve dans le Nouveau Testament : « *Laissez les morts enterrer les morts.* » Compris à la lettre, ce passage est dépourvu de sens. Il gagne au contraire un sens profond si l'on introduit la signification symbolique « mort par le péché » : laissez ceux qui vivent dans l'affection de la chair tuer mutuellement leur âme par la lutte pour les biens matériels. Les uns enterrent les autres, car leur corps n'est plus que le « sépulcre de l'âme morte ».

Le symbolisme « mort par le péché », commun à l'Ancien et au Nouveau Testament, est connu également des autres apôtres : « ... *La convoitise, lorsqu'elle a conçu, enfante le péché ; et le péché, étant consommé, produit la mort* » (Jacques 1 : 15).

« *Car l'Évangile a été aussi annoncé aux morts* » (de l'âme) (I Pierre 4 : 6). On n'a jamais entendu parler d'un miracle permettant d'évangéliser les trépassés. En revanche, le message de la joie n'a pas uniquement été annoncé aux membres des églises, mais aussi à ceux qui ne veulent pas l'entendre : aux morts de l'âme.

« *Nous savons que nous sommes passés de la mort à la vie, parce que nous aimons les frères. Celui qui n'aime pas demeure dans la mort* » (I Jean 3 : 14).

Non moins clair est le passage suivant : « *Vous étiez morts par vos offenses et par vos péchés... Nous tous aussi, nous étions de leur nombre* (du nombre des morts de l'âme), *et nous vivions autrefois selon les convoitises de notre chair... mais Dieu... nous a ressuscités ensemble* » (Éph. 2 : 1, 6).

De ces passages — et de bien d'autres trop nombreux pour être cités — ressort clairement que la « mort » en question résulte de la convoitise de la chair, que la résurrection concerne la renaissance à la vie de l'âme, et que les « morts » comme les « ressuscités » sont bien des hommes réellement vivants (1).

Mais il existe une difficulté supplémentaire qui réside dans le fait que l'apôtre Paul emploie le terme « mort » dans une autre acception, diamétralement opposée à la signification « mort de l'âme ». Tout le sens des Évangiles se résume

---

(1) Le terme grec « anastasis », comme le terme latin « ressurrectio », ne signifie nullement renaissance corporelle après la mort réelle, mais redressement, action de se remettre debout.

dans le fait qu'il faut renaître de *«la mort par le péché»*. Or, pour renaître, pour ressusciter à la vie essentielle, il faut — selon la terminologie de l'apôtre — « *mourir au péché* », abandonner l'exaltation des désirs charnels. Il faut « mourir » aux désirs exaltés de la chair, mourir à la chair, mourir au corps, expression qui incite à la croyance erronée que la résurrection, l'accès à la vie essentielle, ne s'accomplit qu'après la mort du corps. (Cette expression incite également à croire faussement que l'apôtre propose la mortification du corps, l'ascétisme).

On peut se demander comment il a pu se faire que le terme « mort », et par conséquent aussi le terme « résurrection », aient été pris au pied de la lettre.

Il sera utile de s'arrêter ici un instant afin d'esquisser, ne serait-ce que sommairement, le cheminement historique de ce glissement. L'interprétation dogmatique, qui situe la résurrection exclusivement après la mort du corps, s'appuie non seulement sur la compréhension littérale des épîtres, mais encore sur la légende, rapportée par les Évangiles, d'après laquelle le crucifié, ressuscité, serait apparu aux apôtres avant de remonter au ciel pour s'asseoir en chair et en os à la droite du Père. Naïve et touchante, la légende est une réminiscence de l'espérance la plus ancestrale d'une survie après la mort. L'ascension du héros-vainqueur — mi-homme, mi-dieu — est un thème commun aux mythologies de tous les peuples. Plus anciennement encore, dans l'ère pré-mythique et animiste, l'ancêtre-père, créateur de la tribu, divinité totémique, impose ses tabous aux hommes ses fils, et chaque homme après sa mort, devenu à son tour ancêtre-père, passe au rang d'immortel et se trouve inclus dans le culte d'adoration à condition de s'être, durant sa vie, montré digne de ses ancêtres. Dans la croyance animiste s'annoncent déjà les deux significations principales de la symbolisation mythique : le symbole de l'immortalité lié au symbolisme du jugement après la mort, et l'exigence d'une conduite morale durant la vie. La figuration mythique, à mesure qu'elle s'approfondit, se libère du réalisme superstitieux de l'époque animiste. Un renversement de l'importance accordée aux deux thèmes complémentaires s'opère : l'exigence d'une conduite sensée durant la vie (symbolisée par les combats des héros contre les monstres) prévaut en importance sur l'espérance d'immortalité qui prédomine à l'origine animiste. L'espérance, cependant, demeure sous-jacente, tout en se trouvant transposée du plan réel au plan symbolique. Comprise selon l'esprit caché par la façade fabuleuse, la survivance ne concerne plus l'homme-individu mais le principe mystérieusement inexplicable de l'existence : l'animation (dont le symbole mythique est l'âme). Par suite de cette évolution au sein même de la figuration mythique, les conditions d'une vie sensée ne sont finalement plus symbolisées par les combats héroïques contre les monstres (exprimant les conflits de l'âme), mais sont explicitement formulées (commandements de Moïse).

A l'apogée de l'époque mythique, dans le mythe chrétien, le héros exemplaire n'est plus, comme à l'origine, une figure irréelle et légendaire, mais un homme réellement vivant auquel, cependant, la légende continue d'attribuer la filiation divine. La légende lie son accomplissement à l'ancienne espérance, en illustrant la naissance de l'homme exemplaire par la divinisation, et sa mort par l'immortalisation. Sa manière exemplaire de vivre, par contre, n'a plus besoin d'être symboliquement illustrée : elle est activement manifeste par ses œuvres. Néanmoins, la symbolisation ne renonce pas entièrement à condenser en images suggestives (mais trop facilement mécomprises) la signification exemplaire de cette vie unique : elle présente l'homme-accomplisseur comme seul essentiellement vivant parmi la multitude des hommes qui se « meurent » faute de savoir, à son exemple, surmonter victorieusement les conflits de l'âme.

Si l'on comprend à la lettre le mythe de la filiation divine et la légende de l'ascension charnelle, il en résulte par une nécessité quasi inéluctable — le surnaturel étant ainsi admis — l'interprétation dogmatique de la vie et de la mort de Jésus, ce qui entraîne infailliblement au « credo quia absurdum » : divinité réelle, Jésus serait descendu du ciel et se faisant homme réel, il meurt sur la croix « pour le péché du monde ». Les hommes qui ont crucifié le fils de Dieu, au lieu d'être punis pour ce crime autrement grave que le péché d'Adam, bénéficieront dès lors d'une grâce surabondante, à condition d'être inclus par le baptême dans la communauté des croyants. La croyance commune s'appuie sur le « fait » que les apôtres ont vu remonter au ciel le « fils de dieu » « ressuscité parmi les morts ».

« Le Christ est mort pour les péchés du monde », « Dieu a ressuscité Jésus parmi les morts », ces termes se trouvent en effet à maintes reprises dans les épîtres pauliniennes.

C'est sans doute dans l'Épître aux Romains (ch. 6) et dans la Ière Épître aux Corinthiens (ch. 15) que les symboles « mort » et « résurrection » apparaissent sous la forme la plus condensée et, il faut bien le dire, la plus énigmatique si on les aborde sans l'aide d'une méthode fondée sur la connaissance du fonctionnement psychique. Comme on l'a vu, le terme « mort » est en effet utilisé par l'apôtre dans des acceptions différentes. Ces diverses significations s'éclaircissent si, en suivant le texte, du moins dans ses grandes lignes, on s'efforce d'en dégager le sens psychologique.

Épitre aux Romains — Chapitre 6 :
[2] « Nous qui sommes morts au péché, comment vivrions-nous encore dans le péché ? »

Le péché dont il s'agit est le péché adamique, la tendance héréditaire de la nature humaine à exalter imaginativement les désirs. Quant au terme « mort », il n'a pas ici la signification de « mort de l'âme » qu'il a habituellement dans les épîtres pauliniennes comme dans tous les textes mythiques ; il signifie : « nous qui, par la compréhension de l'exemple de Jésus, avons cessé de commettre le péché, comment pourrions-nous encore trouver satisfaction dans le péché ? »

[3] « Ne savez-vous pas que nous tous qui avons été baptisés en Jésus-Christ, nous avons été baptisés en sa mort ? [4] Nous avons donc été ensevelis avec lui par le baptême en sa mort afin que, comme Christ a été réveillé d'entre les morts... nous aussi nous vivions d'une vie nouvelle. »

Dans ce passage non plus, il ne s'agit pas de la mort réelle de Jésus. Pour comprendre ces versets il faut se référer au très ancien symbolisme de la mort et de la résurrection tel qu'il apparaît par exemple dans l'image du Phénix qui renaît de ses cendres, ou dans les mystères d'Éleusis où le grain enterré doit renaître. Ces symboles signifient que la mort des désirs exaltés, l'abandon de l'attachement excessif à la terre est la condition nécessaire d'une renaissance à la vie de l'esprit, à la vie essentielle (« vie éternelle » dans la terminologie du Nouveau Testament). C'est cette renaissance qui est symbolisée dans l'Évangile de Jean (12 : 24) par l'image, analogue à celle des Mystères d'Eleusis, du grain qui doit mourir afin de devenir épi.

La cérémonie du baptême contient la même signification. « Baptiser » signifie, étymologiquement, non pas purifier, mais immerger, noyer. La cérémonie du baptême symbolise la mort du vieil homme, l'abandon des désirs exaltés et la sortie de l'eau signifie la renaissance à une vie nouvelle.

Ainsi, tout ce passage signifie que, de même que Jésus a fait mourir en lui le vieil Adam (exaltation imaginative), afin de renaître, durant sa vie, de la mort de l'âme, de même ses disciples se sont symboliquement engagés, par la cérémonie du baptême, à mourir de la même mort que lui (mort des exaltations), à subir le même ensevelissement (abandon du péché et préparation d'une vie nouvelle) afin de renaître à la vie de l'esprit. Ce sens est clairement exprimé au verset 6 :

« Notre vieil homme a été crucifié avec lui afin que le corps asservi au péché soit détruit et que nous ne soyons plus asservis au péché. »

A ce sens qui concerne la résurrection éthique durant la vie, telle que l'exemplifient la vie et la mort héroïque de Jésus, se surajoute une autre signification.

Il importe, comme on l'a vu, de distinguer Jésus, l'homme exemplaire pour l'humanité entière, et Christ, l'éternelle vérité, proclamée déjà par les prophètes de l'Ancien Testament, mais qui s'incarne historiquement par la vie de Jésus.

Le Christ est l'éternelle vérité sur l'homme et sur la vie, vérité qui a été « enterrée » au cours des siècles à cause du péché adamique, vérité qui est « réveillée », ressuscitée lorsqu'un homme, en l'occurrence Jésus, en fait le principe de sa vie.

Ainsi la résurrection du Christ signifie : le ressurgissement de la vérité enfouie par des siècles de dogmatisme et d'incompréhension. C'est ainsi que s'explique, entre autres, le passage de l'Épître aux Corinthiens où l'apôtre résume son enseignement (ch. 15) :

[3] « En effet, voici l'enseignement que je vous ai transmis tel que je l'ai reçu moi-même : Christ est mort du fait de nos pé-

chés selon les Écritures. ⁴ Il a été enseveli, il a été réveillé le troisième jour selon les Écritures, ⁵ il a été vu de Céphas, ensuite des Douze... ⁸ En dernier lieu il a été vu aussi par moi. »

Les Écritures auxquelles Paul se réfère ne peuvent être autre chose que l'Ancien Testament hébraïque. Or, jamais les textes de l'Ancien Testament n'ont parlé de la mort réelle et de la renaissance corporelle d'un homme appelé Christ. Par contre, les thèmes constants de l'Ancien Testament sont la mort et l'ensevelissement de la vérité oubliée et incomprise par le peuple (le refus d'écouter la voix de Dieu) et la promesse prophétique d'une renaissance de la vérité. Le troisième jour est symbolique, le chiffre trois étant un symbole constant de l'esprit.

Cependant, ce ressurgissement de la vérité appelée « Christ » est indissociable de la résurrection morale de l'homme Jésus par laquelle, précisément, la vérité enfouie s'est à nouveau manifestée. Il en ressort donc clairement qu'il ne s'agit nullement de la résurrection réelle de l'homme Jésus.

Ce qui a été « vu » par Céphas (Pierre) du vivant même de Jésus (Jean 6 : 68), par les apôtres au moment de la Pentecôte peu après la mort de Jésus, et par Paul lui-même bien des années après sur le chemin de Damas, ce qui a été compris, c'est la vérité sur le sens de la vie, et le fait que l'homme Jésus, par son exemple, était l'incarnation de cette vérité.

Bien d'autres passages des épîtres corroborent cette signification. Par exemple :

« Si les morts ne se réveillent pas, Christ non plus n'a pas été réveillé, votre foi est vaine, vous êtes encore dans vos péchés » (I Cor. 15 : 16-18).

S'il est impossible que les morts de l'âme ressuscitent durant leur vie, s'il est impossible pour l'individu banalisé de se libérer de l'excessivité des désirs multiples et de trouver l'issue vers la satisfaction essentielle, c'est que la vérité (Christ) n'a pas ressurgi, incarnée et manifestée par la vie de l'homme exemplaire Jésus. Si l'exemple de Jésus est une imposture, si la vérité qui est exprimée par ses paroles et par ses actes n'est pas l'éternelle vérité, alors il n'y a pas d'espoir pour l'humanité, « vous êtes encore dans vos péchés ».

« Mais Christ a été réveillé d'entre les morts, prémices de ceux qui se sont endormis » (I Cor. 15 : 21).

Le réveil de la vérité, tuée par la banalisation du monde, l'exemple de Jésus, est un premier espoir pour ceux qui s'étaient endormis (dans la banalisation).

« Si c'est dans cette vie seulement que nous espérons en Christ, nous sommes les plus malheureux de tous les hommes » (I Cor. 15 : 19).

Il est faux et « malheureux » d'espérer en Christ, tout en restant « *dans cette vie* », dans la vie hantée par les désirs charnels exaltés (de croire qu'il suffit d'être baptisé pour trouver le salut), au lieu de renaître à la vie de l'esprit, à la vision de l'esprit, à la foi en l'accomplissement possible (dans la mesure des forces limitées). La fidélité aux prescriptions, hors de la foi vivifiante, rend malheureux — dit l'apôtre — car elle ne conduit pas à la libération, mais, tout au plus, à la mortification de la chair.

« Christ, réveillé d'entre les morts, ne meurt plus, la mort n'a plus de pouvoir sur lui » (Rom. 6 : 9).

Ce passage ne signifie nullement que Jésus vit éternellement, mais il signifie que la vérité une fois manifestée, sortie de la mécompréhension où la tiennent les êtres et les esprits banalisés, ne peut plus être oubliée, « elle ne meurt plus »; mais il signifie aussi que par son accomplissement, Jésus a vaincu la mort de l'âme, il a triomphé de la banalisation, il a montré que la mort de l'âme était en principe surmontable et cela lui ôte le pouvoir qu'elle possède en principe. C'est l'espoir décisif pour l'humanité de pouvoir vaincre la tentation perverse puisque la démonstration a été faite qu'elle est vincible.

« Si les morts ne ressuscitent pas, mangeons et buvons, car demain nous mourrons » (I Cor. 15 : 32).

S'il n'est pas possible de dominer la chair, à quoi bon s'astreindre à progresser? Satisfaisons les désirs de la chair tant que nous vivons sur terre! Selon ce passage, il est clair que l'apôtre ne met aucun espoir en une survie individuelle après la mort corporelle. La vie ne peut rentrer dans le Néant. Mais le retour à la source mystérieuse de toute vie, dont le symbole est Dieu-Créateur, ne peut s'accomplir sur le mode charnel. (Bien que le langage mythique — par son procédé de personnification — utilise le mode charnel comme image et symbole.)

« Revenez à vous-mêmes — comme il est convenable, et ne péchez point ; car quelques-uns ne connaissent pas Dieu, je le dis à votre honte » (I Cor. 15 : 34).

Connaître Dieu, c'est « ne point pécher » : c'est mourir aux désirs exaltés grâce à la foi vivifiante. Pour « connaître Dieu », il ne suffit pas de mortifier la chair, et croire qu'une justification purement cérémonielle durant la vie assurera une survie personnelle plus ou moins imaginée sur un mode charnel après la mort du corps.

Le sens véritable des épîtres jusqu'ici dégagé se résume comme suit : Jésus est un homme réel, mais il est symboliquement « Dieu » parce que durant sa vie, par sa « mort au péché », il a démontré la possibilité d'une résurrection morale. L'homme Jésus a été crucifié. Sa mort sur la croix ne serait qu'un accident si sa manière de mourir — sans plainte et sans reproche — ne conférait à sa mort réelle la portée essentielle d'une victoire décisive de l'esprit sur la chair. La mort réelle de Jésus inverse le péché d'Adam et acquiert donc une signification mythiquement profonde : la mort subie sans haine a la portée du sacrifice ultime de la chair à l'esprit ; la chair consent à périr plutôt qu'à trahir la vie de l'âme. Par cette façon de mourir, accomplie par un homme réel, se consomme donc la « mission divine », le « rachat » de la nature humaine encline au péché.

Dans cette acception l'apôtre, à plusieurs reprises, se réfère à la vertu rédemptrice du sang versé. En mourant et en versant son sang (cf. Romains, ch. 6), le crucifié prend sur lui le péché du monde entier. La formule « il porte le péché du monde » renferme deux significations complémentaires : il supporte la haine du monde sans fléchir, et ayant ainsi vaincu en lui-même la haine (principe du Mal), il rapporte son âme sublimée au « Père », au principe divin qui anime tout homme tant que son âme est vivante. La mort d'un dieu assuré de sa survie ne serait qu'un simulacre. Comment se pourrait-il qu'une grâce surnaturelle en résultât ? La mort du « Fils de l'homme » est une réalité tragique, la réalité la plus tragique. De cette mort, du sang versé, résulte, pour les autres hommes, la grâce qui émane de la force de l'exemple, la stimulation de leur propre élan, la confiance en l'accomplissement possible. Cette confiance est la foi vivifiante. La valeur rédemptrice de l'exemple, et de la foi mise dans l'exemple, réside précisément dans le fait que la victoire sur la faiblesse héréditaire est accomplie par un homme semblable aux autres, mais doué d'une exceptionnelle force d'âme. Par sa vie de ressuscité (de la mort de l'âme) et par la fidélité à cet accomplissement jusque dans sa mort réelle, l'homme Jésus exemplifie la vérité qui sauve. Il est devenu — symboliquement parlant — le Christ immortel, le Messie selon l'esprit, l'envoyé de Dieu-Père, son fils unique, qui montre la voie du salut à tous les hommes : « *La justification qui donne la vie s'étend sur tous les hommes* » (Rom. 5 : 18). La compréhension du message et de l'exemple de Jésus est le « Mystère du Christ » qui s'est révélé à l'apôtre et qu'il s'est efforcé de révéler à tous les hommes, aux juifs et aux gentils. (L'interprétation du « Mystère », ainsi résumée, peut paraître surprenante, parce qu'elle s'oppose à la pensée coutumière. Cette interprétation, appuyée sur les textes, propose une explication purifiée de tout élément surnaturel en soi incroyable. Elle est la seule explication qui — parce que dépouillée du surnaturel — soit capable de concilier le sens religieux et la raison. Elle n'est pourtant pas rationaliste, car elle tient compte de la profondeur insondable du mystère.)

La formulation énigmatique des épîtres fut exigée par l'image à visée métaphysique « Dieu-Créateur » et par l'ancien symbolisme « mort de l'âme ». Afin d'assurer la cohérence, l'apôtre s'est vu obligé de se servir d'un langage qui ne cesse de parler de mort et de résurrection. Cette terminologie symbolisante est en plein accord avec les Évangiles. Dans l'entretien avec Nicodème (Jean, ch. 3), Jésus reproche au Pharisien que celui-ci, bien que docteur d'Israël, ne comprenne pas qu'il faille renaître. Pourtant Nicodème comprend fort bien que Jésus parle d'une renaissance durant la vie, l'idée qu'il pourrait s'agir d'une résurrection après la mort ne l'effleure même pas : « *Comment* (l'homme) *peut-il renaître quand il est vieux ?* » Jésus lui répond : « *Si vous ne croyez pas quand je vous ai parlé des choses terrestres* (de la renaissance durant la vie), *comment croirez-vous quand je vous parlerai des choses célestes* (du retour dans le principe créateur)? » La renaissance de l'âme durant la vie et la résurrection qui suit la mort du corps (pur symbole métaphysique) sont ici clairement distinguées.

La terminologie symbolique de l'apôtre, qui explique la renaissance morale par opposition des deux termes « mort par le péché » – « mort pour le péché » (mort du vieil Adam), est en soi extrêmement simple et économique. Mais à l'époque où Paul écrivit ses lettres, Jésus était mort depuis longtemps. Ce fait historique contribuait à répandre dans les églises, à peine fondées, la croyance erronée que les termes symboliques « mort et résurrection » se référaient à la crucifixion et à une renaissance miraculeuse.

Si l'on ne prend pas garde que l'apôtre parle de l'exemplaire résurrection morale qui fait de Jésus, sur le plan symbolique, le messager divin et le fils de Dieu, on est tout spécialement tenu d'interpréter tous les passages touchant la résurrection dans le sens d'une miraculeuse résurrection charnelle, preuve de la divinité réelle de Jésus. La foi consiste alors à espérer ressusciter de la même manière que Jésus, après la mort du corps. Afin d'étayer la foi, il s'agissait donc d'adapter à cette version l'interprétation de l'ensemble des Évangiles et des épîtres, ce qui ne manqua pas d'être fait. Mais n'est-il pas évident que cette version est l'erreur fondamentale! Elle prête à l'apôtre une argumentation fallacieuse : de la résurrection charnelle d'un dieu immortel ne résulte aucun espoir de résurrection pour les hommes mortels. Aucune conclusion, logique ou analogique, ne conduit de la prétendue réapparition de Jésus sur terre à l'immortalité des hommes. Pour qu'on puisse conclure, il faudrait que les modes de réalisation fussent identiques : ou bien les hommes aussi reviendraient sur terre avant leur admission au ciel, ou bien Jésus, sans réapparaître sur terre, aurait dû (comme on se représente communément le sort de l'homme après la mort) monter au ciel dévêtu de son enveloppe corporelle (ce qui aurait rendu son ascension improuvable). Précisément, la prétendue réapparition de Jésus sur terre rend cette soi-disant preuve inadmissible. Il est trop facile de se fier à l'improuvable et de croire à l'incroyable résurrection charnelle d'un homme pris pour Dieu. Chacun a le droit de croire. Mais nul n'est en droit de tirer de sa croyance un argument et de lui accorder la force d'une preuve. L'apôtre — comme l'exégèse symbolique le démontre — s'en est bien gardé.

La fin de la première épître aux Corinthiens apporte l'exemple le plus instructif de la véritable teneur de l'enseignement.

« Mais quelqu'un dira : Comment les morts ressuscitent-ils, et avec quel corps viennent-ils ? Insensé ! » (15 : 35).

Cet « insensé » suffit à lui seul à mettre en ruine tout l'édifice dogmatique. Il est insensé de demander avec quel corps les morts viennent, car la question démontre que tout l'enseignement est mal compris. Les ressuscités de la mort de l'âme ne changent pas de corps. Dans les versets qui suivent (35-58), le thème commun à toutes les épîtres sera développé d'une façon nouvelle : l'apôtre parlera d'un corps glorieux des ressuscités. Mais s'il est insensé de croire que les morts reviennent après le trépas avec un corps changé, n'est-il pas évident que l'apôtre ne peut pas vouloir dire — comme l'exégèse littérale le prétend — que les trépassés reviennent avec un corps glorieux ?

Parlant à des Grecs, l'apôtre, comme il a été dit précédemment, utilise d'abord l'image qui déjà dans les mystères d'Éleusis a servi de symbole pour désigner la résurrection de l'âme durant la vie (1) : tel le grain doit mourir afin de devenir épi, l'homme — afin que sa vie porte fruit — doit abandonner les désirs exaltés du corps. Il doit semer — comme dira l'apôtre (versets 42-46) — le corps « *corruptible, méprisable, infirme et animal* » (le corps tenté par le péché), afin de ressusciter « *incorruptible, glorieux, plein de forces spirituelles* ». L'erreur interprétative se trouve renforcée

---

(1) *Le Symbolisme dans la Mythologie grecque*. Petite Bibliothèque Payot, 1ère éd., 1952.

par le terme « corruption » compris dans le sens de la décomposition qui suit la mort charnelle ; L'ERREUR EST DÉFINITIVEMENT ÉLIMINÉE SI ON COMPREND QU'ICI COMME PARTOUT L'APÔTRE PARLE DE LA CORRUPTION MORALE. L'esprit doit s'incarner. Cette incarnation est la glorification du corps. Cela ressort clairement du passage de l'Épître aux Philippiens 1 : 20 : « *Christ sera glorifié dans mon corps* », ce qui revient à dire : le corps sera glorifié par le Christ, par l'incarnation de la vérité. Voir aussi le passage : « *Christ en vous, l'espérance de la gloire* » (Col. 1 : 27). Cette glorification s'accomplit sans transformation apparente du corps. Car « *toute chair n'est pas la même chair* » (I Cor. 15 : 39). L'apôtre se sert (versets 40-41) d'une image comparative qui se laisse résumer comme suit : dans le règne de la matière, il est des corps terrestres et des corps célestes, les astres. Ce n'est pas la matière qui change, mais son éclat. De même, dans l'espèce humaine, ce n'est pas le corps qui changera, mais son animation. Elle doit devenir — d'après la conséquence de l'image — gloire, éclat lumineux, telle la lumière des astres : lucidité d'esprit et chaleur d'âme.

Cette comparaison fait dire à l'apôtre : « *le premier homme, tiré de la terre, est terrestre ; le second homme* (celui qui apparaît après la résurrection morale) *est du ciel* » (I Cor. 15 : 47). Dans cette acception, Jésus est appelé « le dernier Adam » (verset 46), car sa résurrection exemplaire abolit en principe le règne de la mort de l'âme, conséquence de l'originelle faiblesse humaine, symbolisée par la chute du premier Adam.

L'apôtre revient ainsi au rapport fondamental entre Adam et le Christ-Jésus, rapport qui sous-tend toutes les épîtres. Mais en l'élargissant, il donne à ce rapport toute son ampleur significative : Adam est le symbole de l'humanité naissante, le Christ est le symbole de l'humanité renaissante. L'humanité entière finira par renaître.

« Comme tous meurent en Adam, de même tous revivront en Christ » (I Cor. 15 : 22).

C'est le mythe de la Parousie. La vérité exemplaire, vécue par Jésus — le Christ — fera renaître, à travers les temps à venir, l'humanité entière et non seulement, comme au temps présent, tel ou tel homme capable de s'inspirer de l'exemple. Les apôtres ne croient pas à la Parousie proche, car « ... *devant le Seigneur, un jour est comme mille ans* » (II Pierre 3 : 8). Par l'espérance de la Parousie se parachève le cycle mythique allant de l'apparition de la mort de l'âme à la renaissance morale accomplie par Jésus, et de là, à la résurrection finale du Christ, à l'incarnation de la vérité dans l'humanité entière. Si un homme a pu renaître de la mort de l'âme, l'espoir de renaissance s'étend en principe à tous les hommes. En vue de l'espérance de la Parousie, l'apôtre Paul dit cependant :

« Nous ne mourrons pas tous, mais tous nous serons changés » (I Cor. 15 : 51).

Il importe de s'arrêter à cette citation car elle met parfaitement en relief tant la vérité que l'erreur. Si, comme le dogmatisme le prétend, dormir et changer signifiaient « trépasser et revenir avec un corps glorieux », on serait, selon ce passage, obligé de croire qu'au jour de la Parousie, ceux qui seraient changés sans mourir se promèneraient sur terre avec un corps glorieux. A la lumière de la compréhension symbolique, le passage signifie : même au jour de la Parousie tous ne mourront pas au péché, mais tous seront changés par l'influence de la vérité lorsqu'elle sera devenue convention régnante.

Le jour où tous les hommes seront changés par l'éclat de la gloire du Christ, le jour où tous se conformeront à la vie du dernier Adam, sera le dernier jour d'un monde soumis à la tentation de « mourir de l'âme », d'exalter sans limite les désirs terrestres. Ce jour-là — comme il est dit — le Christ, la vérité, réapparaîtra, il dissipera les ténèbres et le ciel descendra sur terre : la vérité et la joie impérissable régneront. Sous le règne du Christ (verset 24), « *toute domination* (perverse) *sera détruite, toute autorité et toute puissance* (procédant de la tentation mortifiante des désirs exaltés). *Car il faut qu'il règne jusqu'à ce qu'il ait mis tous ses ennemis sous ses pieds. Le dernier ennemi qui sera détruit, c'est la mort* (versets 25-26). *L'aiguillon de la mort, c'est le péché* » (verset 56).

Au jour de la Parousie, au dernier jour du règne de la « mort des âmes », le péché, l'aiguillon de la mort, disparaîtra ; son pouvoir mortel sur les âmes sera détruit. Le signal sera donné (les trompettes sonneront) et toutes les âmes ressusciteront ; elles sortiront du sépulcre qui est le corps en tant que siège des désirs exaltés, cause de la corruption morale.

« Car il faut que ce corps corruptible revête l'incorruptibilité, et que ce corps mortel revête l'immortalité » (I Cor. 15 : 53).

C'est un des passages qui — compris à la lettre — ont le plus induit à la mécompréhension. Dans la terminologie de l'apôtre, le corps, de son vivant, est symboliquement immortalisé lorsque le principe qui l'anime est l'incorruptibilité morale. Le corps est imaginé comme l'enveloppe de l'âme. Aussi est-il appelé le « *sépulcre de l'âme morte* » et ailleurs : « *la tente qui abrite l'âme* » (II Cor. 5 : 1). Et puisque le corps devrait abriter l'âme incorruptible, affranchie de la mort dont l'aiguillon est le péché, il faut — dit l'apôtre — que durant la vie déjà ce corps corruptible et mortel revête l'incorruptibilité et l'immortalité (qu'il en devienne le vêtement, qu'il abrite l'âme incorruptible parce que libérée de la mort qui est le péché). Dans cette exigence de glorification du corps se résume tout le sens des épîtres.

Du symbole de la « mort par le péché » d'Adam jusqu'au symbole de la résurrection de Jésus par la « mort pour le péché », les épîtres — tout comme les Évangiles — parlent, selon leur sens profond, de l'immanence de l'accomplissement sous ses formes négatives et positives. Les images de la transcendance ne sont qu'une enveloppe symbolique. Le tout est de percer cette enveloppe, car la confusion qui prend le symbole pour un concept et l'image pour une réalité ne parvient à satisfaire que les couches les plus primitives et animistes de l'âme humaine.

L'étude comparative des textes est certainement utile. Mais le plus important est de comprendre le symbolisme. Celui-ci demeure décelable malgré la tendance inconsciente des traducteurs à plier le sens à la doctrine.

La signification symbolique n'a pu être illustrée dans ces pages que par quelques exemples. Que ceux — croyants ou athées — qui préfèrent la lucidité aux partis-pris aveugiants lisent les textes dans le sens suggéré. Devant l'abondance des passages significatifs, il leur sera difficile de ne pas entrevoir la vérité.

L'exégèse littérale a été une nécessité historique, faute d'une méthode appropriée de compréhension, qui ne pouvait être élaborée que par un effort poursuivi à travers les siècles. L'exégèse symbolique heurte la piété envers les traditions. Mais la piété, pour être véridique et valable, doit s'attacher aux sources de la tradition, aux textes, à la restitution de leur sens profond.

La preuve devrait être faite que le thème central de la symbolique concerne la mort et la vie de « l'âme », de la chute d'Adam dans la banalisation (mort de l'âme) à la résurrection de l'homme Jésus durant sa vie terrestre.

La vérité sur le sens de la vie contenue dans tous les mythes peut, à partir de sa traduction psychologique, sortir du « tombeau » où le dogmatisme religieux l'a enfermée. L'espoir d'un renouveau de la vie essentielle et d'un renouveau de la culture, hors des chemins battus des conventions moralisantes et amoralisantes, ne résiderait-il pas alors dans la compréhension de la symbolique, et avant tout du symbole central « divinité » ? Seule l'élucidation du symbole divinité permettrait l'attaque méthodique et efficace de la vanité en apportant à l'esprit humain la connaissance des limites de sa compétence. Car c'est vanité de croire que seule la matière existe, comme c'est vanité de croire qu'un Dieu réel existe.

Dans un cas comme dans l'autre, l'homme se croit dispensé d'assumer le travail essentiel d'harmonisation, pourtant proposé depuis toujours par l'éthique symbolique des mythes.

La vanité est vincible, c'est le message de joie exprimé par toute la symbolique, et c'est dans la victoire sur la vanité que réside la renaissance essentielle. Ce message s'impose avec plus de vigueur encore s'il est replacé dans la perspective évolutive de recherche biologique de la satisfaction : la progressive ascension vers toujours plus de conscience et de lucidité.

TABLE DES MATIÈRES

TABLE DES MATIÈRES

Préface 5
Avant-propos 7

PREMIÈRE PARTIE

1. L'histoire de l'image divinité 13
   1. L'animisme 13
   2. Les cultures mythiques 27
      A. Le Polythéisme 27
      B. Le Monothéisme 34
         1) Le symbole « Dieu unique » 34
         2) Les Textes Bibliques 38
            a) Le fondement commun de l'Ancien et du Nouveau Testament : le Mythe d'Adam 38
            b) Pré-science symbolique et Science 41

2. Le symbole « Dieu Créateur » 46
   1. Le symbole « intentionnalité transcendante » et la réalité de l'intentionnalité immanente 46
   2. Dieu-mystère et le Nom « Dieu » 47
   3. La sagesse linguistique 49
   4. Pensée symbolique et pensée analogique (le « comme si » mythique) 55

3. Le problème de la méthode 63
   1. L'épistémologie philosophique 63
   2. L'erreur de l'épistémologie philosophique 73
   3. L'épistémologie psychologique fondée sur l'étude des motifs intimes 78

4. L'universalité du langage symbolique 82
   1. La victoire sur la vanité dans la mythologie grecque. Sens caché du mythe de Persée 82

2. Le Salut	92
3. Le symbole « âme immortelle »	97
4. L'élan animant. Phénomène immanent au psychisme	100
5. La tentation de Jésus	105
6. Les aspects divers de l'universalité de la symbolique (historique, psychologique, cosmique)	113

DEUXIÈME PARTIE

1. La genèse 123
Mythe de la chute

1. Introduction au déchiffrement du texte	123
2. Déchiffrement du symbolisme dans la Genèse	129
3. La biogenèse des valeurs. Racine biologique du problème éthique	172

2. Le prologue de l'évangile de Jean 179
Mythe de l'Incarnation

1. Introduction	179
2. Problèmes concernant le texte	183
3. Déchiffrement des versets	187

3. Les épîtres de l'apôtre Paul 215
Mythe de la Résurrection

Paul DIEL

Paul Diel, psychologue français d'origine autrichienne (1893-1972), philosophe de formation, a approfondi sa propre recherche psychologique sous l'influence des découvertes de Freud et d'Adler dont il aimait à reconnaître le génie novateur. Ses premières recherches furent appuyées avec enthousiasme par Einstein qui lui écrivait dès 1935 : « J'admire la puissance et la conséquence de votre pensée. Votre œuvre est la première qui me soit venue sous les yeux, tendant à ramener l'ensemble de la vie de l'esprit humain, y compris les phénomènes pathologiques, à des phénomènes biologiques élémentaires. Elle nous présente une conception unifiante du sens de la vie. »

En 1945, Paul Diel entre au C.N.R.S. et travaille comme psychothérapeute au Laboratoire de Psychobiologie de l'enfant que dirigeait Henri Wallon. Témoignant des succès thérapeutiques incontestables de Diel, Henri Wallon classe le chercheur, d'emblée, « dans la lignée de Freud, d'Adler et de Jung » et souligne « le mérite de ce fouilleur profond de la conscience, qui ne se borne pas à l'intuitionnisme pur mais montre la progression qui peut mener de l'instinct à la raison ».

Allant à contre-courant de la psychologie classique qui jette l'anathème sur l'introspection, Paul Diel, dans son livre, *Psychologie de la Motivation* (P.U.F., 1947), démontre avec rigueur comment l'introspection — habituellement morbide — peut devenir, méthodiquement guidée, le fondement d'une psychologie scientifique. L'étude du fonctionnement psychique et de ses instances conscientes et extra-conscientes le conduisent à l'élucidation du sens caché mais précis des mythes, des rêves nocturnes et des symptômes psychopathiques. Gaston Bachelard, dans sa préface au *Symbolisme dans la mythologie grecque* (Payot, 1954), témoigne de l'apport décisif de Paul Diel à la compréhension du langage symbolique et en souligne les conséquences : « Quand on aura suivi Paul Diel dans ses traductions psychologiques minutieuses et profondes, on comprendra que le mythe couvre toute l'étendue du psychisme mis à jour par la psychologie moderne. C'est tout le problème de la destinée *morale* qui est engagé dans cette étude. »

Signalons la fécondité des applications pratiques — longuement expérimentées — de la science des motifs aux problèmes posés par la tâche éducative en général et par la rééducation des différentes formes d'inadaptation familiale ou sociale. Les névroses et les psychoses trouvent dans la conception diélienne du psychisme une unité étiologique ouvrant de nouvelles perspectives à la compréhension et à l'approche thérapeutique des maladies mentales.

Un groupe de médecins, psychiatres, psychologues, éducateurs, etc., s'est formé depuis 25 ans autour des travaux de Diel et s'est rassemblé en *Association de la Psychologie de la Motivation*.

Six des principaux ouvrages de Paul Diel sont régulièrement réédités en livre de poche dans la « Petite Bibliothèque Payot ». La traduction de ses œuvres ne cesse de s'étendre en diverses langues.

Rappelons enfin la récente parution du livre de Jeanine Solotareff, *Le symbolisme dans les rêves — la méthode de traduction de Paul Diel* (Bibliothèque Scientifique Payot).

PETITE BIBLIOTHÈQUE PAYOT

1. — SCHWEITZER : **Les grands penseurs de l'Inde.**
2. — WOOD : **La pratique du yoga.**
6. — FREUD : **Introduction à la psychanalyse.**
11. — ALEXANDER : **La médecine psychosomatique.**
15. — ADLER : **L'enfant difficile.**
19. — EPSTEIN : **Le Judaïsme.**
23. — LE FLOC'HMOAN : **La genèse des sports.**
27. — NETTL : **Mozart.**
28. — FERENCZI : **Thalassa. Psychanalyse des origines de la vie sexuelle.**
44. — FREUD : **Essais de psychanalyse** (nouvelles traductions).
45. — STANISLAVSKI : **La formation de l'acteur.**
47. — EINSTEIN et INFELD : **L'évolution des idées en physique.**
53. — JUNG : **L'homme à la découverte de son âme.**
54. — FINK et LUTTYENS : **La physique de la télévision.**
58. — MARTHE ROBERT : **La révolution psychanalytique (Tome I).**
59. — MARTHE ROBERT : **(Tome II).**
61. — BOUTHOUL : **La surpopulation.**
62. — EINSTEIN : **La relativité.**
66. — LEMAIRE : **La relaxation.**
69. — VOYENNE : **Histoire de l'idée européenne.**
71. — NACHT : **Le masochisme.**
73. — PAGE : **Le radar.**
76. — CHERTOK : **L'hypnose.**
77. — FREUD : **Totem et tabou.**
79. — RUSSELL : **Problèmes de philosophie.**
84. — FREUD : **Cinq leçons sur la psychanalyse.**
86. — BALINT : **Le médecin, son malade et la maladie.**
87. — DIEL : **Le symbolisme dans la mythologie grecque.**
89. — SOMBART : **Le bourgeois.**
90. — ADLER : **Connaissance de l'homme.**
92. — FOIX : **La graphologie.**
93. — JASPERS : **Initiation à la méthode philosophique.**
94. — FARRINGTON : **La science dans l'antiquité.**
95. — MALINOWSKI : **La sexualité et sa répression dans les sociétés primitives.**
97. — FREUD : **Psychopathologie de la vie quotidienne.**
99. — OSBORN : **Marxisme et psychanalyse.**
101. — SEBAG : **Marxisme et structuralisme.**
103. — TINBERGEN : **La vie sociale des animaux** (introduction à la sociologie animale).
105. — MARTHE ROBERT : **L'ancien et le nouveau (de Don Quichotte à Kafka).**
107. — MANN : **Goethe et Tolstoï.**
109. — MALINOWSKI : **Trois essais sur la vie sociale des primitifs.**
110. — HELD : **Psychothérapie et psychanalyse.**
111. — WEIGALL : **Histoire de l'Égypte ancienne.**
112. — KLEIN/RIVIERE : **L'amour et la haine.**
116. — DIEL : **La peur et l'angoisse.**
117. — BOUTHOUL : **Variations et mutations sociales.**
119. — BERGE : **Les défauts de l'enfant.**

- 121. — RANK : **Le traumatisme de la naissance.**
- 122. — MAGNY : **Essai sur les limites de la littérature.**
- 124. — JUNG et KERÉNYI : **Introduction à l'essence de la mythologie.**
- 126. — RONDIÈRE : **Rendez-vous 1980 (la science et la technique au secours du tiers monde).**
- 127. — ADLER : **Le sens de la vie.**
- 129. — DOURLEN-ROLLIER : **Le planning familial dans le monde.**
- 130. — LAFORGUE : **Psychopathologie de l'échec.**
- 131. — BULTMANN : **Le christianisme primitif.**
- 137. — LOWIE : **Traité de sociologie primitive.**
- 139. — KEYNES : **Théorie générale de l'emploi, de l'intérêt et de la monnaie.**
- 141. — STENDHAL : **Vie de Napoléon.**
- 142. — FRAZER : **Mythes sur l'origine du feu.**
- 143. — RUEFF : **Des sciences physiques aux sciences morales.**
- 144. — P.-H. SIMON : **L'esprit et l'histoire.**
- 146. — WATTS : **Le bouddhisme zen.**
- 147. — CHASSEGUET-SMIRGEL : **La sexualité féminine.**
- 148. — CHOMSKY : **Le langage et la pensée.**
- 149. — VALABRÈGUE : **La condition étudiante.**
- 150. — HUXLEY : **L'art de voir.**
- 151. — ADLER : **Le tempérament nerveux.**
- 153. — DEUTSCH : **Problèmes de l'adolescence.**
- 158. — CORNEVIN : **Histoire de l'Afrique, des origines à la 2ᵉ guerre mondiale.**
- 159. — MUELLER : **L'irrationalisme contemporain.**
- 160. — LEFRANC : **Essais sur les problèmes socialistes et syndicaux.**
- 162. — BALINT : **Techniques psychothérapeutiques en médecine.**
- 164. — LEWIN : **Phantastica (drogues psychédéliques, stupéfiants, hallucinogènes).**
- 165. — DIEL : **Psychologie de la motivation.**
- 166. — RUBEL : **Pages de Karl Marx 1 : Sociologie critique.**
- 167. — RUBEL : **Pages de Karl Marx 2 : Révolution et socialisme.**
- 168. — GALBRAITH : **La crise économique de 1929.**
- 169. — NEILL : **La liberté — pas l'anarchie.**
- 170. — BRAUNSCHWEIG-FAIN : **Éros et Antéros.**
- 171. — RUSSELL : **La méthode scientifique en philosophie.**
- 172. — MARKALE : **L'épopée celtique d'Irlande.**
- 173. — SCHELER : **Nature et formes de la sympathie.**
- 174. — MARKALE : **L'épopée celtique en Bretagne.**
- 175. — DAVID : **L'état amoureux.**
- 176. — LEISEGANG : **La gnose.**
- 177. — PIROUÉ : **Comment lire Proust ?**
- 179. — LOWIE : **Histoire de l'ethnologie classique.**
- 180. — MENDEL : **La crise de générations.**
- 181. — PICHON : **Histoire des mythes.**
- 182. — WINNICOTT : **L'enfant et sa famille.**
- 183. — BASTIDE : **Anthropologie appliquée.**
- 184. — DIEL : **La divinité.**
- 185. — ANDRIEU : **Notes pour servir à l'histoire de la Commune de Paris en 1871.**
- 186. — EVANS-PRITCHARD : **La religion des primitifs.**
- 187. — CONZE : **Le bouddhisme.**
- 189. — MILLAR : **La psychologie du jeu.**

192. — NACHT : **Guérir avec Freud.**
194. — Collectif : **Pour ou contre Summerhill.**
195. — PANOFF : **B. Malinowski.**
196. — DADOUN : **Géza Roheim.**
197. — MENDEL : **La révolte contre le père.**
198. — BURCKHARDT : **Considérations sur l'histoire universelle.**
199. — GIRARD : **Ernest Jones.**
201. — SAADA : **S. Nacht.**
202. — LAING-COOPER : **Raison et violence.**
203. — KEYNES : **Essais sur la monnaie et l'économie.**
204. — BARANDE : **S. Ferenczi.**
205. — WINNICOTT : **L'enfant et le monde extérieur.**
206. — ELIADE : **Religions australiennes.**
207. — MEMMI : **La libération du Juif.**
212. — MEMMI : **Portrait du colonisé.**
213. — TAJAN et VOLARD : **Le troisième père.**
215. — PARAF : **Les grandes contestations de l'histoire.**
216. — JACCARD : **L'inconscient, les rêves, les complexes.**
217. — ROBINSON : **Liberté et nécessité.**
218. — HELD : **L'œil du psychanalyste.**
219. — LOBROT : **Priorité à l'éducation.**
220. — HOCART : **Le mythe sorcier.**
221. — MASNATA : **Autopsie d'une Amérique.**
222. — Collectif : **Sociopsychanalyse 3 (psychanalyse et sociopsychanalyse).**
224. — PANOFF et PERRIN : **Dictionnaire de l'ethnologie.**
225. — CALVET : **Roland Barthes, un regard politique sur le signe.**
226. — MENDEL et VOGT : **Le manifeste éducatif.**
227. — BASTIDE : **Les Amériques noires.**
228. — PRÉVOST : **Janet, Freud et la psychologie clinique.**
230. — REICH : **Écoute, petit homme !**
231. — Collectif : **Sociopsychanalyse 4 (sociopsychanalyse dans une institution psychanalytique).**
232. — BELMONT : **Arnold van Gennep.**
233. — LORENZ : **Évolution et modification du comportement.**
234. — Collectif : **Formation 1 (quelle formation ?).**
235. — MAIR : **Le mariage.**
236. — REICH : **L'irruption de la morale sexuelle.**
237. — MUMFORD : **Les transformations de l'homme.**
238. — BERGER : **Marx, l'association, l'anti-Lénine.**
239. — ROUX et BRACONNOT : **L'homme et la pollution des mers.**
240. — Collectif : **Formation 2 (administration, langage et formation).**
241. — BLOCH : **La philosophie de la Renaissance.**
242. — MENDEL : **Pour décoloniser l'enfant.**
243. — SPAHNI : **Les Indiens des Andes.**
244. — REICH : **La psychologie de masse du fascisme.**
245. — WINNICOTT : **Processus de maturation chez l'enfant.**
246. — DIEL : **Le symbolisme dans la Bible.**
247. — VÉDRINE : **Les philosophies de l'histoire.**
248. — ROHEIM : **La panique des dieux.**
249. — LOBROT : **La libération sexuelle.**
250. — KOFMAN : **L'enfance de l'art (une interprétation de l'esthétique freudienne).**

251. — Collectif : **Sociopsychanalyse 5 (la sociopsychanalyse institutionnelle : pour qui ? pour quoi ?).**
252. — WALTER : **Les origines du communisme (judaïques, chrétiennes, grecques et latines).**
253. — WINNICOTT : **De la pédiatrie à la psychanalyse.**
255. — SCHOLEM : **La Kabbale et sa symbolique.**
256. — BERNFELD : **Sisyphe ou les limites de l'éducation.**
257. — GUILLERMAZ : **Histoire du Parti communiste chinois (Tome I).**
258. — GUILLERMAZ : **(Tome II).**
259. — ADLER : **École et psychologie individuelle comparée.**
260. — Collectif : **Formation 3. Formation professionnelle et/ou personnelle.**
261. — FROMM : **Le langage oublié (introduction à la compréhension des rêves et des mythes).**
262. — FULCHIGNONI : **La civilisation de l'image.**
264. — JEANNEAU : **Le psychiatre aujourd'hui.**
265. — BAUDOUIN : **L'œuvre de Jung.**
266. — CALVET : **Pour et contre Saussure.**
267. — GRUNBERGER : **Le narcissisme.**
268. — NEILL : **Journal d'un instituteur de campagne.**
269. — Collectif : **Sociopsychanalyse 6 (la sociopsychanalyse : un nouvel alibi éducatif ?).**
271. — FINLEY : **Démocratie antique et démocratie moderne.**
272. — EVOLA : **Métaphysique du sexe.**
273. — WOLLSTONECRAFT : **Défense des droits de la femme.**
274. — GILSON : **La philosophie au Moyen Age (Tome I).**
275. — GILSON : **(Tome II).**
276. — DIEL : **Les principes de l'éducation et de la rééducation.**
277. — PETERSON : **Le Mexique précolombien.**
278. — BOUANCHAUD : **Charles Darwin et le transformisme.**
279. — POUEIGH : **Le folklore des pays d'oc.**
281. — BAYET : **La religion romaine (histoire politique et psychologique).**
282. — BERGLER : **La névrose de base.**
283. — RIEDER : **Le folklore des Peaux-Rouges.**
284. — MULLER : **Histoire de la mystique juive.**
285. — HOLT : **S'évader de l'enfance.**
286. — VICTOR : **L'écriture, projection de la personnalité.**
287. — PANETH : **La symbolique des nombres dans l'inconscient.**
288. — HARDING : **Les mystères de la femme (préface de C. G. Jung).**
289. — REICH : **L'analyse caractérielle.**
290. — AGEL : **Métaphysique du cinéma.**
291. — BLEANDONU : **Dictionnaire de psychiatrie sociale.**
292. — OXENSTIERNA : **Les Vikings. Histoire et civilisation.**
293. — SZASZ : **Le péché second.**
295. — LANGLOIS : **Défense et actualité de Proudhon.**
296. — LEPSCHY : **La linguistique structurale.**
297. — RUFFAT : **La superstition à travers les âges.**
298. — DUVAL : **Les dieux de la Gaule.**
299. — WEIGALL : **Alexandre le Grand.**
300. — LE PORRIER : **Le médecin aujourd'hui.**
301. — DADOUN/METTRA : **Au-delà des portes du rêve.**
302. — PANOFF : **Ethnologie : le deuxième souffle.**
303. — ABRAHAM : **Rêve et mythe (Œuvres complètes, Tome 1).**
305. — GUSDORF : **Pourquoi des professeurs ?**

306. — FREINET : **L'itinéraire de Célestin Freinet** (la libre expression dans la pédagogie Freinet).
307. — LEFRANC : **Le mouvement socialiste sous la IIIe République (Tome I).**
308. — LEFRANC : **(Tome II).**
309. — CHASSEGUET-SMIRGEL : **Pour une psychanalyse de l'art et de la créativité.**
310. — ADLER : **L'éducation des enfants.**
311. — LUKACS : **Le roman historique.**
312. — ELIADE : **Traité d'histoire des religions.**
313. — ABRAHAM : **Développement de la libido** (Œuvres complètes, tome 2).
314. — HASSOUN : **Entre la mort et la famille : la crèche.**
315. — Collectif : **Libre 1** (revue animée par M. Abensour, C. Castoriadis, P. Clastres, M. Gauchet, C. Lefort, M. Luciani).
316. — SCHULTZ-HENCKE : **Analyse des rêves.**
317. — FROMM : **La conception de l'homme chez Marx.**
318. — BERGE : **Comprendre et éduquer un enfant difficile.**
319. — BAKAN : **Freud et la tradition mystique juive.**
320. — CARLONI et NOBILI : **La mauvaise mère** (phénoménologie et anthropologie de l'infanticide).
321. — SCHOELL : **Histoire des États-Unis.**
322. — SAMI-ALI : **De la projection** (une étude psychanalytique).
323. — BOULANGER/CHAIX : **Travail, famille, psychiatrie.**
324. — DADOUN : **Cent fleurs pour Wilhelm Reich.**
325. — ELIADE : **Le yoga.**
326. — Collectif : **Libre 2** (revue animée par M. Abensour, C. Castoriadis, P. Clastres, M. Gauchet, C. Lefort, M. Luciani).
327. — MAHLER : **Psychose infantile.**
328. — MENDEL : **La chasse structurale** (une interprétation du devenir humain).
329. — CORNEVIN : **Histoire de l'Afrique contemporaine** (de la deuxième guerre à nos jours).
330. — BERNE : **Analyse transactionnelle et psychothérapie.**
331. — HÉLIAS/MARKALE : **La sagesse de la terre** (petite anthologie des croyances populaires).
332. — HORNEY : **La psychologie de la femme.**
333. — ASSOUN/RAULET : **Marxisme et théorie critique.**
334. — Collectif : **La misère politique actuelle (Sociopsychanalyse 7).**
335. — Mc KELLAR : **Le viol** (L'appât et le piège).
336. — LEMAIRE : **Les thérapies du couple.**
337. — BERGLER : **Les parents ne sont pas responsables des névroses de leurs enfants.**
338. — RESNIK : **Personne et psychose** (études sur le langage du corps).
339. — GARDINER : **Ces enfants voulaient-ils tuer ?**
340. — Collectif : **Libre 3** (revue animée par M. Abensour, C. Castoriadis, P. Clastres, M. Gauchet, C. Lefort, M. Luciani).
341. — BORDIGA : **Espèce humaine et croûte terrestre.**
342. — ERNY : **L'enfant et son milieu en Afrique Noire.**
343. — THOMAS : **Mort et pouvoir.**
344. — KOTT : **Shakespeare, notre contemporain.**
345. — VERDIGLIONE (et autres) : **La sexualité dans les institutions.**
346. — SZASZ : **Hérésies.**
347. — Collectif : **Libre 4** (revue animée par M. Abensour, C. Castoriadis, P. Clastres, M. Gauchet, C. Lefort, M. Luciani).

348. — DEBOUT : **L'utopie de Charles Fourier.**
349. — FROMM : **Le cœur de l'homme** (sa propension au bien et au mal).
350. — BALINT : **Le défaut fondamental** (aspects thérapeutiques de la régression).
351. — ZAPPELLA : **L'enfant poisson** (comment la société adulte doit réapprendre l'écoute des enfants).
352. — CALVET : **Linguistique et colonialisme.**
353. — LOBROT : **L'animation non directive des groupes.**
354. — THOMAS : **Civilisation et divagations** (mort, fantasmes, science-fiction).
355. — WINNICOTT : **Fragment d'une analyse.**
356. — KING : **Révolution non-violente.**
357. — Collectif : **Libre 5** (revue animée par M. Abensour, C. Castoriadis, P. Clastres, M. Gauchet, C. Lefort, M. Luciani).
358. — GUILLERMAZ : **Le Parti communiste chinois au pouvoir (Tome I).**
359. — GUILLERMAZ : **(Tome II).**
360. — CHARLOT/FIGEAT : **L'école aux enchères** (l'école et la division sociale du travail).
361. — MARTY : **Les mouvements individuels de vie et de mort** (essai d'économie psychosomatique).
362. — MARCONE : **Analyse en famille.**
363. — BOYER : **La saga de Harald l'impitoyable.**
364. — Collectif : **La sexualité perverse.**
365. — Collectif : **Libre 6** (revue animée par M. Abensour, C. Castoriadis, P. Clastres, M. Gauchet, C. Lefort, M. Luciani).
366. — LADMIRAL : **Traduire : théorèmes pour la traduction.**
367. — LEWIS : **Développement économique et planification.**
368. — SZASZ : **La théologie de la médecine.**
369. — SHAH : **La magie orientale.**
370. — TINBERGEN : **Etude de l'instinct.**
371. — Collectif : **Libre 7** (revue animée par M. Abensour, C. Castoriadis, P. Clastres, M. Gauchet, C. Lefort, M. Luciani).
372. — FORDHAM : **Introduction à la psychologie de Jung (IMAGO).**
373. — HUIZINGA : **L'automne du Moyen Age.**
374. — ZAHAN : **Religion, spiritualité et pensée africaines.**
375. — Collectif : **Pratiques d'un pouvoir plus collectif aujourd'hui (Sosiopsychanalyse 8).**
376. — HORKHEIMER : **Les débuts de la philosophie bourgeoise de l'histoire.**
377. — Collectif : **Libre 8** (revue animée par M. Abensour, C. Castoriadis, P. Clastres, M. Gauchet, C. Lefort, M. Luciani).
378. — PEUCKERT : **L'astrologie.**
379. — SERVIER : **L'homme et l'invisible (IMAGO).**
380. — RACAMIER : **Les schizophrènes.**
381. — BOYER : **La saga des chefs du Val au Lac.**
382. — Collectif : **L'intervention institutionnelle** (Ardoino, Dubost et Lévy, Guattari, Lapassade, Lourau, Mendel).
383. — MALE : **Psychothérapie de l'adolescent.**
384. — GRANET : **La religion des Chinois (IMAGO).**
385. — CHARLOT : **La mystification pédagogique.**
386. — WOU TCH'ENG-EN : **Le singe-pèlerin.**
387. — REICH : **L'Éther, Dieu et le Diable.**
388. — BALINT : **Les voies de la régression.**
389. — KRACAUER : **Le roman policier.**
390. — KLEIST : **Anecdotes et petits écrits.**

391. — PARAF : **Le racisme dans le monde.**
392. — MIJOLLA/SHENTOUB : **Pour une psychanalyse de l'alcoolisme.**
393. — TAJAN/DELAGE : **Écriture et structure** (pour une graphistique).
394. — CHERVEL : **Histoire de la grammaire scolaire.**
395. — EDELMAN : **L'homme des foules.**
396. — SZASZ : **Le mythe de la psychothérapie.**
397. — YAGUELLO : **Les mots et les femmes** (Essai d'approche sociolinguistique de la condition féminine).

*Cet ouvrage
reproduit par procédé photomécanique
a été achevé d'imprimer le 2 avril 1982
sur les presses de l'Imprimerie Bussière
à Saint-Amand (Cher)*

— N° d'impression : 525. —
Dépôt légal : avril 1982.

Imprimé en France

petite bibliothèque payot

Si vous vous intéressez à cette collection et si vous désirez être tenu au courant de nos publications, découpez ce bulletin et adressez-le à :

ÉDITIONS PAYOT
106, boulevard Saint-Germain
75006 PARIS

NOM ....
PRÉNOM ....
PROFESSION ....
ADRESSE ....
....